기술과 특허

한울출판사

머리말

산업의 발전에는 기술력이 뒷받침 되어야 하고 그 기술력은 특허와 같은 무형의 자산으로 수준을 가늠할 수 있다. 우리나라는 과거 후진국의 상태에서 눈부신 발전을 거듭하여 오늘의 발전된 국가를 이루어 왔는데, 산업발전 초기에는 선진국의 하청공장의 역할을 하였었고, 그 뒤로 한국인의 뛰어난 기술능력에 의해 선진국 산업기술을 모방해서 역설계(reverse engineering) 및 한국화를 해 왔다. 그러는 중에 처음에는 특허에 대한 인식이 높지 않아 외국으로부터 특허침해 소송을 당하기도 하고, 높은 로열티를 지급하기도 하였다. 지금은 특허에 대한 중요성 인식이 높아졌고 자동차, 반도체, 정보기술, 생명공학 등 어느 나라보다도 앞선 선진 기술에 대한 보호와 권리를 주장할 수 있게 되었다. 자동차산업, 반도체산업, 생명공학, IT산업 등이 좋은 예이다.

이 과목에서는 산업재산권을 중심으로 학습하고, 산업, 직업, 상품의 종류, 그리고 벤처기업, 중소기업에 대해 학습한다. 산업재산권 중 특히 특허권, 실용신안권을 중심으로 기술개발의 중요성과 특허제도를 학습할 것이다. 기술개발은 인간의 창의성에 의한 것이다. 그래서 창의성에 대한 학습도 부분적으로 포함된다.

학습 효과를 높이기 위하여 학생들은 자주 기술이나 발명에 관련된 박람회, 전시회 등을 견학하길 바라며, 발명의 실습과 특허출원의 연습을 직접 해 보기를 권한다. 저자는 이를 평가에 반영한다.

이 책이 추구하는 것을 맞추기에는 한 학기로는 모자랄 것이다. 두 개 학기가 바람직하지만, 번거롭다고 생각하는 항은 생략하고 한 학기로 강의할 수 있다.

모쪼록 본 과목을 통해 기술개발의 필요성과 특허등록의 필요성을 이해할 수 있고, 중소기업 · 벤처기업을 창업에 관심이 커진다면 바랄 나위가 없겠다.

이 책을 내는 데 있어서 음으로 양으로 많은 협조를 해주신 서경대학교 교수 여러분들에게 사의를 표하며, 이 책의 출판을 맡아주신 한올출판사의 후의와 지원에 충심으로 사의를 표한다.

2011. 1.
삼각산을 바라보며
저자

차례 C·O·N·T·E·N·T·S

PART 1 기술과 산업재산권

C · O · N · T · E · N · T · S 차례

차례 C·O·N·T·E·N·T·S

C·O·N·T·E·N·T·S 차례

차례 C·O·N·T·E·N·T·S

PART 1

기술과 산업재산권

기술에 대하여

1 기술

기술(技術, technology)을 국어사전에서 찾아보면 '과학 이론을 실제로 적용하여 자연의 사물을 인간 생활에 유용하도록 가공하는 수단'이라고 정의하고 있다.

브리태니커 백과사전의 정의는 '"어떤 것"을 만들거나 "어떤 일"을 하는 데 필요한 기법에 대한 체계[1)]'라고 하였다.

이것을 보면 기술이란 사람에게 유용한 물건이나 일을 만드는 것을 말하고 있다. 여기서 기술에 대해 좀 더 살펴보기로 한다.

기술은 무엇인가를 만들어 내거나 또는 성취하는 방법, 보다 넓은 의미로는 인간의 욕구나 욕망에 적합하도록 주어진 대상을 변화시키는 모든 인간적 행위를 말한다.

기술이란 말은 그리스어 'techne'에서 유래된 것으로 어원으로는 예술, 의술 등을 포함하나 오늘날 주로 생산기술의 뜻으로 사용된다[2)]. 즉, 보통 물적 재화를 생산하는 생산기술의 뜻으로 사용되고 있다. 이런 뜻에서 기술은 자연의 생성이나 인간의 사고와는 구별된다. 기술의 개념을 체계적으로 고찰한 최초의 학자는 아리스토텔레스로서, 그는 인간정신의 진리를 파악하는 한 방법으로 테크네를 사려, 인식, 지혜, 이성과 같은 선에서 차이를 논하여, 테크네를 '외적인 것의 생산을 목적으로 하는 제작(pracsis)'이라고 정의하였다.

이러한 개념은 산업혁명 시대까지 일반적이었으나, 산업혁명에 의한 기계문

1) 경제학 용어로 "어떤 것"은 재화, "어떤 일"은 용역을 말한다. 재화와 용역을 경영에서는 제품과 서비스라고 한다. 기술은 물건만이 아니라 일에도 해당됨에 유의해야 한다.

2) 히포크라테스가 말했다는 "인생은 짧고 예술은 길다"는 말은 원래 "인생은 짧은데 의술의 길은 너무 멀다" 즉 '少年易老學難成'과 같은 면학을 권하는 말이었다.

명의 출현으로 기술의 새로운 정의가 요구되었다. 가령 영어의 technique나 technology도 엄밀하게 구별되어 사용되는 것은 아니다[3]. 기술의 개념을 어떻게 규정할 것인가를 주로 논하는 학문분야를 기술론이라고 하는데, 기술론의 유력한 설은 다음의 2가지이다.

첫째는 의식적용설인데, 인간의 생산 행위에 객관적인 법칙을 의도적으로 적용하는 것, 즉 과학의 응용이라는 설이며, 인간행동의 목적의식성과 합리성에 의한 인간행동의 주체성을 강조하는 설이다.

둘째는 수단체계설이다. 의식적용설에서는 기술이 생산관계에의 종속이라는 점이 명백히 되지 않는데, 부하린(N. Bucharin)은 기술이란 생산에 있어서의 노동수단의 체계라고 규정하고, 곧 노동력, 노동대상, 노동수단의 결합관계가 기술이라고 하였다. 이를 수단체계설이라고 한다. 즉, 생활 욕구와 기술과의 결합은 경제 행위 전체에 대한 통일 질서에 부합되어야만 실현되기 때문이다.

전자는 주로 자연과학적 견해이고 후자는 사회학적 또는 경제학적 견해라 하겠다.

- 기술: 인간생활과 자연과의 사이에서 인간생활의 발전과 향상을 위하여 활용할 수단을 제공하는 것.
- 주관적 의미의 기술: 이러한 목적에 대한 올바른 수단을 구하는 방편
- 객관적 의미의 기술: 그 올바른 방법 및 보조수단의 총체
  이러한 점에서 기술이란 객관적 법칙성의 의식적 적용이라고 할 수 있다. 기술을 위하여 자연과학이 광범위하게 이용되고 응용된다.

2 기술의 역사

기술이 언제부터 발생하여 어떻게 발달하여 왔는가에 대한 연구, 즉 기술발달의 역사적 법칙을 구명하는 학문을 기술사라고 한다. B. 프랭클린은 인간을 '도

3) technique은 기법, 수법의 의미로 기술, technology는 과학 응용의 의미로 기술. technique은 수단체계설에 가까운 용어, technology는 의식적용설에 가까운 용어로 볼 수 있다. technology는 '기술학'으로도 번역된다.

구의 창조자'라고 하면서 기술의 역사는 인간의 역사와 같이한 것으로 말한다.

산업혁명 전의 기술사는 생략하고 산업혁명 이후를 간단히 살펴본다.

도구(tool)로부터 기계(machine)로의 변환 시기는 영국의 산업혁명이다. 에너지원에 있어서도 인간 또는 가축의 힘으로부터 기계의 힘으로 변환된 시기이기도 하다. 도구를 사용하여 생산을 행하는 단순작업의 한계를 탈피하고 노동생산성을 급속하게 발전시킨 것은 작업기계의 발명과 보급이었다. 기계화는 동력기계와의 결합이 필수적이다. 물레방아의 한계를 넘어서는 최초의 만능 원동기는 증기기관이다. 와트의 증기기관(1784) 이후 강력한 수송수단인 기차와 기선의 등장을 가능하게 하여 인류생활에 획기적인 전환점을 마련하였다. 여러 종류의 기계의 협업을 기계체계라고 하는데, 1797년 기계체계가 발달됨에 따라 기계를 제작하기 위한 기계, 즉 공작기계가 출현하였다. 선반 등 각종 공작기계가 산업혁명기에 나타나서 기계의 정밀한 공작이 가능해졌다. 이리하여 기계가 기계를 생산하게 되었을 때 비로소 공업은 기술적으로 자립할 수 있게 되었다.

기술이 근대과학의 대상이 된 것은 18세기 후반부터이다. 독일에서는 16세기 이래, 중상주의적 직업관리 양성을 위한 독특한 학문의 전통이 있었는데, 베크만은 기술학이라는 학문 명칭을 처음으로 사용했으며(1772), 기술학의 개념을 제창하여 이를 체계화하였다. 또 프랑스에서는 백과전서파의 디드로가 기술을 "동일한 목적에 협력하는 도구와 규칙"이라고 규정하였으며, 달랑베르는 R. 베이컨의 '변화되고 가공되는 자연'의 개념에 따라 기술사를 자연사의 한 분야로 다루었다. 프랑스혁명 중에 창립된 '에콜 폴리테크닉[4]'에서는 도학, 구조역학, 열역학, 전자기이론 등, 기술학의 발전을 촉진하게 되는 여러 과학이 연구, 교육되어 후세의 모범이 되었다. 이 당시는 탈레랑에 의해 미터법이 최초로 제창된 때이기도 하다(1790). 이 무렵 전쟁 무기를 발명하여 이를 취급하는 사람을 엔지니어라고 하였다. 엔진은 어원적으로 '발명' 또는 '천재의 소산'이라는 뜻이다. 1771년 영국의 스미턴은 'Society of Engineers'를 결성하고 Civil engineering[5]이라는 말을 처음으로 사용하여 군사기술학과 분리된 '시민의 기술학'이라는 개념을 제창하였다. 1818년에는 세계 최초의 기술자 학회인 'Institution of Civil

4) 종합기술학교란 뜻인데 최초의 공과대학교로 알려져 있다(1794). 처음에는 과학장교를 양성하는 사관학교의 성격이었다.

5) 우리나라에서는 토목공학이란 이름으로 사용되고 있다.

Engineers'가 창립되었다. 그 후 19세기 말까지 기계, 전기 등 여러 학회가 분화, 독립하였다. 기술학은 공학이라는 이름으로 불리게 된다.

19세기 후반 기술의 발전에 또 하나의 비약적인 단계가 왔다. 1851년에 런던에서 열린 제1회 만국박람회는 영국 산업혁명의 위력을 세계에 과시하는 것이었으며, 시대는 더욱 더 산업혁명의 난숙기로 접어들어 각종 기계의 생산량의 증대나 철도 붐은 강철의 대량생산을 요구하게 되었고, 섬유제품의 생산증대는 값싼 염료의 대량생산을 요구하였다. 이와 함께 도시로의 인구밀집은 조명기술이나 도시 교통기술에 대폭적인 변혁을 요구하게 되었다.

이들 기술에 의한 생산력은 자유경쟁적인 개개의 산업자본의 능력을 넘게 되었다. 이리하여 독점자본주의가 형성되었으며, 기업의 독점화가 기술의 연구 투자를 가능하게 하였다. 독점자본주의의 도래와 더불어 제2차 산업혁명이 시작되었다.

1882년 에디슨에 의한 최초의 직류 발전소의 건설은 동력기술에 신기원을 이룩하였다. 이어서 고전압 교류에 의한 원거리 송전은 전기 기계체계의 발달을 가져왔다. 제1차 세계대전 후에는 석유의 분해 증류장치, 자동차·항공기, 무선전신전화 등이 급속히 발달하였다.

오늘날의 전자 시대는 1920년대 라디오 방송부터 시작되었다. 1930년에는 윌슨이 반도체를 개발하였다. 제2차 세계대전 이후 군사적인 필요에서 로켓, 원자탄, 원자력발전, 제트항공기, 전자, 플라스틱, 트랜지스터, 자동제어를 중심으로 하는 새로운 기술 등이 개발되었다. 20세기 후반에 들어서면서 기술의 발전은 경이적으로 가속화하였다. 기술의 발전은 우주공간으로까지 확대되어, 69년에는 인류 최초의 달 표면 착륙이 실현되었으며, 81년에는 유인 우주왕복선의 우주비행이 성공함으로써 우주여행시대의 막을 열었다.

한국은 95년 8월 무궁화위성이 발사되어 선진국 기술수준에 발맞추어 위성시대의 막을 열었다. 두 차례 실패의 경험을 극복하고 2011년에는 독자적인 인공위성 발사체인 나로호(KSLV-I)를 발사할 정도에 이르렀다.

이 밖에도 해저탐사용 무인잠수정, 고성능 반도체 등 비약적인 기술진보가 이루어지고 있다.

1973년 석유파동 위기를 비롯한 반복적인 석유 위기로 석유자원의 고갈에 따른 동력원 개발이 큰 과제로 등장하였다. 불가능한 것처럼 보이는 인공태양을 연구하고 있으며 동력의 공급과 수요와 관련된 스마트그리드(지능형 전력망)도 최근의 주제이다.

제2의 산업혁명이라고 불리는 정보혁명은 인터넷, 컴퓨터, 소프트웨어의 발달로 인간 생활에 깊이 작용하고 있다.

한편 기술의 발달로 야기된 자연파괴와 공해문제는 인류의 생존에 커다란 위협요소가 되었다. 이의 극복 역시 기술의 발달을 촉진하는 동인이 되었다.

3 기술진보의 요인과 과정

기술의 진보는 인류의 역사상에서 시대와 지역을 가리지 않고 보게 되는 보편적인 경향인데, 그 진보의 배후에는 반드시 원인이 있다.

첫째로 기술의 필요성이다. 이는 일반적 사회 흐름, 과학기술 지식의 축적, 경제적 요인, 유무형의 기술에 대한 보수 등의 요인과 함께한다. 이러한 일반 요인 외에 기술을 특별히 촉진시키는 요인으로는 군사적 필요성을 들 수 있다. 원자탄이나 레이더의 개발이 좋은 예이다.

둘째로 경제적인 이윤추구의 요인이다.

셋째로 정치적인 요인을 들 수 있는데, 미국과 러시아 간의 우주개발경쟁이 그 예이다.

넷째로 기술의 종합성이다. 한 분야에서의 발명은 흔히 다른 분야의 기술수준에 의존하며, 또 하나의 발명은 다른 분야의 발명을 유발한다.

이와 같은 여러 요인으로 발생하는 발명, 발견이 기술로서 실용화하는 과정은 다음과 같다.

① 문제의 인식
② 시행착오나 체계적 실험을 통한 필요 자료의 수집
③ 문제에 본질적인 해결을 주게 될 통찰력의 행사
④ 실험적인 단계로부터 현실적이고 경제적으로도 사용이 가능한 기술로 하기 위한 개발
⑤ 실용화

신기술은 이러한 순서를 거쳐 사회에 도입된다. 특히 ④의 단계는 기업의 연구소 등의 설비와 조직을 통해 체계적으로 개발이 이루어진다.

4 기술의 구조

기술은 여러 부문에서 형태를 달리하고 있으나, 개개의 기술의 구조를 살펴보면 공통점이 있다. 즉, 어떠한 기술도 생산 공정이 있다. 예를 들어, 기계기술은 재료에서 제품을 만들어내는 공정이고, 교통기술은 사람이나 화물을 수송하는 공정이다. 생산 공정은 다시 계획 공정과 제조·작업 공정으로 나누어지는데, 기계기술의 경우에 ① 어떤 원동기를 제작할 것인가를 연구 설계를 하는 일, ② 원동기를 제작할 공작기계나 재료 등의 규격을 어떻게 할 것인가를 연구하는 일, ③ 원동기를 제작할 인력교육을 행하는 일이 계획 공정이고, 어떤 공정관리하에서 교육을 받은 기술자나 노동자가 규격서에 따라 도입된 생산수단을 구사하여 목적하는 기계를 제작하는 것이 제조·작업공정이다. 모든 생산공정에서의 기술은 생산기계를 만드는 기술과 사용하는 기술이 서로 연관되어 전체로서 기술체계를 형성하고 있다.

기업의 계획 부문의 기술자에게 필요한 것은 설계기술 또는 연구기술이라 할 수 있고, 이에 반하여 제조·작업공정의 기술자에게 필요한 것은, 설계기술을 어느 정도 이해하면서 목적하는 기계를 어떻게 제작하는 제조기술이라 할 수 있다.

그런데 모든 생산공정의 경우 각 생산공정과 분리되어 생산요소 제반에 공통적인 공학이 존재한다. 예컨대, 원동기공학, 자동차공학과 같은 것 등이다. 이러한 공학은 각 생산공정의 특정한 설계목적, 제작목적과는 직접적으로는 관계가 없으므로 특정 기업의 생산공정에는 속하지 않는 공학연구실에서 행하여진다.

또한 이들 여러 공학 사이에 더욱 일반적인 공학이 존재한다. 예컨대, 기구학·화학공학·전자공학·재료역학·금속학 등이 그것이다. 이들 공학은 생산공정의 제 요소에 관련된 앞서의 기술적 공학과 구별하여 기초공학이라고 한다. 기초공학에서는 자연과학과의 관계가 매우 깊다. 그러나 자연과학과 기초공학 사이에는 명확한 구별이 있다. 그것은 기초공학이 취급하는 자연법칙은 비록 아무리 일반적으로 보이더라도 무엇인가의 기술적 목적을 전제로 하여 출현한 특수한 자연법칙인 경우가 많다. 가령 기구학에서 취급하는 자연법칙은 물리학의 역학법칙임에는 틀림없으나, 기계생산을 전제로 한 기구에 나타난 특수한 역학법칙이다. 오늘날 기술·공학·자연과학은 서로 영향을 끼치고 긴밀하게 연관되어 있다. 원자탄의 연구로부터 제조까지의 과정에는 기술학·공학·자연과학 사이의 상호작용이 이러한 예의 하나이다.

쉬어 가기

미터법

1999년 9월 미국이 발사한 화성 기후 탐사선이 예정보다 낮은 각도로 비행하는 바람에 화성 대기권과의 마찰로 폭발하는 사고가 발생했다.

사고의 원인은 어이없는 것이었다. 탐사선을 제작한 록히드 마틴사는 미국의 전통 도량법인 야드-파운드법을 사용한 반면, 미 항공우주국은 미터법을 이용한 것이다. 그 결과 90㎞의 궤도 오차가 생겼고 1억 2500만 달러(약 1200억원)의 돈이 우주공간 속에 사라졌다. 오늘날 미터법을 전면 시행하지 않는 나라는 미국, 미얀마, 라이베리아 등 3 개국뿐이다.

위 사건에서 보듯이, 미국도 미터법을 도입하기 위해 안간힘을 썼다. 1893년 미터법을 채택한 데 이어 10월10일을 '미터법의 날'로 정하기도 했다. 미터법 토대를 이루는 10진법의 숫자 10이 두 번 겹쳐지는 날이므로. 그런데도 오늘날 미국인은 여전히 야드-파운드법을, 온도에는 화씨를 쓴다. 국제표준과는 다른 도량형 때문에 교역국들의 불만이 적지 않아 미국 정부가 미터법 사용 장려운동을 편 것도 한두 번이 아니지만 효험은 없었다. 1990년대에도 미터법 도입을 놓고 미국 의회에서 논란이 벌어졌으나 결국 부결됐다. 미국인에겐 자기들이 써온 단위가 절대적으로 편하기 때문이다.

우리나라 정부는 2007년 7월부터 미터법을 지키지 않으면 벌과금을 물리기로 하였는데 처벌은 현실적으로 어려운 일이다. 사실 우리나라는 미터법의 훈련이 잘 되어 있고 미터법을 잘 지키는 편이다. 미터법이 지켜지지 않는 대표적인 곳이 골프장인데 처벌이 쉬울까. 또 바다에서는 해리와 노트란 단위가 쓰인다. 해리는 1852m이고 시속 1 해리를 1 노트라고 한다. 그렇다면 미터법을 위반한 것이 아닌가.

해리와 노트는 바다의 항행에 편리하기 때문에 정해진 것이다. 배의 위치를 확인하는데 각도법으로 지구 둘레의 1분(1도의 60등분)에 해당하는 거리를 1해리로 정했다. 그렇게 해서 정한 1해리는 1852m에 해당하는 거리이다. 미터법의 1 미터는 북극에서 자오선까지 거리를 천만 등분한 것에서 시작했다.

중국의 경우 미터법이 철저히 지켜진다. 공리(公里)는 1 km를 말한다. 흥미로운 것은 무게 500 그램을 공근(公斤)이라고 한다.

미터법은 10진법으로 이루어져 있지만 사람의 생활은 10진법만으로 이루어진 것은 아니다. 대표적인 것이 시간의 단위이다. 하루는 24시간인데 오전 오후 12시간씩이다. 한 시간은 60분이고 1분은 60초이다. 또 1년은 12달이다. 즉, 시간은 12진법 및 60진법으로 이루어져 있다. 각도법 역시 60진법이 기본이다. 원 둘레가 360도인 것은 60진법의 배수인데다가 1년이 약 360일이기 때문이다.

사실 도량형의 역사는 신체 부위의 길이로부터 시작했다. 인치는 엄지 손가락의 길이이고 피트는 발 길이와 관련이 있으며 자(尺)은 펼친 손바닥과 관련이 있다. 큐빗(cubit)은 팔꿈치에서 중지까지 45㎝ 정도를 말한다. 1 피트와 1 자의 길이가 비슷하다는 것은 매우 신기하지 않은가. 미터법이 표준이고 미터법이 모든 도량형에 쓰여야 되는 것은 사실이지만 관습에 따라 다른 단위가 쓰이는 것도 어느 정도 불가피한 면이 있는 것 같다. 다이아몬드는 캐럿을 사용하고 원유는 배럴을 사용하는 것이 그 예이다.

인간의 손가락이 10개이기 때문에 10진법이 발달되었지만, 10은 약수가 적기 때문에 12진법이 편리할 때가 많다. 1년이 12 달, 한 다스가 12개인 것이 그 예이다. 그러다보니 10진법과 12진법의 공배수인 60진법이 사용되는 것이다.

한편 컴퓨터에서는 2진법이 의미가 있고 또 2의 4제곱인 16진법이 쓰인다.

연 습 문 제

1. 과학, 공학, 기술의 정의, 차이점은 무엇이라고 생각하는가?

2. 기술을 'Art'라고 할 때 어떠한 개념에 의한 것인가?

3. 기술이란 무엇이라고 생각하는가?

① 자연법칙적으로 생성되는 현상
② 인간 고유의 사고와 개념 활동
③ 인간의 욕구에 적합하도록 인공적으로 사물을 만들어내고 변화시키는 행위
④ 도구를 이용하여 목적하는 바를 성취하는 행위

답 ③

4. 다음 중 최근 소위 신기술 5T라고 불리는 것은 무엇 무엇인가.

답 IT 정보기술, BT 생명기술, NT 초미세기술, CT 문화기술, ET 환경기술
이외에 ST 항공우주기술, RT 로봇기술

5. 기술진보의 필요성이 기술로 실용화되는 과정을 간단히 설명하라.

6. 달력의 역사와 예수의 탄생일이 포함된 에세이를 써 보라.

7. 개천절의 역사, 사월 초파일의 역사에 대해 자료를 조사해 보고 에세이를 써 보라.

8. 3~4명 단위의 조를 편성해서 (1) 본 과목과 관련된다고 보이는 박람회나 전시회를 찾아 견학하고 보고서를 제출하라. 박람회, 전시회 정보는 거리의 현수막이나 인터넷을 검색한다. (2) 발명 실습을 위한 준비를 하라. 조에는 반드시 조장을 호선하기 바란다.

지식재산권과 산업재산권

1 지식재산권의 개요

일반으로 재산권이라 할 때는 물건에 대한 지배권인 '물권(物權)'과 특정인에 대한 일정 행위(급부)의 청구권인 '채권(債權)'을 말한다. 인간사회에서 이들 물건과 채권은 사유재산을 형성하는 가장 중요한 재산권이다. 이 재산권을 효과적으로 보호함으로써 사회의 안정과 평화를 유지하기 위하여 제정된 기본 법 제도가 민법이다. 현대에 이르러 민법이 보호대상으로 하는 재산권 이외에 또 다른 재산가치가 있는 '인간의 지적 창작'이라는 재화가 등장하여 권리로서 보호를 요구하게 되었는데 그러한 창작 가치에 대한 지배권을 무체재산권(無體財産權) 또는 지식재산권(知識財産權, intellectual property)이라 한다. 전에는 지식재산권이란 용어를 '지적재산권'이란 말로 쓰였는데, 최근 지식재산권으로 일관화되고 있다. 특허청 홈페이지에서도 지식재산권이란 용어를 사용하고 있다.

지식재산권은 법률이 정하는 바에 따라 등록함으로써 배타적 지배권이 발생하며 물권에 준한 보호를 받는다. 지식재산권은 크게 문화적 창작에 관한 '저작권(Copy right)'과 산업 발전에 기여하는 창작인 '산업재산권(Industrial Property)[1)]'으로 나누어지며 권리의 존속기간은 한정되어 있고 상속인이 없을 경우 소멸된다. 첨단기술의 발달과 국제적인 문화교류 및 상거래의 빈발에 따른 분쟁의 소지가 있어 국제적으로 조약을 체결하여 그 권리를 보호하고 있다. 한국은 1979년 유엔의 세계지식재산권기구(WIPO: World Intellectual Property Rights Organization)에 가입하였고 80년 파리조약과 87년 국제저작권협약에 가입함으로써 그해 10월부터 외국 저작물이 보호를 받게 되었다.

1) 산업재산권은 과거에 공업소유권으로 불렸다.

최근에는 컴퓨터나 통신 기술에서 소프트웨어 비중이 커지면서 소프트웨어에 대한 지식재산권보호가 강하게 요구되고 있다. 유체물의 제조 등에 관한 개발자의 권리는 특허법을 중심으로 보호의 근거가 존재하지만, 무체물인 소프트웨어나 반도체 집적 회로(IC)의 마스크웍(maskwork)에 관해서는 보호의 근거법을 저작권법으로 할 것인지 저작권법 이외의 법으로 할 것인지에 대한 문제가 국제적 논쟁을 일으켰다. 지식재산권의 존재가 대체적으로 인정되어 있는 컴퓨터 운영체계(OS)나 업무용 소프트웨어에 관해서는 저작권법으로 보호하려는 움직임이 주류가 되어 있으나, 저작권으로 하기에는 무리가 많았다. 이들은 저작권과 산업재산권의 중간자 성격의 것이 많으며, 이것이 신지식재산권이며 '산업저작권(industrial copy right)'이라고 부르기도 한다. 오늘날 이들 역시 프로그램보호법이나 반도체 배치법 등의 관련법에 의해 제도적으로 보호받고 있다.

세계지식재산권기구에서는 지식재산권의 내용을 다음과 같이 정의하고 있다.

① 문예, 미술 및 학술 저작물
② 레코드 및 방송
③ 인간 활동과 관련된 모든 분야에 있어서의 발명
④ 과학적 발견
⑤ 디자인(물품의 형상, 모양, 색채 또는 이들이 결합한 것으로 시각을 통하여 감지될 수 있는 것)[2)]
⑥ 상표, 서비스표 및 상호 기타의 영업상의 표시로서 부정경쟁을 방지함으로써 보호되어야 할 권리
⑦ 산업, 학술, 문예 및 미술 분야에 있어서의 지적활동에서 생기는 권리.

이러한 WIPO의 정의에서 알 수 있는 바와 같이 지식재산권은 특허가 되는 기술, 특허가 되지 않는 노하우. 영업비밀, 경영기법, 기업전략, 기업로고 마크, 컴퓨터소프트웨어 및 매뉴얼 등 모두 해당될 수 있는데, 이들은 보호하고 있는 법률과 보호의 정도에 있어서의 차이가 있기는 하나 어떤 형태로든 보호가 되는 재산이라는 인식이 중요하다.

---

2) 디자인을 전에는 의장(意匠)이라고 했으나 지금은 디자인이라고 한다.

표 1. 지식재산권의 구분

지식재산권				
저작권	산업재산권			
	특허권	실용신안권	디자인	상표권

2 지식재산권과 다른 재산권의 같은 점과 다른 점

인간 사상의 창작물, 즉 머리를 써서 만들어진 것은 모두 그 대상이 될 수 있을 정도로 범위가 끝이 없는 지식재산은 그것이 일단 권리화하여 지식재산권이 되면 우리가 통상적으로 알고 있는 다른 권리, 예컨대 부동산, 동산 등의 소유권과 같은 권리를 갖게 된다.

따라서 부동산의 소유자가 소유 부동산을 타인에게 빌려주고 임차료를 받을 수 있듯이 지식재산권의 소유자도 자기가 갖고 있는 지식재산을 타인에게 사용하게 하고 사용에 따른 대가를 요구할 수 있다. 그리고 부동산, 동산, 금융자산 등이 타인으로부터 침해를 받으면 당연히 형사상의 고소를 한다든지 민사상 손해배상청구를 하여 자기의 피해를 보상받을 수 있다. 다시 말해서, 어떤 토지의 소유권을 가지고 있을 때 그 토지를 사용, 수익, 처분 할 수 있는 권리를 갖는 것과 같이, 어떤 기술에 대한 특허권, 영화작품의 방영권 또는 어느 책의 저작권을 갖고 있으면 이들 지식재산에 관한 권리도 자기의 권리를 위해서 말한 토지소유권과 같이 재산권으로서 타인은 사용을 하지 못하게 하고, 자기만이 이용하거나 타인에게 임차 또는 양도하여 금전화 할 수 있다.

지식재산권이 다른 재산권과의 다른 점은 권리의 존속기간이 한정된다는 점과, 상속인이 없을 때 소멸된다는 점이다.

3 저작권

저작권에 대한 자세한 내용은 생략한다. 참고로 저작권 등록 기구는 '한국저작권위원회'이며 이의 홈페이지는 www.copyright.or.kr이다. (구, 저작권심의조

정위원회)

한편 저작물 중 컴퓨터프로그램저작물은 특별히 컴퓨터프로그램보호법에 의해 별도 보호되고 있다. 등록 관리 기구는 한국저작권위원회이다(2009.7월 통합. 구, 프로그램심의조정위원회, 컴퓨터프로그램보호위원회)[3]. 소프트웨어 온라인 등록 시스템은 www.sors.or.kr이다.

4 산업재산권

가. 개요

산업재산권은 보호대상의 차이에 따라 발명에 대한 권리인 특허권(patent right), 고안에 대한 권리인 실용신안권(utility model right), 디자인에 대한 권리인 디자인권(design right), 상표에 대한 권리인 상표권(trade mark right)으로 구분된다.

1990. 3월 이전에는 공업소유권이라는 용어를 사용하였으나 그 후 개별권리의 성격에 부합되도록 공용어를 산업재산권으로 개칭하였다. 공업이란 용어가 산업으로 변경된 것은 광범위한 현상이었다. 공업소유권이란 용어는 17세기 프랑스에서 유래된 industrial property의 번역어로 일본에서 사용된 이래 한국에 전래되었으나 4 가지 권리의 속성을 고려하여 '산업'으로, 그리고 유체물에 대한 소유개념보다 널리 무체물에의 권리까지도 포함하는 '재산권'으로 표현하는 것이 타당하다.

우리나라는 실용신안권을 특허법과 다른 법에 의해 관리하고 있는데, 이 방식은 한국, 일본, 독일, 러시아, 중국 등 26개 국가에서 운영하고 있으며, 미국 등 다수 국가는 '특허법 내'에 포함 운영한다.

특허제도란 협의로는 발명을 보호하는 특허법을 의미하지만 경우에 따라 실용신안, 디자인을 포함하여 널리 발명자, 고안자에게 독점권을 부여하는 제도들의 통칭으로 사용되는 경우도 있다. 드물게는 상표까지 포함하는 산업재산권제도를 대표하기도 한다.

---

3) 과거의 pdmc.or.kr, socop.or.kr은 없어지거나 소유자가 다른 사람이 되었다.

제도상의 발명의 정의는 "특허법, 실용신안법, 디자인보호법의 규정의 의하여 보호대상이 되는 발명·고안·창작"을 말한다. 특허법에는 "자연법칙을 이용한 기술적 사상의 창작으로서 고도한 것"이라고 하였다.

한편 발명은 법적으로 다음과 같이 2 가지로 대별된다.

① 직무발명 : 종업원, 법인임원, 공무원의 발명·고안·창작

② 자유발명 : 직무발명 외의 발명

표 2. 산업재산권 관련법

특허법
실용신안법
디자인보호법
상표법
부정경쟁방지 및 영업비밀보호에 관한 법률
변리사법
발명진흥법
반도체배치법
컴퓨터프로그램보호법
특허협력조약
파리조약

나. 산업재산권 유형 요약

지금까지 산업재산권에 관련한 설명들이 있었기 때문에 어느 정도 이해하겠지만, 이를 정리한 산업재산권의 유형은 다음 표 3과 같다. 제도적으로(출원) 특허는 '발명', 실용신안은 '고안'이라는 식의 간결화한 정의를 사용한다.

산업재산권의 권리별 등록료는 연습문제를 참조하기 바란다. 일정한 납부기간 내에 등록료를 내지 않으면 권리를 포기한 것으로 간주한다. 납부기간 경과시 유예기간 개념의 추가납부기간이 있다. 금액은 규정 개정에 따라 변할 수 있다. 산업재산권의 유형별 등록료 차이, 연차별 증가액이라든지, 최초 등록시 3년차분 납부 등, 그 의미를 이해하기 바란다.

표 3. 산업재산권의 유형 및 존속기간

구 분	특 허	실 용 신 안	디자인	상 표
정 의	자연법칙을 이용한 기술적 사상의 창작으로서 고도한 것 (대발명)	자연법칙을 이용한 기술적 사상의 창작(소발명)	물품의 형상, 모양, 색채 또는 이들을 결합한 것으로서 시각을 통하여 미감을 일으키게 하는 것	타인의 상품과 식별되도록 하기 위하여 사용하는 기호, 문자, 도형, 입체적 형상, 또는 이들을 결합한 것 및 이들에 색채를 결합한 것
보 기	전자를 응용하여 처음으로 전화기를 생각해낸 것과 같은 발명	송화기와 수화기가 분리되어 있던 것을 일체로 하여 편리하게 한 것과 같은 형상이나 구 조 등에 관한 고안	탁상전화기를 반구형이나 네모꼴로 한 것과 같이 물품의 외관에 대한 형상이나 모양 또는 색채에 관한 디자인	전화기 제조회사가 자사제품의 신용을 유지하기 위하여 제품이나 포장 등에 표시하는 표장으로서의 상호나 마크 등
존속기간	등록일로부터, 출원 후 20년	등록일로부터, 출원 후 10년	등록일 부터 15년	등록일부터 10년.갱신등록시 반영구적

다. 발명진흥에 관한 제도

(1) 발명진흥법 개요

발명의 진흥은 산업재산권의 창출을 가져오게 된다. 직접적인 산업재산권의 성립, 등록, 권리 등의 제도 사항은 아니지만, 법으로서 발명 진흥에 관한 대표적 제도는 발명진흥법 제도이다. 이는 발명의 진흥을 효율적으로 수행하기 위한 것이다. 여기서는 간단히 소개만 한다.

발명진흥에 관해 일찍 1958년 발명보호법이 제정되었고, 94년 발명진흥법의 이름으로 새롭게 제정되었다. 현재는 2010년 개정(시행 2010.7)이 유효하다.

이 제도의 목적은 발명을 장려하고 발명을 신속하고 효율적으로 권리화 및 사업화를 촉진함으로써 산업의 기술경쟁력을 높이는 것이다. 중요 사항 및 기구에 대한 것을 살펴보면, 발명진흥종합시책(매년), 학생발명 진흥, 직무발명 활성화, 특허기술정보센터 등록사항, 특허기술사업화협의회, 특허기술사업화 알선센터, 산업재산권분쟁조정위원회, 지식재산권 연구소(정부, 지방자치단체, 기업 등

가능), 한국발명진흥회(www.kipa.org) 등에 관한 내용 들이다.

한국발명진흥회는 1973년 (사)한국특허협회로 출범하여, 1982년 한국발명특허협회, 1994년 한국발명진흥회로 이름이 바뀌어 오늘에 이른다. 부설 특허기술정보센터(한국특허정보원으로 확대 발전), 지적재산권연구센터(한국지식재산권연구원으로 확대 발전), 특허기술사업화알선센터, 산업재산권분쟁조정위원회, 특허기술상설장터 등을 두고 있다.

발명진흥법 제도 이외에도 발명의 진흥을 위해서 공무원직무발명, 발명보상, 장려보조금 등의 제도가 있다.

(2) 특허 발명에 관련된 기구

- 한국특허정보원(www.kipi.or.kr) : 1995년 한국발명진흥회 부설 특허기술정보센터로 출발하여, 2001년 확대 발전된 기구. 특허기술정보센터(www.kipris.or.kr)의 명칭은 한국특허정보원 산하로 존속되며 사이트도 별도 존재하여 유용한 정보를 제공한다.
- 한국지식재산권연구원(http://www.kiip.re.kr) : 1997년 한국발명진흥회 부설 지적재산권연구센터로 조직되어, 발명진흥회와 특허정보원이 공동출자하여 2005.12. 분리 독립되었다. 국내외 지식재산권 활성화, 동향파악, 분석 연구, 문헌 및 판례 DB, 국내외 법령 제공의 역할을 담당한다.

(3) 한국지식재산센터(KIPS)

한국지식재산센터(KIPS;Korea Intellectual Property Service center)는 특허청이 발명진흥회와 함께 2003년 서울 역삼동에 설치한 종합서비스센터이다. 지식재산권에 대한 토탈서비스를 한지붕 시스템(One-roof)으로 제공한다. 특허청 서울사무소, 한국발명진흥회, 한국특허정보원 등 지식재산 관련 기관들이 입주하고 있다.

이 센터는 특허청 사무소 뿐 아니라 앞 절의 기관들이 입주하여 있어서, 산업재산권의 출원 지원, 특허정보의 제공, 특허사업화 알선 및 자금지원, 특허기술거래지원 등 다양한 서비스를 제공한다. 지식재산 관련 서비스 지원 외에도 발명인의 쉼터, 국제회의실, 만남의 장소, 인터넷 카페, 전시실 등을 제공됨으로써 발명가와 일반 국민이 쉽게 접근하여 사용할 수 있다.

여기서 산업재산권 거래정보 종합 포탈 사이트(인터넷 특허기술장터www.ipmart.or.kr)를 운영하고 있다.

민간의 기구도 다양하며 예를 들면, 지식재산의 창출, 보호, 활용에 종사하는 법인들의 협회로는 한국지식재산보호협회(www.kipra.or.kr)가 있다.

참고

2006 국제특허출원 세계 4위

한국의 2006년 국제특허협력조약(PCT, Patent Cooperation Treaty, 뒤에서 설명)에 따른 특허출원 건수가 전년보다 27% 늘어난 5935 건을 기록하였다. 이것은 프랑스와 영국보다 앞선 숫자이다. 세계지식재산권기구가 2007. 2. 7 발표한 '2006년도 PCT 기준 세계 특허출원 건수'에서 미국 4만 9555건(6.1% 증가), 일본 2만 6906건(8.3%), 독일 1만 6929건(5.8%)에 이은 4위이다. 지난 2002년 9위에서 2003년과 2004년 7위, 2005년 6위로 각각 올라서 최근 몇 년 동안 연속으로 특허 강국의 기록을 경신하고 있다. 그러나 아직까지 연간 1만 단위에 미치지 못하고 있다.

2007 WIPO 한국어를 아홉 번째 국제 공개어로

세계지식재산권기구(WIPO)는 2007년 한국어를 아홉 번째 국제 공개어로 채택했다. 그만큼 한국의 위상이 높아진 것이다.

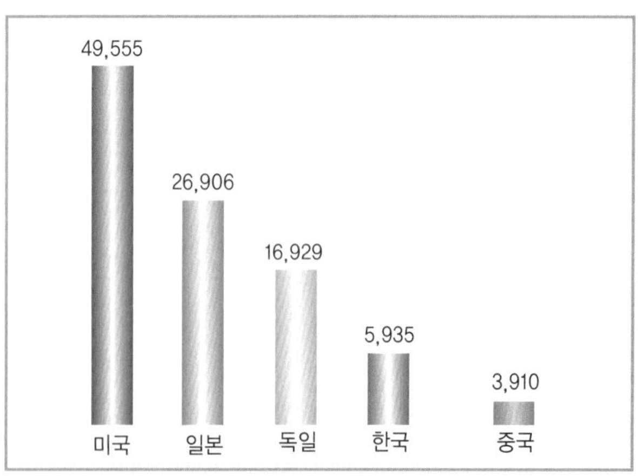

※ 자료: 세계지적재산권기구(WIPO), 중국은 8위

그림 1. 2006년 세계 특허출원 건수 순위

(4) 국내외 특허정보 검색 사이트

국내외 특허정보 검색사이트는 표 4와 같다.

표 4. 특허정보 검색 사이트

■ 국내사이트

· KIPRIS (http://www.kipris.or.kr/index.html) : 대표적인 사이트. 특허기술정보서비스
· WIPS(http://www2.wips.co.kr) : 미국, 일본 유럽의 특허 초록, 서지사항과 원문이미지 정보, 한국의 특허, 상표, 디자인검색
· PATpen특허법령 · 판례 센타(http://www.patpen.co.kr) : 1963년 부터 현재까지의 산업재산권 판례 검색, 각종 법령검색, 특허관련실무자료
· 브랜드 링크 (http://www.brandlink.co.kr) : 상표검색(1950- 서지사항 및 상표견본제공), 기타 상표 관련 정보제공
· 브랜드 코리아넷 (http://www.brandkorea.net) : 상표 유료검색 및 관련정보, 부가서비스 제공
· 브랜드 워치(http://www.brandwatch.co.kr) : 유사상표 등록 감시 서비스 제공
· KISTI (한국과학기술정보연구원)(http://www.kisti.re.kr) : 특허정보 CD-ROM 발간, 온라인 및 웹검색, 원문 복사
· 도원닷컴(주) (http://www.dowon.com) : 산업재산권 정보검색, 기술조사, 교육 등

■ 국외사이트

· 미국(USPTO) (http://patents.uspto.gov) : 특허검색 및 서비스 서지정보 제공, 원문은 별도요금 부과
· 미국(IBM) (http://www.patents.ibm.com) : 미국 특허검색 및 원문입수 가능, 해상도 낮음
· 유럽(http://www.european-patent-office.org/) : 조사기간 자료의 DownLoad기능
· PatentExplorer(미국/유럽) - http://www.patentexplorer.com
· QPT- http://www.qpat.com
· MicroPatent(미국/유럽세계)- http://www.micropat.com/0/patentweb.html
· Biotechnology and US patents - http://www.nal.usda.gov/bic/Biotech_Patents
· CHI Research, Inc. - http://www.chiresearch.com
· Data Sta - http://www.dialog.com/info/products/datastar-index.shtml
· Derwent - http://www.derwent.co.uk
· Fachinformationszentrum Karlsruhe - http://www.fiz-Karlsruhe.de
· Great Lake Patent& Trademark Center - http://www.detroit.lib.mi.us
· Guenther Kehl - http://ourworld.compuserve.com
· IBM Patent Server - http://www.delphion.com
· Information Law Alert - http://infolawalert.com
· Institut National de la Propri Industrielle - http://www.inpi.fr
· Japan Patent Information Organization - http://www.japio.or.jp
· Knight Ridder Information -http://www.dialog.com
· Lexis-Nexis - http://www.lexis-nexis.com
· MicroPatent - http://www.micropat.com
· NRI - http://patent.ne.jp
· Patents Information Services- The British Library - http://www.bl.uk
· Q-PAT (QUESTEL/ORBIT) - http://www.qpat.com
· Reedfax - http://www.reedfax.com
· RWS Information Ltd & RWS Translations Ltd - http://www.polyglot.com
· SCI- http://www.sci3.com
· STO's Internet Patent Search System - http://sunsite.unc.edu/patents/intropat.html
· STNEasy - http://stneasy.cas.org
· SurfIP - The First Stop, One Stop IP Portal - http://www.SurfIP.com
· U.S. Patent Advanced Search - http://www.uspto.gov
· UBC Library Canadian Patent Index PATSCAN - http://www.library.ubc.ca/patscan

연 습 문 제

1. 지식재산권이란 무엇인가.

2. 산업재산권이란 무엇이며 그 종류는 무엇인가.

3. 산업재산권 제도로 보호 받을 수 없으나 기업의 노하우에 관한 지식을 보호받을 수 있는 제도로서 대표적인 법률에는 어떠한 것이 있는가?

4. 지식재산권을 2 가지로 대별하면 각각 무엇인가?

5. 우리나라가 세계지식재산권기구에 가입한 해는 언제인가?

6. WIPO의 원어를 풀어 써라.

7. 발명진흥법을 구해서 전체 내용을 살펴보자.

   ※ 국가법령정보센터(www.law.go.kr)에 가면 대한민국의 모든 법령, 정부의 예규를 다 찾아볼 수 있다.

8. 특허법, 실용신안법, 디자인보호법의 규정의 의하여 보호대상이 되는 발명·고안·창작의 정의를 써라.

특허

1 특허제도 개요

가. 특허제도의 목적

특허제도는 산업재산권을 구성하는 4가지 권리들의 대상 중 인간의 지능적 창작활동의 산물인 발명(invention)을 가장 효율적으로 보호·관리·규제함으로써 산업발전에 이바지하고자 존재하는 제도적 장치이다. 따라서 이 제도는 산업발전 측면에서 국가 산업정책이 상당 수준 반영되며 이의 운영방법은 국가별로 약간씩 상이하다.

특허제도는 "발명을 보호, 장려하고 그 이용을 도모함으로써 기술의 발전을 촉진하여 산업발전에 이바지함을 목적(특허법)"으로 한다. 즉, 특허제도는 발명자에게는 특허권이라는 독점배타적인 재산권을 부여하여 보호하는 한편 그 발명을 공개하게 함으로써 그 발명의 이용을 통하여 산업발전에 기여하는 것이다. 이런 점에서 특허제도를 신기술보호제도, 발명장려제도, 또는 사적독점보장제도이라고 부르기도 한다. 발명의 공개는 사회적 요구이고, 사적 독점보장은 개인적 요구라고 볼 수 있다. 특허법을 비롯한 산업재산권 관련법은 유일한 합법적 독점권을 부여한 것이다. 민법의 특별한 형태로 볼 수 있다.

나. 특허제도의 원리와 연혁

특허제도는 발명의 공개와 보호를 위한 것이다. 특허제도의 원리에 대해 다음 두 가지가 그 원리를 이룬다.

1) 기본권(자연권)설

기본권은 국민이 가지는 가장 기본적인 권리를 말한다. 재산권은 기본권의 하나로서 국민 각자가 인간다운 생활에 필요한 경제적 조건을 보장하는 기능을 가지고 있다고 보아, 재산권을 보장하는 것이 국민 개개인의 자유를 실현하는 물질적 바탕이라고 본다. 개인의 발명으로 인한 권리는 기본적으로 본인의 재산권, 수익권으로서 이를 보장한다는 것이다.

2) 산업정책설

산업정책설은 현대적인 이론으로, 특허제도로서 개인의 발명을 공개하여 산업 발전에 이용하고, 발명을 장려하고, 과당 방지를 한다는 것이다.

특허제도의 기원은 표 1과 같다.

표 1. 특허제도의 기원

1300년대	14세기 영국에서 국왕은 새로운 기술에 대해 '개봉된 문서(Letters Patent)'라는 의미의 증서를 수여함. 이후 '열린(Open)'이란 뜻을 가진 'Patent'를 특허권이란 의미로 사용.
1474년	이탈리아의 도시국가 베니스에서 모직물 공업의 발전을 위해 법을 제정해 제도적으로 발명을 보호. 이를 세계 최초의 특허법으로 분류.
1624년	영국에서 선발명주의와 함께 14년의 독점권을 부여하는 전매조례(Statute of Monopolies) 제정. 현대 특허법의 모태.

우리나라 특허제도의 간단한 연혁은 표 2와 같다.

표 2. 우리나라 특허제도의 주요 연혁

1908년	대한제국 특허령 공포
1946년	특허법 제정(군정법령) 및 특허원 창립
1949년	특허국 신설(상공부 내)
1961년	특허법을 특허법, 실용신안법, 의장법(현 디자인보호법)으로 분리(대한민국 수립후 최초)
1977년	특허청 개청
1979년	세계지식재산권기구(WIPO) 가입
1984년	특허협력조약(Patent Cooperation Treaty) 가입
1995년	산업재산권분쟁조정위원회 설치(지식재산보호센터 내)
1998년	특허청 특허심판원 설치. 고등법원급 특허법원 신설

2 특허요건

모든 발명이 다 특허의 대상이 되는 것은 아니며 발명이 특허를 받을 수 있기 위해서는 요건을 충족하여야 한다. 일반적으로 특허요건은 '주체적요건', '객체적요건', '절차적요건'으로 구분된다. 객체적요건은 실체요건이라고도 한다.

가. 주체적 요건

주체적 요건이란 특허권의 주체, 즉 발명자 또는 출원인과 관련된 요건이다.

① 정당한 발명자일 것. 특허출원인은 '발명자' 또는 '그 승계인'이어야 한다[1]. 예컨대 타인의 발명을 속여(모인, 冒認) 출원한 자는 안 된다. 두 사람 이상이 공동으로 발명한 때에는 공유로 한다.

※ 타인 발명을 속여 출원, 등록한 경우, 정당한 권리자가 이의 신청하여 무효심판을 할 수 있다.

② 권리능력이 있을 것

㉮ 외국인은 우리 법에 의하여 특허를 받을 수 있는 권리능력을 인정받은 자이어야 한다. 국내에 주소를 가진 특허관리인을 선임해야 하는데 대부분 변리사이다.

㉯ 비법인은 권리능력이 없다. 자연인과 법인은 권리능력이 있는데, 법인이 아닌 단체는 권리능력이 없다는 말이다. 예를 들어 법인이 아닌 가게이름, ○○연구회, ○○동창회와 같은 이름은 출원인이 될 수 없다.

※ 미성년자, 금치산자, 한정치산자는 법정대리인이 출원할 수 있다.

㉰ 특허청 직원 및 특허심판원 직원은 상속 또는 유증(遺贈)의 경우를 제외하고는 특허를 받을 수 없다.

1) 실무상 출원인과 발명자가 사실과 다르더라도 출원인을 발명자의 승계인으로 간주하고 있다. 해당 출원이 등록되었을 때에는 모든 권리가 발명자가 아닌 '출원인'에게 주어지므로 이점 유의해야 한다. 발명자가 이 특허를 사용하고자 하는 경우에는 출원인에게 통상실시권 또는 전용실시권을 계약하여 실시할 수 있다.

나. 객체적 요건

객체적 요건이란 특허의 대상에 관한 요건으로서, 발명의 성립요건을 말한다. 발명이 갖추어야 될 요건과 해당되어서는 안 될 요건을 포함하는데, 전자의 요건을 '적극적 요건'이라 하고 후자의 요건을 '소극적 요건'이라고도 한다.

발명이 발명으로서의 성립요건을 갖추었는지 여부의 판단은 특허출원에 대한 '실체심사' 단계에서 한다. 그래서 이를 실체요건이라고 부르기도 한다. 즉, 특허를 받기 위해서는 '발명'으로서, '산업상 이용가능성, 신규성, 진보성'을 갖추어야 한다.

발명의 성립성 여부의 판단시점은 출원시를 기준으로 한다. 발명의 성립성 판단시기에 대하여는 발명자 스스로 발명을 완성했다고 확신을 가진 때를 기준으로 하는 입장인 주관설과, 발명이 완성되었음을 객관적으로 표시된 때를 기준으로 하는 입장인 객관설이 있으나 객관설이 통설이다.

(1) 발명의 성립성 요건

인간의 지능적 창작활동이 특허를 받기 위해서는 그 창작은 발명개념에 해당되어야 한다. 특허법상의 발명이란 '자연법칙을 이용한 기술적 사상(思想)의 창작으로서 고도한 것'을 말한다.

① 자연법칙을 이용한 기술적 사상: 자연계에 존재하는 현상이나 이치를 이용하여, 특정한 목적을 달성하려는, 기술에 관한 사상(idea) 체계, 즉 합리적으로 이루어진 사상을 말하며, 구체성을 띄어야 한다. 따라서

- 만류인력 법칙, 에너지 보존법칙과 같은 자연법칙 자체는 성립이 안된다.
- 일정한 확실성을 가지고 반복가능성이 있어야 한다.
- 기술적 사상이란 객관적 사상으로 어느 정도의 구체성이 요구되며 반드시 현재 실시 가능한 수준의 요구가 아닌 가까운 장래의 가능성이 있으면 족하다.

② 창작성: 창작이란 새로운 사실을 만들어낸 것을 말하며, 모방에 대응되는 개념으로 자명(自明)하지 않아야 한다. 창작성은 객체적요건(실체요건)의 '신규성'에서 판단한다.

③ 고도성: 고도성이란 발명이 속하는 분야에서 통상의 기술수준에 있는 자에 대하여 자명하지 않은 것으로 창작수준이 높은 것을 말하며, 발명과 고안을 구분하는데 그 의의가 있으며, 구체적·개별적으로 판단되어야 한다. 고도성은 실체요건의 '진보성'에서 판단한다[2].

발명이 아닌 것의 예로는, 계산법, 작도법, 암호작성방법, 컴퓨터프로그램(리스트) 자체, 과세방법, 영구 기관에 관한 발명 등이다.

발명이 아닌 것도 앞서 언급한 바와 같이 정도와 범위의 차이가 있을 뿐이며 여러 제도로서 보호받는다.

쉬어 가기

영구기관(Perpetual Mobile) 에 대하여

많은 사람들이 끊임없이 시도하고 실패하면서도 계속되고 있는 것이 '영구기관' 을 발명하는 것이다. 공짜 에너지 기관이라고도 한다. 아무리 물리학 법칙으로 절대 불가능하다고 해도 이를 시도하는 사람들은 물리학법칙의 완전성을 의심할 뿐이다. 예를 들면, 고대에는 무거운 물건이 먼저 떨어진다고 했고, 이의 오류를 해명한 갈릴레이 시대에는 만유인력을 몰랐으며, 뉴턴이 물리학을 다 완성한 듯 했지만 아인슈타인에 의해 상대성이론이 정립되지 않았느냐는 것이다. 세계적으로 영구기관에 관련된 특허는 지금도 신청되고 있다. 우리나라 특허청도 1997년 영구기관 특허 출원을 사절하기로 방침을 정했으나, 2000년 75건, 01년 96건, 02년 110건, 03년 200건 등 특허청 직원과 출원을 놓고 실랑이가 끊이지 않아 "이미 다른 사람이 출원한 바 있다" 는 선원주의 원칙에 의한 거절로 설득하는 경우도 많다.

---

2) 발명과 고안에 대해 : 우리나라는 특허권은 발명에 대하여 부여하고 실용신안권은 고안에 대하여 부여하고 있다. 특허법 상에는 발명과 고안은 구분되고 있으며 발명은 고안에 비하여 고도한 것으로 정의되고 있다. 그러나 고도한 것이냐 아니냐 하는 것은 주관적인 판단이므로 심사 실무적으로는 출원인에게 그 판단을 일임하고 있어서, 출원인이 실용신안으로 출원한 것은 고안으로, 특허로 출원한 것은 발명으로 간주한다. 더욱이 변경출원이 가능하여 발명과 고안 구분의 실익이 적어지고 있다(과거에 이중출원제도와 실용신안 선등록제도가 있었으나 폐지되고 변경출원제도로 됨).

영구기관을 위해 중력·영구자석·부력·공기·전기 에너지 등 동원되는 방법도 헤아릴 수 없이 많다. 미국은 영구기관과 관련된 특허를 신청할 때는 도면만으로는 신청을 할 수 없고, 실제로 작동하는 모형을 만들어 제출해야만 한다.

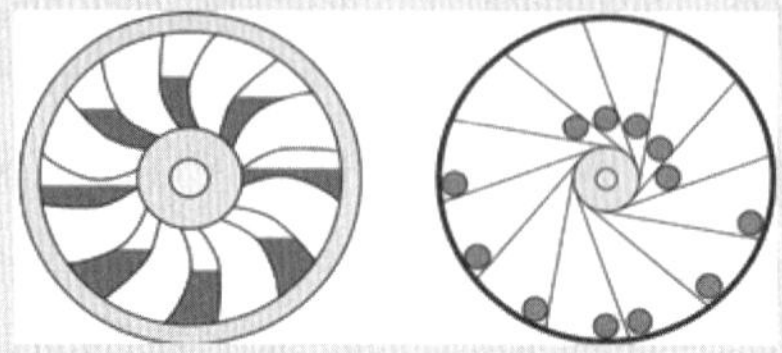

그림 1. 영구기관의 오해

영구기관에 대해 알려진 맨 처음 기록은 인도의 바스카라이다. 그림 2의 왼쪽과 같이 수은을 담을 수 있는 용기를 테두리에 달고 있는 바퀴였다. 바퀴를 일단 돌리면 축의 한쪽이 항상 무거워서 계속 돌아간다는 생각이었다. 인도의 윤회사상에 의한 생각이었을 수도 있다. 이 생각이 아라비아를 거쳐 유럽까지 전파되었다. 레오나르도 다빈치도 평생을 두고 영구 기관에 관심을 갖고 실제로 고안하기도 했다. 그림 오른쪽의 바퀴를 일단 한번 돌리면 경사면의 기울기에 의해 공이 구르면서 힘을 가하게 되어 바퀴를 돌게 하고 그것이 끝없이 계속될 수 있다는 것이다(17세기 소머셋의 영구기관). 일리가 있어 보이지만 역시 오류이다.

과학자나 공학자나 모두 물리학 법칙이 완벽하지 않을 수도 있고 정확하지 않을 수도 있다는 것을 인정한다. 그럼에도 아직까지 물리학법칙을 다시 써야할 만큼의 영구기관은 없다. 열역학 제1법칙(에너지 보존법칙)에 의하면 에너지는 서로 형태가 바뀔 뿐, 자연계 전체의 에너지는 항상 보존된다. 1800년에 Volta가 처음으로 전지를 발명했을 때 사람들은 이것이 스스로 전기를 만들어내는 일종의 영구기관인 줄 알고서 흥분하였으나, 이후 전지 내부의 화학에너지가 전기에너지로 바뀌는 것이라는 사실이 밝혀졌다.

위 그림의 영구기관은 중력을 에너지원으로 삼는 영구기관으로 제시된 것이다. 에너지 보존법칙에 맞는 것 같지만, 열역학 제2법칙(엔트로피 법칙)[3]에 위배되어 에너지의 흐름 방향을 거스르는 이른바 '제2종 영구기관'인데, 실현 불가능한 것은 마찬가지이다.

중력에서 에너지를 얻으려면 질량을 가지는 물체의 위치변화가 있어야 한다. 위 그림은 물질의 위치변화(높은 곳에서 낮은 곳으로)를 연속으로 일어나게 하여 운동에 필요한 에너지를 얻고 그 에너지로 다시 물체의 위치를 바꾸는(낮은 곳에서 높은 곳으로) 일을 하여 기계가 영원히 움직이게 한다는 것이다. 운동을 하여 에너지를 만들어 내는 영구기관이 가능하려면 운동에 필요한 에너지를 고스란히 다시 받아야 한다. 주변 공기의 마찰이나 저항, 공이나 수은이 기계의 표면을 구를 때 생기는 열이나 소리 같은 것으로 손실되는 에너지가 전혀 없어야 하는데 이는 불가능하다. 상당 시간 움직인다 하더라도 중간에 유용한 에너지를 빼 쓸 수도 없다. '거의' 영구적인 운동이 자연에 있기는 하다. 지구가 태양을 도는 것을 예로 들 수 있다. 그러나 우주도 완전 진공 상태는 아니기 때문에 언젠가 행성의 운동에 변화가 있을 것이라고 물리학에서는 말한다.

'영구기관'의 발명자 중에는 오류를 깨닫지 못하고 자기의 발명이 옳다고 확신한 사람들이 많았지만, 고의적인 사기꾼들도 있었다. 영구기관을 발명하면 큰 돈을 후원 받을 수 있다는 점을 노린 것이다.

18세기 초 독일의 Orffyreus는 크고 작은 톱니바퀴와 추의 낙하를 교묘히 연결하여 바퀴를 영원히 돌릴 수 있다는 '자동바퀴'를 만들었지만, 그는 장치의 중요부분 속에 숨은 사람이 밧줄을 잡아당기는 속임수를 쓴 것이다. 그는 여러 나라에서 거액을 지원 받으면서 호사스런 생활을 누렸고, 러시아의 표트르 1세에게 거액에 대여하려고 하였으나 결국은 사기극이 들통 나고 말았다.

19세기 말 미국의 Keely 역시 영구기관에 관한 탁월한 사기꾼이었다. 킬리의 발명은 단순한 영구기관이라고 하기에는 좀 복잡해서, 공짜 에너지를 만들어내는 것이 아니라, 약간의 물을 사용해서 대량의 에너지를 낸다는 그럴듯한 이론을 폈다. 그는 교육을 받지는 않았으나 언변이 뛰어났고, 난해한 용어들을 써가면서 사람들의 마음을 끄는 혹세무민의 대가였다.

그는 사람들을 모아서 '킬리 모터회사'를 설립하고 1874년에 필라델피아에서 킬리 모터의 공개실험도 하였다. 거액의 투자와 후원금을 모아 사치스럽게 살았다. 킬리가 죽은 후에 사기극이 밝혀진 바, 실험실 건물의 마루 밑에 숨겨둔 압축공기 장치의 힘으로 기계를 움직였던 것이다.

오늘날 영구기관은 아니지만 비슷한 것이 원자력이다. 원자력발전은 핵분열에 의한 질량의 미세 감소분이 에너지로 바뀌는 원리로 얻는다. 미래의 청정에너지를 핵융합에 의해 얻기 위해 프로젝트가 추진되기도 한다. 한마디로 인공 태양을 만들어 에너지를 얻으려는 시도이다. 국제적으로 대표적인 거대 프로젝트는 국제핵융합실험로(ITER) 사업이다. 1985년 레이건과 고르바초프의 미·소 정상회담에서 시작되었고, 1988년 미국·러시아·유럽연합·일본 등 4개국이 참여해 개발자금과 기술 인력을 공동 부담했다. 한국도 참여하는데 거대한 자금을 투입하는데 비해 성과가 아직 미지수이지만, 우리나라의 수준이 상당히 높다고 한다.

(2) 등록 실체요건

① 산업상 이용 가능성

특허제도의 목적이 산업발전에 있으므로 발명은 산업적으로 이용가능 해야 한다. '산업'은 공업·농업·임업·목축업 등 생산업 분야를 말하나 운수업, 교통업 등 보조적 산업분야도 포함한다. 그러나 '보험업·금융업'과 '의료업'은 산업에서 해당되지 않는 것으로 본다.

의료기구와 같은 것이 발명이 될 수 없다는 것이 아니고, 인간을 수술·치료하거나 진단하는 방법의 발명 등의 의료행위, 진료방법, 치료방법 등의 의료업은 산업상 이용할 수 없는 발명으로서 특허를 받을 수 없다는 말이다. 그러나

3) 두 계의 에너지 흐름은 엔트로피(상태함수, 무질서도)가 커지는 방향으로 흐른다.

사람을 제외한 다세포동물에 관한 발명은 특허성이 인정되며, 인간으로부터 채취한 것(혈액, 소변) 등을 처리하는 방법, 이들을 분석하여 데이터를 수집하는 방법 등은 발명으로 취급한다.

산업상 이용가능성은 반드시 경제성을 의미하지 않는다.

산업성이 없는 발명으로는, '학술적·실험적'으로만 이용될 수 있는 발명, '발명개념'에 해당되지 않는 발명이 있다.

② 신규성

특허제도는 새로운 기술을 공개한 자에게 그 보상으로 특허권을 부여하는 것이므로 발명이 특허를 받기 위해서는 신규성이 있어야 한다. 신규성이란 발명이 '새로움'을 갖추어야 한다는 것을 말한다. 즉, 출원 발명이 공지발명[4]과 동일하지 않아야 한다.

신규성은 소극적 규정, 즉 상실사유를 제한적으로 규정하여 이에 해당하지 않는 발명은 신규성이 있는 발명으로 규정한다.

즉 공지발명이란 "특허출원 전에 국내에서 공지되었거나 공연히 실시된 발명" 또는 "특허출원 전에 국내 또는 국외에서 반포된 간행물에 게재되거나 정보통신회선(인터넷 등, 2001년 반영)을 통하여 공중이 이용 가능하게 된 발명"을 말한다.

신규성 판단의 시기적 기준은 시분초의 시각까지 고려된 개념이다. 따라서 선출원 판단 기준이 "일"이 되는 것과는 구별된다. 예를 들어 5월 1일 2시에 출원하였을 때, 전날 공지 뿐 아니라 당일 오전 10시에 공지되었다면 신규성을 상실하는 것이다.

장소적 기준은 신규성을 상실시키는 사항의 내용에 따라 지역적 기준을 달리하는데, 공지·공연실시는 국내주의를, 간행물에의 게재 및 인터넷 등 정보통신망을 통한 공지는 국제주의를 적용하고 있다. 따라서 외국에서의 공지·공연실시는 신규성 상실사유에 해당되지 아니하며, 이러한 국내주의 채택은 사실 확인이나 입증의 어려움 때문이다.

- 반포는 사회일반에 배포를 말하며 간행물이 불특정다수인에게 열람될 수 있는 상태에 놓여 있는 것을 말한다.

4) 공공연히 알려진 발명이란 뜻

- 간행물은 기계적·화학적 수단에 의하여 복제된 공개성과 정보성을 갖는 문서 및 도면, 사진 등의 정보전달 매체를 말하며 손으로 쓴 것도 배포 목적이면 간행물에 해당한다. CD-ROM, 광디스크, 플로피디스크도 간행물로 본다.
- 게재된 발명은 그 기술 분야에서 통상의 지식을 가진 자가 용이하게 실시할 수 있을 정도로 발명의 구성이 기재되어 있어야 하며, 사용언어는 문제가 되지 않는다.
- 인터넷 등 최근 보편적으로 활용되고 있는 정보통신망을 통해 공지된 발명도 그 기술정도를 학술지나 잡지 등의 문헌 공지된 기술정보와 동일한 정보성이 있다고 판단하여 신규성이 상실된 것으로 본다.

출원전 공지 발명은 원칙적으로 신규성을 상실하지만, 특허를 받을 수 있는 권리를 가진 자의 발명이 공지발명이 된 경우, 그날로부터 6개월 이내에 출원하면 신규성을 구제받을 수 있다. 출원과 동시에 그 취지를 기재한 서면을 제출하고, 출원일로부터 30일 이내에 증명서류를 제출한다. 권리자의 의사에 반하여 공지발명에 해당하게 되거나, 권리자가 박람회에 출품을 하여 공지발명이 된 경우도 포함된다.

간단히 말해서 발명자 본인의 권리는 비록 공지되었더라도 6개월 이내에 출원한다면 보호받을 수 있다.

이것은 특정이유에 의한 공표에 따라 공지된 경우에도 획일적으로 특허 받을 수 없는 발명으로 취급한다면 발명의 보호 및 장려와 산업발전이라는 특허제도의 근본취지를 크게 손상시킬 우려가 있고, 발명자에게 가혹하다고 생각될 수 있기 때문이다.

그래서, 신규성 상실사유가 있다 해도 사회통념상, 경험칙상 정당한 이유가 인정될 때에는 적극적으로 특허청에 대하여 구제의 의사표시(특허출원)를 하여 신규성이 상실되지 않는 것으로 간주 받도록 하고 있으며 이를 신규성의제(Pre-Filing Date Disclosure)[5]라고 한다. 쉽게 말해 신규성 상실의 예외를 말한다.

---

5) 의제(擬制): 성질이 다른 것을 같은 것으로 보고 법률상 같은 효과를 주는 일. 실종된 것을 사망한 것으로 간주하는 따위.

③ 진보성

진보성이란 발명의 창작수준의 난이도를 말하여, 산업상 이용가능하고 신규성을 갖춘 발명이 다음 단계로서 갖추어야 될 특허요건이다. 진보성이 없는 발명을 특허로 인정하면 특허권의 난립으로 인하여 오히려 산업발전의 저해요인이 될 수 있으므로 진보성이 요구된다.

진보성이 있는 발명이란 그 발명이 속하는 기술 분야에서 통상의 지식을 가진 자가 특허출원시의 공지발명으로부터 용이하게 발명할 수 없는 정도로 발명의 내용이 고도해야 한다.

공지발명들의 단순한 '집합(aggregation)발명'은 진보성이 없으나, 공지발명들의 '조합(combination)발명'은 진보성이 있는 경우가 있다.

진보성이 없는 발명은 공지기술의 단순한 수집 발명, 공지기술의 치환·전용 발명, 공지기술의 용도변경·한정발명, 공지기술의 수치·배열·재료 등의 변경이나 한정발명 등이다.

진보성의 판단은 자의적 재량이 아닌 객관적 타당성, 진보성 판단기준의 고정화를 지양, 출원인의 입장과 그 기술 분야의 특수성을 고려하여 판단한다. 진보성 판단은 출원 발명과 공지발명과를 대비하여 발명의 목적, 구성, 효과의 3요소를 기초로 하여 종래의 발명에 비하여 발명목적의 특이성, 구성의 곤란성, 효과의 현저성을 종합하여 이들의 예측성이 있는지 여부에 따라 진보성 여부를 판단한다.

(3) 소극적 특허요건

이상의 적극적 특허요건을 갖춘 발명이라 하더라도 공공의 질서 또는 선량한 풍속을 문란하게 하거나 공중의 위생을 해할 염려가 있는 발명의 경우에는 그 발명은 특허를 받을 수 없다. 소극적 요건은 공익적 측면에서 요구되는 사항이다. 예컨대 절도 기구의 발명과 같은 것이다.

다. 절차적 요건

발명이 특허를 받을 수 있기 위해서는 이상의 주체적·객체적 요건이외의 특허법이 요구하는 다음의 출원 절차적 규정에도 적합하여야 한다.

① 특허출원절차가 방식에 적합할 것

② 특허출원 명세서의 기재가 법규에 적합할 것

③ 하나의 특허출원의 범위 요건을 충족할 것(1 발명 1 출원주의)

④ 가장 먼저 출원일 것(선출원주의)

선출원이란 일(日) 단위이다. 따라서 같은 날 동일한 발명에 대하여 2 이상의 출원이 있는 때에는 특허출원인의 협의(일정 기한 내)에 의하여 정하여진 하나의 특허출원만이 특허를 받을 수 있다. 협의가 성립하지 않거나 협의를 할 수 없는 때에는 어느 출원인도 특허를 받을 수 없다.

동일한 발명에 대해 특허출원과 실용신안출원이 된 경우도 선출원주의는 같이 적용한다. 한편 출원이 무효 또는 취하되면 선출원은 처음부터 없었던 것으로 본다.

라. 확대된 선원주의

특허출원한 발명이 다른 선출원된 '최초' 명세서 또는 도면의 발명과 동일한 것인 경우에 있어서, 당해 특허출원 후에 그 선출원이 출원공개 또는 등록공고된 때에는 당해 특허출원발명은 특허를 받을 수 없다[6]. 이것을 확대된 선원주의라 한다. 즉, 당해 출원 당시 선원여부를 몰랐더라도 선출원의 공개로 동일한 것이라고 밝혀지면 특허를 받을 수 없다는 뜻이다.

출원 공개 전에 거절결정이 확정된 출원의 경우, 선출원 지위는 없다. 즉, 처음부터 그 출원이 없었던 것으로 간주된다.

이것의 제도적 취지는 선출원자를 확대 보호함은 물론 선출원의 특허청구범위를 보정할 수 있는 최대범위인 출원 당초로 선원범위를 넓혀 줌으로써 심사청구제도 운용상 발생되는 모순과 폐단을 시정하기 위한 것이다..

선원의 범위는 출원 당시에 첨부된 명세서·도면의 기재된 것까지 확대된다. 그러나 요지변경된 특허발명은 확대된 선원의 자격이 없다. 일단 선출원의 공개 후에는 선출원이 취하, 포기, 무효 등 출원계속이 종료되어도 후출원의 거절사유가 된다.

---

6) 출원공개나 등록공개가 당해 출원 전일 경우에는 당연히 공지발명이 적용되므로 문제가 되지 않는다.

발명자가 동일한 경우와 출원인이 동일한 경우 및 분할출원의 경우에는 이 적용이 배제된다. 발명자 본인의 경우는 선원성이 계속 유지된다는 것을 말한다.

국제특허출원의 경우 그 적용시기는 "국내에서의 출원공개 또는 국제사무국에 의한 국제공개시기"를 기준으로 하여 적용된다.

마. 특허요건의 위반

출원 후 특허요건에 위반된 사항을 발견한 경우에는 적절한 보정을 통하여 그 위반사항의 해소가 요구되며, 특허 후에는 정정 허용범위 내에서 정정청구로서 그 흠결을 치유하여야 한다.

선원범위의 확대규정 위반의 경우, 출원단계에서 거절이유 및 정보제공사유가 되며, 등록공고 되면 이의신청사유가 되고, 등록 후에는 무효사유가 된다.

바. 분할출원

출원인이 2 개 이상의 발명을 하나의 특허출원으로 생각하여 이미 출원한 발명으로부터 일부를 분할하여 출원하는 것이다. 이는 보정 기간 이내에 분할출원해야 한다. 이 경우 분할출원은 앞에서 출원한 때에 출원한 것으로 본다. 즉, 선원성이 처음 출원한 때로 적용되는 것이다. 다만, 원래 출원한 본인의 발명 내용이 분할출원 전에 공지되었을 경우는 분할출원 시에 출원한 것으로 본다.

한편, 조약에 의한 우선권을 주장하는 자(외국의 발명인)는 원래 해당 최선일로부터 1년 4개월이지만 분할출원의 경우는 분할출원일로부터 3개월 이내에 제출해야 한다.

사. 변경출원

출원인이 출원을 서두르거나 제도에 대한 오해, 대상물에 대한 판단의 곤란 등으로 출원형식(특허, 실용신안 간)을 잘못 선택한 경우, 출원 후에 출원일시를 그대로 유지한 채 원출원의 형식을 유리하다고 생각하는 다른 형식으로 변경하는 제도이다[7].

다만, 최초의 거절등본을 송달 받은 날부터 30일이 경과된 때에는 변경할 수 없다(법에서 규정한 기간이 연장된 때에는 그 연장된 기간까지).

이중출원, 실용신안 선등록제도는 폐지됨. 이에 대체되는 제도는 변경출원

변경출원은 특허와 실용신안 간의 출원 종류를 간단하게 변경하는 것이다.

1999.6.30. 이전의 특허와 실용신안은 심사청구일로부터 2~3년이 경과한 후에 심사를 시작할 정도로 심사처리기간이 오래 걸렸다. 실용신안은 제품의 라이프사이클이 짧은 경우가 대부분인데 출원후 정작 등록시점에서는 실용신안권이 필요가 없는 경우도 있다. 특허청에서는 이러한 심사 적체를 개선하여 1999.7.1. 이후에 출원되는 실용신안에 대하여는 기초 요건만을 심사하여 등록을 시켜주는 선등록제도와, 특허와 실용신안을 이중으로 출원할 수 있는 이중출원제도를 도입하였다. 실용신안이 먼저 등록되고 나중에 특허결정이 날 경우에는 이 중에서 하나의 권리를 포기하고 다른 하나의 권리만 등록받아 권리를 행사하는 제도였다. 이 선등록제도하에서도 선등록 후에 기술평가를 거쳐야 하는 불편함이 있었다. (선등록과 선출원과 혼동하지 말 것)

2006년 말에는 특허의 심사처리기간이 평균 10개월 정도로 단축되었으며, 위 선등록제도의 문제점을 개선하여 2006.10.1.부터 실용신안등록출원도 종전의 심사제도로 환원되었다. 즉, 실용신안등록출원도 심사청구를 하여야 심사를 시작하게 된다.

아. 직무발명

종업원·법인임원·공무원이 그 직무에 관하여 발명한 것이 성질상 사용자·법인·국가·지방자치단체의 업무범위에 속하고, 그 발명 행위가 현재나 과거의 직무에 속하는 발명을 직무발명이라고 하는데, 직무발명에 대하여 종업원 등이 특허를 받을 경우(승계자도 포함), 사용자 등은 그 특허권에 대하여 통상실시권을 가진다.

한편, 공무원의 직무발명은 특별히 국가나 지방자치단체가 승계하며(출원인이 된다는 뜻), 이것의 특허권은 국유(특허청 관장) 또는 공유로 한다. 국·공립학교 교직원의 직무발명은 전담조직이 승계하며, 이것의 특허권은 전담조직 소유가 된다.

7) 상표 등록제도에서는 상표와 서비스표 간의 변경출원을 말한다.

직무발명을 제외하고는 사용자로 하여금 특허를 받을 수 있는 권리 또는 특허권을 승계시키거나 사용자를 위하여 전용실시권을 설정한 계약이나 근무규정은 무효이다. 즉, 직무발명에 대해서는 계약이나 근무규정에 명시되어 사용자의 실시권이 있게 되는데, 직무발명 외의 자유발명까지 사용자가 전용실시권을 가질 수는 없다는 것이다.

종업원 등은 직무발명을 계약 또는 근무규정에 의하여 사용자 등으로 하여금 승계하게 하거나 전용실시권을 설정한 경우에는 정당한 보상을 받을 권리를 가진다. 보상금 지급기준은 제도적 기준이 있으며 자세한 것은 생략한다.

3 출원절차

이것은 특허의 절차적 요건이다. 4 가지 산업재산권의 출원은 유사성이 많다. 출원인은 특허청에 4가지 종류의 산업재산권에 대해 출원할 수 있다. 특히 특허와 실용신안은 출원절차의 기본이 같다. 따라서 이 부분의 설명은 특허 뿐 아니라 실용신안 출원 절차에 대해서도 적용될 수 있다.

특허·실용신안등록출원은 특허협력조약(PCT)에 의한 국제출원제도로도 활용될 수 있다.

가. 특허출원의 의의

특허출원이란 발명에 대하여 특허를 받을 수 있는 권리자가 국가에 대하여 특허권의 부여를 요구하는 의사표시행위를 말한다. 특별한 경우가 아니면 발명의 공개를 조건으로 한다. 특허출원은 엄격히 서식에 따라 작성되어야 함은 물론 요구하는 제원칙에 부합되게 절차가 행해져야 한다.

따라서, 특허출원은 '서면(또는 전자출원)'에 의하여 되어야 하며 '국어'를 사용하고 '양식'에 적합해야 하는 한편 '수수료(출원료 등)'을 납부해야 한다.

출원을 위해서 먼저 출원인 등록을 하여 출원인등록번호를 받는다. 특정 건을 정하지 않은 위임을 받고자 하는 경우 포괄위임등록신청서를 제출하여 포괄위임등록번호를 부여받는다.

전자출원의 경우 전자문서이용등록을 한다. 전자문서이용신고서를 제출하고 전자문서작성용 소프트웨어와 암호화 모듈을 다운받아 설치한다.

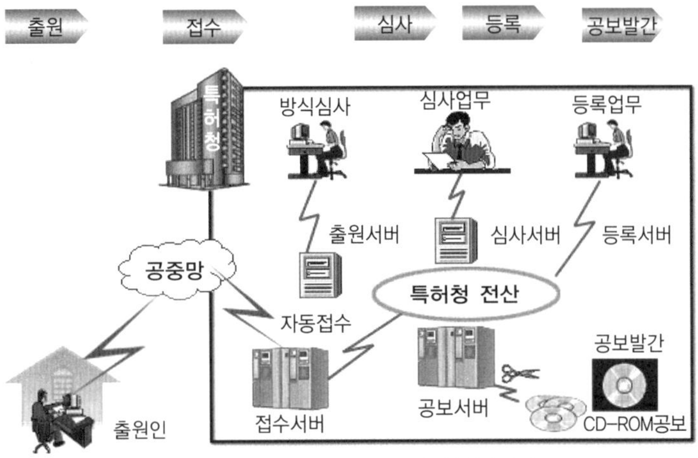

그림 2. 전자출원절차

나. 특허출원서류

특허출원 서류는 '출원서', '명세서' 필요한 '도면'및 '요약서'로 구성된다. 전자출원용 소프트웨어를 다운받아 설치하면, 전자문서작성기(editor)로 형식을 용이하게 맞추어 작성할 수 있다.

(1) 출원서

특허출원서에는 ① 특허출원인의 성명·주소 ② 대리인의 표시 ③ 제출년월일 ④ 발명의 명칭 ⑤ 발명자의 성명·주소 ⑥ 우선권주장에 관한 사항 등을 기재한다.

(2) 명세서

발명을 문장으로 표현하는 부분으로서 발명을 구체적으로 기재하여 공표시키고 거기에 기재된 공표 발명 중에서 보호대상을 특정하여야 한다. 이것이 공개된 경우 공중에게는 '기술문헌'으로 이용되는 한편 발명자에게는 '권리서'로서 기능하는 부분이다.

이러한 기능이 달성되기 위해서 명세서에는 '발명의 명칭', '도면의 간단한 설명', '발명의 상세한 설명' 및 '특허청구범위'가 기재되어야 한다. '발명의 상세한 설명'은 기술문헌으로서의 역할을 달성하고 '특허청구범위'는 특허발명의 보호범위를 정한다.

(3) 도면

특허출원서 작성 시 도면은 필요한 경우 명세서 기재내용의 이해를 돕기 위하여 첨부하며, 발명의 성질상 도면이 필요하지 않은 경우(방법발명, 화학 발명은 도면이 필요 없다)에는 제출하지 않는다.

(4) 요약서

요약서는 명세서가 기술정보로서 쉽게 활용될 수 있도록 하기 위하여 발명을 요약 정리하는 서류로서 출원서류에 첨부한다. 요약서는 발명 내용이 이해될 수 있도록 10줄 이상 20줄 이내로 간결하게 발명을 요약 기재한다.

다. 기타 구비서류 첨부

우선권 주장, 신규성 상실 구제(즉 신규성 의제의 주장), 미생물 기탁, 대리인에 의한 출원은 관련서류들을 출원서에 첨부하여야 한다.

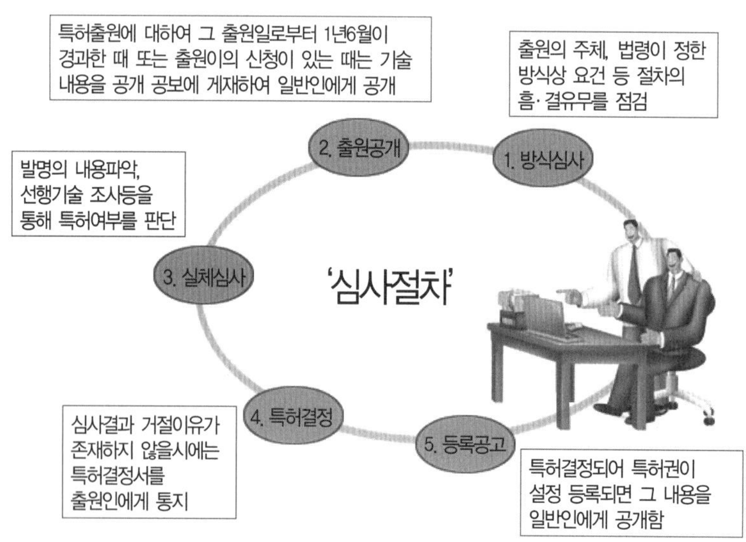

그림 3. 심사절차 개략 흐름도

4 심사

가. 심사주의의 내용

발명이 특허를 받기 위해서는 심사과정을 거치게 된다. 심사란 특허권 허여의 전제로서 특허출원 발명이 소정의 특허요건을 구비하고 있는지의 여부에 대하여 일정자격을 갖춘 심사관이 판단하는 과정으로서 무심사에 대비되는 개념이다.

특허를 받는데는 국가에 따라 무심사주의와 심사주의가 있다. 우리나라는 완전심사주의를 채택하는 한편, 심사처리의 지연에 따른 문제점 해소와 심사의 객관성과 완전성 유지를 위하여 출원공개제도, 심사청구제도, 등록공고제도, 이의신청제도를 두고 있다.

나. 출원공개제도

(1) 의의

출원공개란 특허출원 후 일정기간이 경과된 출원상태의 발명을 심사 진행여부에 관계없이 조기에 공개하는 제도를 말한다. 우리나라 특허청은 출원서를 접수하면 일정한 방식심사를 한 후 IPC(국제특허분류) 분류별로 분류하고 1년 6개월이 경과하면 기술내용을 일반에게 공개한다.

오늘날의 발명 추세에 있어서는 기술내용이 복잡·고도화되고 출원건수가 증가함에 따라 심사처리가 지연되는 결과 심사 후 발명을 공표하게 되면 공개시기가 그만큼 늦어져 동일발명에 대하여 중복연구·중복투자가 행해질 것이므로 이런 모순을 방지하기 위한 것이다.

(2) 출원공개시기 및 대상

출원공개는 출원일(우선권 주장의 경우 우선권 주장의 기초가 되는 출원일)로부터 '1년 6개월'이 경과한 때, 또는 출원인의 신청이 있는 때로서, 이미 등록공고 된 것, 공서(共棲)양속에 반하는 발명, 비밀취급을 요하는 발명과 같은 사항을 제외하고 특허공보에 게재한다.

(3) 출원공개의 효과

① **보상금청구권 발생:** 출원이 공개된 경우 출원인은 출원공개 후 설정등록 시까지 사이에 생업으로서 출원발명을 무단실시한 자에 대하여 법정요건을 갖춘 상태에서 보상금을 청구할 수 있다. 다만, 보상금 청구권의 행사는 특허권의 설정등록이 있은 후이어야 가능하다.

② **정보의 제공:** 출원공개가 있는 때에는 누구든지 그 발명이 특허요건을 맞추지 못한다거나 선원주의에 위반된다는 취지의 정보를 증거와 함께 특허청장에게 제공할 수 있다.

다. 심사청구제도

출원심사청구란 출원과는 별도로 '실체심사'의 개시를 요구하는 의사표시절차를 말한다. 특허출원에 대한 실체 심사는 종전과는 달리 심사청구가 있을 때에 한하여 청구 순서에 따라 행하고 심사청구가 되지 않은 특허출원은 일정기간(출원일로부터 5년)이 경과하면 취하로 간주하여 심사의 대상에서 제외시킨다.

이것은 출원 후 상황에 따라 심사를 원하지 않는 출원 또는 늦게 권리화를 원하는 출원과 신속히 심사의 결과를 원하는 출원 간의 심사처리시기 및 순서의 조정을 통하여 전체적인 특허출원에 대한 심사처리의 촉진에 기여하고자 하는 의도에서 둔 것이다.

심사청구는 '누구나' 할 수 있으며 '출원일로부터 5년 이내'에 가능 하다. 심사청구를 하고자 하는 자는 심사청구서를 수수료 납부와 함께 특허청에 제출한다.

일단 심사청구를 한 경우에 심사청구는 취하할 수 없다.

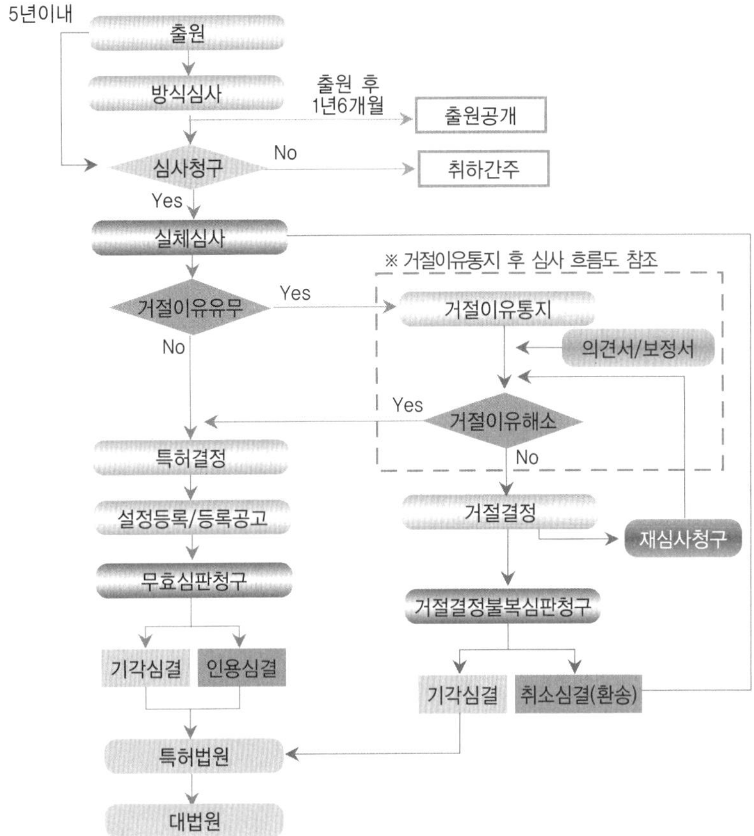

그림 4. 출원 후 심사 흐름도

라. 사정 및 등록

발명을 공개한 후에는 기술 분야별로 담당심사관이 심사청구 순서에 따라 심사하여 거절이유를 발견하면 그 이유를 출원인에게 통보하고 기간을 정하여 출원인의 의견을 제출할 수 있도록 하며, 거절이유를 발견할 수 없을 때에는 그 특허출원에 대하여 특허(등록)사정을 하며 출원인이 특허료를 납부하면 특허권 설정 등록을 하고 특허공보에 게재하여 등록공고를 한다.

심사는 기술 분야별로 심사청구순서에 따라 담당 심사관이 심사한다. 심사는 심사관의 '사정'에 의하여 종료된다. 사정이란 특허출원이 특허요건을 구비하고 있는지의 여부에 대한 심사관의 최종판단으로서 특허성 구비 여부의 확인 행위이다.

거절이유를 발견하면 그 이유를 출원인에게 통보하고 기간을 정하여 출원인의 의견을 제출할 수 있도록 한다. 거절이유가 없을 때에는 특허(등록)사정을 한다.

특허(실용신안, 디자인 포함)권의 신규설정 등록은 특허(등록)료를 납부하여 특허원부에 등록하여야 해당 권리의 효력이 발생된다. 특허사정을 받은 날로부터 3개월 이내에, 최초 3년분의 등록료를 납부한다. 만일 출원공고로부터 사정까지 오래 걸려서 3년을 경과 시는 다음년도 분까지 납부한다. 납부기간을 경과할 경우 6개월까지 추가납부가 가능한데, 이 경우 2배의 금액을 납부해야 한다. 이 기간이 경과된 후에는 출원포기로 간주된다.

이해관계자도 권리자의 의사에 불구하고 등록료를 납부 할 수 있다.

마. 등록공고제도

최종적으로 특허사정을 하고 특허권의 설정등록을 하면 특허권이 발생된다. 등록공고는 그 등록내용을 공중에게 알리는 것을 말한다. 이것은 공중에게 심사결과를 알려 의견제시의 기회를 부여함으로써 심사의 완전성·공정성을 담보시키고자 하는 의미가 있다.

등록공고는 등록을 한 특허권에 대하여 '특허공보'를 통하여 행하고, 공고기간은 공고일로부터 '3개월'간이다.

다만, 비밀을 요하는 특허발명에 대하여는 비밀취급의 해제 시 까지 공고를 보류하며, 그 비밀취급이 해제된 때 곧바로 공고를 한다.

등록공고의 효과는 누구든지 이의신청의 기회를 부여하는 것이다.

바. 이의신청제도

이의신청이란 등록된 발명이 거절이유를 포함하고 있어 등록을 취소하여야 한다는 공중의 의사표시행위를 말한다. 이것은 공중의 의견을 수렴하여 부실권리를 조기에 취소하고자하는 취지이다.

이의신청은 '누구나'할 수 있으며, 이의신청기간은 '등록공고일로부터 3개월', 즉 공고기간 내이고 이의신청이유는 일부사유를 제외한 거절사유이다. 이의신청을 하고자 하는 자는 이의신청서와 필요한 증거를 첨부하여 제출하며, 이의신청 이유 및 증거를 보정하고자 할 경우에는 이의신청기간 경과 후 30일 이내에 가능하다.

특허청(심사관합의체)은 특허권자의 의견을 들어 이의결정을 하며 그 결과를 등록원부에 기록한다. 특허권자는 취소 결정에 대해서만 특허심판원에 불복할 수 있다.

5 해외 산업재산권 출원절차

가. 해외 출원 및 PCT 출원

외국에서 4 가지의 산업재산권을 보호받기 위한 외국출원은 통일된 출원방식이 없고, 각국마다 산업재산권법체제가 상이하기 때문에 외국의 국내법에서 정하는 바에 따라 작성된 출원서류를 외국 특허청에 제출한다.

기술력의 지표인 특허 및 실용신안의 경우에 있어서는 해외 각국 특허청에 개별적으로 출원하는 직접출원과 보호받고자 하는 여러 국가를 동시에 지정하여 하나의 출원절차로 하는 PCT(특허협력조약, Patent Cooperation Treaty) 국제출원이 있다.

나. 일반 해외출원과 PCT 국제출원절차의 비교

일반 해외출원과 PCT 국제출원과의 비교는 그림과 같다.

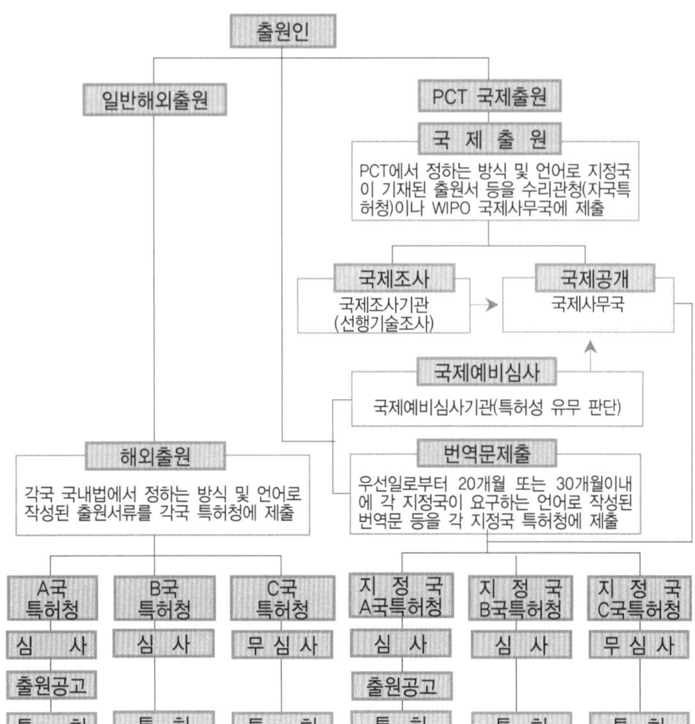

그림 5. PCT 국제출원절차와 일반해외출원절차의 비교

다. PCT 국제출원의 장단점

(1) 출원절차가 간편

동일 발명에 대하여 하나의 국제출원서류로 여러 나라에 출원이 가능하기 때문에 나라마다 일일이 출원을 하여야 하는 번거로움을 덜어 준다. 따라서 이러한 이점 때문에 미국 등 선진국에서는 이 제도를 많이 이용하고 있는 경향이다.

(2) 특허획득이 용이

각 나라의 특허 담당관청의 심사에 앞서 국제 조사기관의 선행기술조사(강행절차) 및 국제예비심사기관의 특허성 유무에 관한 예비심사(임의절차)를 거침으로써 이들 국제기관의 대외 공신력 때문에 각 지정국에서의 특허획득이 용이하다.

(3) 하나의 언어로 출원

현재 PCT 국제출원 언어는 한국어, 영어, 일어, 스페인어, 러시아어, 중국어 등이 있다. 이중 우리나라가 사용할 수 있는 언어는 한국어, 영어, 일어 중 하나이다. 따라서 다수국에 PCT 국제출원을 하고자 하는 경우 특허를 받고자 하는 나라마다의 언어를 사용하지 않아도 한국어, 영어, 일어 중 하나의 언어만으로 가능하기 때문에 언어 면에서 매우 편리한 제도이다.

그러나 공개 후 지정국의 심사를 받기 위해서는 지정국이 요구하는 언어로 번역문은 제출해야 한다.

(4) 각종 수수료의 납부절차가 간편

각 나라마다의 서로 다른 통화단위를 사용하지 않고서도 한 번에 한 특허 담당관청에 하나의 통화로 국제출원 수수료를 납부할 수 있어 여러 나라에 각기 다른 통화로 많은 수수료를 납부하는 번거로움을 줄일 수 있다.

(5) 무모한 해외출원을 방지

연구개발한 발명·고안을 우선 PCT 국제출원을 하여 각 지정국 특허청에 직접 출원한 것과 같은 효력을 확보한 다음 그 지정국 특허청에 번역문 제출기간(우선일로부터 20개월 이내, 단, 우선일로부터 19개월 이내에 국제예비심사를 청구한 경우에는 30개월 이내)까지 다시 한 번 국제기관의 선행기술조사 및 특허성 유무에 관한 예비심사 결과를 면밀히 검토하여 특허획득 여부를 판단할 뿐 아니라, 각 지정국에서의 시장성을 조사한 다음에 각 지정국에 대한 국내절차 이행 여부를 결정함으로써 무모한 해외출원을 방지할 수 있다.

(6) 일정 비용이 소요

PCT 국제출원은 각 국가별로 직접 출원할 때 들어가지 않는 비용(발송료, 기본료, 조사료, 지정료 등)이 추가로 발생하므로 출원하고자 하는 나라(지정국)가 적은 경우(2~3개국)에는 직접출원에 비하여 많은 비용이 들어가게 된다.

(7) 권리화의 기간이 장기간

PCT 국제출원은 직접출원과는 달리 국제단계절차(국제조사기관, 국제사무국 등)를 거쳐 국내 단계 절차를 개시(우선일로 부터 20~30개월)하게 되므로 권리화의 기간이 길어질 수 있다.

(8) 대상이 PCT 가입국에 제한

PCT 국제출원은 조약 체결국만을 대상으로 하므로 PCT 체약국이 아닌 나라에는 직접 출원을 이용하는 수밖에 없다. 따라서 출원을 결정하기 전에 먼저 출원하고자 하는 나라들(지정국)이 조약에 가입되어 있는지 확인해야 한다. 현재 100여 개 국 이상으로 대부분의 국가들은 망라되어 있으므로 현실적으로 문제되지 않는다.

참고

한국어 PCT 국제출원 WIPO 홈피에 첫 공개 [2009/07/06, 서울경제]

전세계인들이 한국어로 볼 수 있는 PCT 국제출원이 처음으로 탄생했다.

6일 특허청에 따르면 화장품 원료 전문개발회사인 바이오스텍트럼은 국내뿐만 아니라 세계 각국에서 특허등록을 받기 위해 지난 1월 한국어로 PCT국제출원을 했으며 6개월여 만인 지난 2일 세계지식재산권기구(WIPO)의 홈페이지를 통해 한국어로 국제공개가 됐다.

국제공개란 출원된 기술이 어떤 것인지 누구나 검색하여 확인해 볼 수 있도록 전 세계 인반인들에게 알리는 것으로 현재 WIPO 홈페이지를 통해 이뤄지고 있다.

업계에서는 이에 대해 한국이 그만큼 글로벌 특허강국으로서 확고한 위상을 다졌다는 의미로 평가하고 있다.

바이오스펙트럼은 서울대 약대와 공동으로 도라지 뿌리 등에서 추출한 '플라티코닌-디의 미백개선 효과'에 대한 연구를 수행하고 그 효과를 규명해 특허를 출원했다.

박덕훈 바이오스텍트럼 대표는 "영어로 만들어져 있는 국제기구 사이트에서 우리말로 공개된 우리 회사의 기술 내용을 보게 되니 신기하기도 하고 자부심도 느낄 수 있었다"고 소감을 밝혔다.

한국어로 국제공개된 특허가 등장할 수 있었던 것은 2007년 9월 제43차 WIPO 총회에서 한국어가 PCT국제공개어로 채택되면서 올해부터 한국어로도 출원이 가능해졌기 때문이다. 국내 업체들은 지난해까지 영어와 일본어로만 국제특허를 출원해왔다.

특허청 관계자는 "올해 1월부터 한국어 PCT국제출원을 접수하기 시작하면서 6월까지 집계한 통계를 살펴보면 한국어로 출원된 비율이 70%가 넘는 것으로 파악된다"며 "이번 국제공개를 시작으로 한국어 공개가 계속 이어지게 될 것"이라고 설명했다.

6 특허권 및 실시권

가. 특허권의 특성(내용, 효력)

특허권은 '업(業)으로서 특허발명을 독점배타적으로 실시할 수 있는 권리'로서 소유권과 유사한 재산권이다.

위의 특허권의 효력범위 내라도 아래의 사항에 대하여서 산업정책 및 공익상의 이유에서 특허권의 효력을 제한한다.

① 연구 또는 시험을 하기 위한 특허발명의 실시

② 국내를 통과하는데 불과한 선박, 항공기, 차량 또는 이에 사용 되는 기계, 기구, 장치 기타의 물건

③ 특허출원 시부터 국내에 있는 물건

④ 두 가지 이상의 의약을 혼합함으로써 제조되는 의약의 발명 또는 이러한 제조 방법의 발명의 경우, 약사법에 의한 조제행위 및 조제에 의한 의약에는 효력이 미치지 않는다.

나. 특허권의 공유

공유란 하나의 특허권을 2 이상이 공동으로 소유하는 것을 말한다. 발명이라는 무형물에 대한 특허권의 공유는 유형물(부동산 등)에 대한 공유와는 달리 그 지배방법에 있어 많은 특징이 있다. 따라서 일반 민법 상 공유관계가 그대로 적용될 수는 없고 무체재산권에 적합한 특별규정을 몇 가지 따로 두고 있다.

① 각 공유자는 다른 공유자의 동의 없이 '지분을 양도'하거나 '지분을 목적으로 하는 질권을 설정'할 수 없다.

② 각 공유자는 당사자 간에 계약으로 특별히 특허발명의 실시방법 등에 대하여 약정한 경우가 아니라면, 다른 공유자의 동의 없이도 특허발명을 실시할 수 있다.

③ 각 공유자는 다른 공유자의 동의 없이 전용실시권을 설정하거나 통상실시권을 허락할 수 없다.

다. 특허권의 존속기간 및 소멸

기술의 속성상 특허권은 영구적일 수는 없으며 일정기간만 재산권으로서 보호할 필요가 있고, 그 이후에는 공중에게 개방하는 것이 특허제도의 취지에 부합된다.

존속기간은 특허권의 설정등록일부터, 특허출원일후 20년이 되는 날까지로 한다. 출원일과 등록일 사이는 소급 적용되는 셈이다.

존속기간의 연장이 예외적으로 인정되는 경우는 다음과 같다.

발명을 실시하기 위하여 다른 법규(예컨대 식품의약에 관련된 법)에 의하여 허가 등을 받아야 되고, 그것을 위하여 필요한 시험(예컨대 의약품, 식품, 농약의 안정성 시험) 때문에 특허발명을 실시할 수 없었던 기간에 대해서 5년의 기간 내에서 존속기간을 연장할 수 있다.

존속기간의 연장은 다른 법규에 의한 허가 등을 받은 날로 3개월 이내에 출원하여야 한다. 그러나 존속기관 만료 전 6개월 이후에는 할 수 없다.

특허권이 소멸되는 사유는 ① 특허료 불납 ② 존속기간의 만료 ③ 특허권의 포기 ④ 특허권의 취소 ⑤ 특허권의 무효 ⑥ 상속인의 부존재 등이다.

라. 실시권이란

특허권자가 아닌 자가 특허권자와 약정 또는 허락을 받아 그 특허발명을 실시 할 수 있는 권리를 말한다. 실시권의 종류에는 그 효력에 따라 '전용실시권'과 '통상실시권'이 있다.

실시권은 등록료와 일정 서류를 구비하여 설정등록을 하여야 한다.

(1) 전용실시권

전용실시권이란 일정범위 내에서 타인의 특허발명을 업으로서 독점 실시할 수 있는 권리를 말한다. 전용실시권이 설정된 범위 내에는 특허권자도 전용실시권자의 허락 없이 특허발명을 실시할 수 없다. 전용실시권의 성격은 '준물권'이다.

(2) 통상 실시권

통상실시권이란 타인의 특허발명을 일정조건하에서 업으로 실시할 수 있는 권리를 말한다. 통상실시권은 전용실시권과는 달리 '채권'으로 본다. 통상실시권에는 아래와 같은 것들이 있다.

① 허락실시권: 특허권자(전용실시권자)의 허락에 의하여 발생

② 법정실시권: 특허법이 정하는 조건에 해당되는 자가 갖는 것

③ 강제실시권: 특수한 목적에 의하여 국가의 강제권의 발동에 의한 것

마. 특허권 침해에 대한 구제

특허권의 침해란 특허발명을 실시할 권한이 없는 자가 타인의 특허발명을 업으로서 실시하는 행위를 말한다. 특허권은 무형의 기술사상에 대한 지배권이어서 그 객체를 점유할 수 없는 바, 침해가 용이하게 이루어지며 침해된 경우 침해사실의 발견도 쉽지 않을 뿐만 아니라 그 입증 또한 곤란하기 때문에 특허법은 특허권자의 보호를 위한 특별규정들을 두고 있다. 즉, 간접 침해의 인정, 과실 및 생산방법의 추정 그리고 손해액의 추정 등이 그러한 규정이다.

(1) 민사적 구제

특허권이 침해된 경우 특허권자는 민사적 구제수단으로서 침해금지청구권, 손해배상청구권, 신용회복청구권 및 부당이득반환청구권을 행사할 수 있다.

(2) 형사적 구제

특허권을 '고의'로 침해한 경우 특허권자는 '고소'하여 침해한 죄를 추궁할 수 있다. 법인의 경우 등에 있어서는'침해자(종업원)'와 '법인(사용자)등'에게 양벌규정이 적용된다. 특허권 또는 전용실시권을 침해한 자에 대하여는 5년 이하의 징역 또는 5천만원이하의 벌금에 처해진다.

7 특허 등 산업재산권의 분쟁조정

가. 지식재산보호센터

산업재산권분쟁조정 제도는 특허청 내 지식재산보호센터(IPPC, 대전 소재, www.kipo.go.kr/ippc)에 조정위원회를 구성하여 운영한다. 우선 지식재산보호센터의 주요 기능을 보면 아래와 같다.

① 부정경쟁행위 관련(부정경쟁방지 및 영업비밀보호에 관한 제도)
② 산업재산권 분쟁조정 및 특허법률구조 관련

③ 위조상품, 위조상표 신고, 단속 관련

④ 변리사시험 및 변리사 관련

나. 산업재산권 분쟁 조정

산업재산권 분쟁조정제도는 발명진흥법에 근거한다. 위원회는 따로 법정기구로 있는 것이 아니고, 특허청(지식재산보호센터) 내에 산업재산권분쟁조정위원회를 설치(1995)하여 운영하고 있다. 그 도입배경을 보면 다음과 같다.

- 오늘날 국경없는 무한경쟁시대를 맞이하여, 경제전쟁에서 기술이 필수적인 무기가 됨에 따라 국내외 기업들은 새로운 기술을 개발하고, 이를 특허권 등 산업재산권으로 권리화하기 위하여 많은 노력을 하고 있으며,
- 우리나라가 세계 유수의 산업재산권 다출원 국가로 부상함에 따라 우리 기업 간은 물론 우리기업과 외국기업 간에 발생하는 분쟁 또한 날로 급증하고 있다.
- 그러나, 심판·소송을 통한 해결은 일반적으로 장기간이 소요되므로 상품의 수명주기가 짧아지고 기술수명이 날로 단축되고 있는 지금은, 사법적 절차가 종료되는 시점이 되면 사실상 법적 구제 실익이 희박해지는 결과가 초래될 수 있으며,
- 또한 기업의 입장에서 보면, 심판·소송에 소요되는 인력, 시간, 금전 등 분쟁해결에 큰 비용을 치러야 하고, 이로 인하여 기업의 경쟁력을 잃게 되는 사례도 자주 발생하고 있다.
- 따라서, 첨단기술 분야의 급속한 발전으로 분쟁내용이 고도화, 복잡화 되어감에 따라 산업재산권 분야의 전문가에 의한 간이 중재·조정제도의 필요성이 더욱 요청되고 있는 실정이다.

이 제도의 특징과 기대효과로는 다음과 같은 것을 들 수 있다.

- 쟁송 능력이 부족한 개인발명가, 중소기업 등을 포함한 영세 산업재산권 권리자들이 편리하게 이용할 수 있다.
- 조정위원들은 산업재산권 분야의 전문가들이므로 분쟁당사자들이 현실적으로 수용 가능한 선에서 굳이 심판과 소송까지 가지 않고서도 원만하게 해결할 수 있도록 조정하며, 또한 최근에는 인터넷 정보이용의 확대에 따른

상표권과 도메인네임과의 분쟁에 대비하여 전문위원을 위촉하는 등 동제도의 분쟁해결 영역을 넓히고 있다.

- 조정이 잘 되었을 경우, 수년이 걸릴 분쟁이 수개월 내에 해결될 수 있다.
- 신청절차가 간편하며 조정과정에서 비용이 거의 들지 않는다(단, 당사자의 필요에 의한 대리인 비용 등은 당사자 부담)
- 신청인이 원하는 경우 모든 절차를 비공개로 진행하므로 기업의 비밀이 공개될 염려가 없다.
- 조정과정에서 쌍방이 소유한 특허기술의 크로스 라이센스(cross license) 계약, 기술협력계약 등 전략적 제휴를 맺을 수 있는 기회가 주어진다.
- 분쟁당사자간에 악감정을 남기지 않고 원만한 해결을 보게 되므로 기업간에 우호적인 분위기가 조성된다.

(1) 신청대상

조정신청일 현재 특허청에 등록되어 있는 산업재산권, 또는 등록이 소멸되었다 하더라도 손해배상청구권의 소멸시효 이전의 산업재산권.

산업재산권의 무효 및 취소 여부, 권리범위확인 등에 관한 판단만을 요청하는 사항은 조정신청의 대상이 될 수 없다.

(2) 신청자

산업재산권의 권리자, 실시권자, 사용권자, 직무발명자 및 당해 권리의 실시에 이해관계가 있는 자.

(3) 조정효과

당사자의 상호양보와 타협을 통하여 분쟁을 해결하기 때문에 당사자 일방의 의사에 반하는 내용이 강제되지 않지만, 일단 합의에 도달하여 조정조서를 작성하면, 확정판결과 동일한 효력을 갖는다. 즉, 당사자 간의 합의가 이루어져 조정조서가 작성되면 '재판상 화해'가 성립된다.

몇 가지 분쟁 조정 사례는 부록으로 보였다.

다. 특허심판원 및 특허법원

특허 등 산업재산권에 관한 분쟁이 조정위원회에서 조정이 이루어지지 않거나 당사자의 필요에 따라 쟁송이 발생한다. 우선 특허심판원(www.kipo.go.kr/ipt)에서 담당하는데, 특허심판원은 법원 기구가 아니고 정부 기구(특허청)이다.

특허 등 산업재산권에 관한 법원 심판은 형식상으로 2심제로, 1심은 특허법원이며 여기에 불복할 경우 2심은 대법원이다. 형식은 그러하지만 실질적으로 특허심판원, 특허법원, 대법원의 3심제나 다름없다.

8 최근의 특허제도 개정

최근 특허제도 여건의 변화에 따라 크게 개정된 것에 대해 간략히 살펴보면 표 7에 보인 바와 같다.

표 6. 특허법 개정 내용

가. 개정 이유

심사처리기간의 단축에 따라 공개 전 심사에 대비하고, 특허제도의 국제적 조화를 도모하며, 실용신안법이 개정과 연동된 관련 규정을 개정하며, 기타 출원인의 편익과 심사·심판업무의 효율을 높임

나. 주요 내용

(1) 출원공개 전에 거절결정이 확정된 출원에 대하여 종전에는 다시 출원할 수 없도록 하였으나, 앞으로는 출원인이 그 기술내용의 보완을 통하여 다시 출원할 수 있도록 함으로써, 특허를 받을 수 있는 기회를 확대

(2) 산업활동의 국제화와 정보통신수단의 발달을 반영하여, 종전에는 출원 전에 외국에서 공연히 알려지거나 사용되고 있는 기술인 경우에는 특허를 받을 수 있었으나, 앞으로는 특허를 받을 수 없도록 함

(3) 종전에는 출원 전 6개월 이내에 출원인이 행한 '특정한' 공지행위를 거절이유에서 제외하였으나, 앞으로는 출원 전 6개월 이내에 출원인이 행한 모든 공지행위를 거절이유에서 제외하도록 그 범위를 확대(출원인의 모든 공지행위에 대해서 그것을 출원할 수 있다는 뜻. 간행물 발표 등 형식을 거치지 않고도 특허를 출원할 수 있다).

(4) 출원인의 편의를 도모하기 위하여, 국제출원의 번역문 제출기한을 '최초 출원일로부터 30개월'에서 '31개월'로 연장하고, 국제출원의 명세서 보정을 종전의 '심사청구 다음날부터'에서 '심사청구 이후'에도 가능하도록 변경

(5) 종전에는 유사한 성격의 이의신청제도와 무효심판제도가 중복 규정되어 있어, 권리확정 지연 및 소송비용 등의 증가요인으로 작용하였으나, 앞으로는 무효심판제도로 단일화

(6) 실용신안 선등록제도 폐지에 따라, 종전의 이중출원제도 대신 변경출원제도를 도입하고 우선권주장 기초출원의 취하시기를 1년 3월로 하는 등 관련규정을 정비(양자 간에 출원종류만 간단히 변경하는 변경출원제도를 도입하고 이중출원제는 폐지)

(7) 특허무효심판에 있어, 정정의 인정여부 판단시에는 특허요건을 판단하지 않도록 하고 무효여부 판단시에 특허요건을 판단하도록 하여, 절차의 신속화를 도모

(8) 종전에는 특허료 등의 반환청구 통지대상을 잘못 납부된 경우만으로 한정하였으나, 앞으로는 반환을 청구할 수 있는 모든 경우로 확대하여, 납부자의 편의를 도모

(9) 주40시간 근무제 전면실시에 따라 토요일이 특허에 관한 절차를 밟는 기간의 만료일인 경우 기간의 계산에서 제외

(10) 특허분쟁에 있어서 양질의 변리 서비스를 유도하기 위하여 변리사가 특허법원, 대법원 등에서 소송대리를 한 경우에 소송비용을 지급받을 수 있도록 함

(11) 권리범위확인심판의 청구인 자격에 전용실시권자를 추가하고, 재택심사를 위한 서류반출 근거규정을 마련하며, 국제특허분류(IPC)부여작업 등을 외부용역으로 수행할 수 있는 근거규정을 명확히 함

한편, 발명진흥법에서 직무발명에 관한 내용도 개정. 종업원이 직무과정에서 새로운 기술을 발명했을 경우 사용자에게 문서로 통지하고 사용자는 승계 여부를 문서로 다시 종업원에게 통지하며, 발명기술에 대한 보상액을 사용자와 종업원이 협의해 결정토록 개정

실용신안

1 개요

실용신안은 제도상 특허와 거의 유사하다. 사실 산업재산권제도를 가지고 있는 국가의 대부분은 기술적 사상의 창작을 1 가지, 즉 특허법만으로 보호하고 있다. 그러나 독일을 비롯하여 몇몇 나라들을 특허법 외에 별도의 실용신안법을 제정하여 이원적 법률에 의하여 이를 보호한다. 따라서 특허법과 실용신안법은 서로 밀접한 관계에 있으며 법체계도 매우 유사하다. 그러므로 여기서는 앞의 '특허'와 비교중심으로 설명한다. 더욱이 우리나라가 특허협력조약(PCT)의 가입국이 된 1984년 이래 국내외의 출원인은 종래 출원 절차 외에도 국제출원 절차에 의거 우리나라에 실용신안출원등록을 받을 수 있다.

이 때문에 '특허협력조약에 의한 국제출원' 외에 나머지 절차들은 특허법의 규정을 준용하고 있다. 다만, 파리조약에 따라 우선권 주장에 관한 특허법의 규정은 실용신안법에 준용하도록 하되 도면의 제출에 관하여는 별도의 규정을 마련하였다.

2 실용신안제도의 목적

본래 독일의 실용신안제도는 특허제도를 보완할 목적으로 성립되었다. 특허제도 운용 과정에 있어서 경우에 따라서는 소위 개량발명 또는 소발명(micro-invention)이 경시되어 독점권이 부여되지 않는 일이 생기게 되었으며 따라서 산업정책상 중소기업이나 개인발명가의 소발명을 보호·장려하는 일이 필요함을 인식하였다.

그 결과 독일 이외의 몇몇 국가들에 있어서도 특허 제도를 보완하려는 취지하에 실용신안제도를 마련하였으며 그 제도내용과 운용 형태는 국가마다 다소 다르다.

우리나라는 특허제도를 도입한 이래, 처음에는 특허법 내 실용신안에 관한 규정으로 있었다가[1] 1961년 실용신안법을 분리, 최초 제정하였다. 그 후 실용신안법은 개정을 거쳐 오늘에 이르고 있다.

실용신안 출원건수는 과거 1988년까지 특허출원 건수를 상회하였다. 그러나 1989년 이후부터는 역전되어 특허출원 건수가 실용신안출원 건수를 상회하기에 이르렀다. 이 점에서 우리나라 실용신안제도는 그 동안 선진공업국의 기본발명을 도입·소화·흡수하는 과정에서 이룩한 개량발명이나 소발명을 실용신안의 권리를 갖도록 제도적인 뒷받침이 되었던 것이다.

3 특허법과의 비교

가. 특허법과의 일치점

실용신안법은 기술적 사상의 창작을 보호한다는 점에서 특허법과 그 이념이 같다. 다만, 특허법의 보호대상이 기술적사상의 창작으로서 고도한 것, 다시 말해서 발명(Invention)임에 대하여 실용신안법의 그것은 고안(Utility Model), 즉 기술적사상의 창작으로서 발명처럼 고도하지 않은 것이어도 된다는 점이 다르다. 실용신안법을 제정·운용하는 목적에 있어서도 특허법의 그것과 일치한다. 즉, 특허법과 마찬가지로 실용신안법도 기술적 사상의 창작을 보호·장려하고 그 이용을 도모함으로써 기술발전을 촉진시켜 산업발달에 이바지하는데 있다는 점에서 동일하다.

더욱이 특허법이 기본원리로 하고 있는 각종제도에 있어서도 많은 부분이 완전히 일치하거나 유사하다. 즉, 선출원주의, 도면주의, 보정 및 보정각하제도, 우선권주장제도, 국내우선권주장제도, 심사청구제도, 출원공개제도, 우선심사제도, 등록공고 및 이의신청제도, 강제실시권제도 및 재정제도, 권리수용제도, 권

1) 1946년 군정법령 특허법. 1961년에 특허법, 실용신안법, 의장법(현 디자인보호법)으로 제정함

리취소제도, 심판 청구제도, 출원분할제도, 출원변경제도, 청구범위다항제도, 권리이용저촉제도, 재심 및 상고제도 등에 있어서 다른 점이 없다. 이 밖에도 침해죄, 위증죄, 허위표시죄, 비밀누설죄 및 과태료 부과 등의 벌칙에 있어서도 다른 점이 없다. 따라서 실용신안법 규정 중 주요한 것은 특허법과 완전히 일치하거나 대부분에 있어서 특허법의 규정을 그대로 준용하고 있다. 양자의 차이점은 몇 가지 항목에 불과한 데 아래에서 이를 설명한다.

나. 특허법과 상이점

(1) 보호대상

특허법의 보호대상은 '발명'임에 대하여 실용신안법은 '고안'이다. 실용신안법에서 고안의 정의는 '자연법칙을 이용한 기술적 사상의 창작'이다. 즉, '고도한 것'의 단어가 없으므로, 실용신안의 고안은 단지 창작이면 족하고 고도할 필요는 없다는 점이다.

특허법의 보호대상이 되는 발명에는 '물건'에 관한 발명과 '방법'에 관한 발명으로 나누어 볼 수 있는데, 실용신안법은 '물건'에 관한 고안만을 보호대상으로 하고 '방법'에 관한 고안은 보호대상으로 하고 있지 않다. '물건'은 다시 일정한 형태를 가지는 '물품'과 일정한 형태가 없는 '물질'로 구분해 볼 수 있는데, 물질, 예컨대 농약, 의약, DNA 구조, 미생물, 유리조성물, 시멘트조성물 등은 특허법 보호대상이 되지만 실용신안법상 보호대상은 되지 않는다.

물품의 정의는 여러 가지로 논의될 수 있으나 실용신안법에 의하면 일정한 형태, 즉 형상, 구조 또는 이들의 조합에 관한 고안이라고 할 수 있다.

(2) 등록요건

발명의 특허 요건과 고안의 실용신안 요건은 각각 산업상 이용성, 신규성, 진보성으로 동일하지만, 진보성에 관한 요건은 특허법과 실용신안법에서 각각 달리 규정하고 있다. 특허법상 발명의 진보성은 선행기술(prior art)에 대비하여 고도하여야 하지만, 실용신안법상 고안의 진보성은 선행기술에 대비하여 고도할 필요는 없고 그것이 출원시의 기술진보 속도에 들어 있으면 족하다는 점이다.

따라서 특허청의 심사관이 등록요건을 심사함에 있어서 특허에 대한 진보성 판단의 기준과 실용신안에 대한 진보성 판단기준은 상당한 차이가 있다.

(3) 권리존속기간

특허권과 실용신안권의 권리존속기간은 다르다. 특허권의 존속기간은 등록일로부터, 출원 후 20년, 실용신안권의 존속기간은 등록일로부터, 출원 후 '10년'으로 되어 있어 실용신안권의 존속기간이 짧다(2001). 이처럼 실용신안권의 존속기간이 짧은 것은 고안이 발명보다 일반적으로 모방이 용이하여 제품수명이 짧다는 점에 기인한다.

실용신안의 권리존속기간은 시대 상황에 따라 여러 번 바뀌어 왔는데 표 1에 보는 바와 같다.

표 1. 실용신안의 존속기간 변천

개정년 (시행일 생략)	내용
1986 전	출원공고가 있는 경우에는 공고일로부터, 공고가 없는 경우에는 등록일로부터 10년. 단, 출원일부터 12년 이하
1986	출원공고가 있는 경우에는 공고일로부터, 공고가 없는 경우에는 등록일로부터 10년. 단, 출원일부터 15년 이하
1995	출원일부터 15년
1997	등록일로부터, 출원일 후 15년
1998	등록일로부터, 출원일 후 10년
2001	설정등록규정에 의한 등록일로부터, 출원일 후 10년

따라서 출원인이 개발한 기술을 특허출원할 것인가 실용신안출원으로 할 것인가의 선택기준의 하나로서 타인에 의한 모방용이성과 그에 따른 제품수명의 장단점이 고려된다. 기술진보 속도가 빠른 기술 분야에 실용신안출원이 많은 것은 바로 이 때문이며 실용신안출원은 따라서 조속히 사업화되므로 출원인은 가급적 조기심사를 희망한다.

한편, 특허에서는 다른 법령에 의거한 허가 또는 등록을 받기 위하여 안전성

시험 등 장기간이 소요될 경우, 5년의 기간 내에서 존속기간을 연장할 수 있는데 비하여, 실용신안에 대해서는 이 같은 권리존속기간 연장제도가 마련되어 있지 않다.

(4) 출원 및 심사절차

실용신안의 출원 및 심사는 특허와 비슷하지만 아래 몇 가지는 다르다.

① 특허출원에는 필요한 경우에만 도면이 첨부되지만 실용신안 출원에는 반드시 도면이 첨부되어야 한다.

② 실용신안 등록출원료, 심사청구료, 등록료는 특허에 비하여 상대적으로 싸다.

③ 특허출원의 심사청구기간은 출원일로부터(우선권주장의 경우 그날로부터) 5년임에 비해 실용신안의 그것은 3년이다.

(5) 권리의 실시요건

권리의 실시요건에 있어서도 발명과 고안이라고 하는 양법의 보호대상의 차이로 인하여 다소 상이하다. 그것은 특허가 '방법'인 경우 그렇다.

특허 실시가 물건의 발명인 경우 그것의 생산, 사용, 양도, 대여, 수입 또는 양도, 대여의 청약행위가 해당되는 것은 실용신안에서도 비슷하다. 단지 물건 대신 물품이다.

그러나 특허의 실시가 물건을 생산하는 '방법'의 경우 그 특허방법의 사용행위뿐 아니라 그 특허방법에 의하여 생산한 물건을 사용, 양도, 대여, 수입 또는 그 물건의 양도, 대여의 청약행위를 모두 포함한다. 더욱이 방법의 발명인 경우 어떠한 물건이 그 방법에 의하여 생산된 물건과 동일할 때에는, 특허방법의 출원 전에 국내에서 공지되지 아니한 한, 그 방법에 의하여 생산 된 것으로 추정한다.

이에 대하여 실용신안은 물품을 생산, 사용, 양도, 대여, 수여, 수입 또는 그 물건의 양도 또는 대여의 청약행위에만 한정하고 있는 점이다.

(6) PCT에 의한 국제출원

PCT에 의한 국제출원절차는 특허법과 실용신안법에 있어 다른 부분이 있다. 실용신안법에서는 도면의 제출에 대하여 별도의 규정을 마련하였다. 국제실용신안등록 출원인은 출원일에 도면을 첨부하고 있지 않은 때에는 국내서면제출기간까지 특허청에게 제출하면 된다. 그때까지 도면 제출이 없는 때에는 출원인에게 지정 기간 내에 도면 제출을 명할 수 있고, 도면 제출이 없는 때에는 당해 출원은 무효로 할 수 있다.

이것은 실용신안의 신속한 출원을 돕는 취지이다. 즉, 도면은 출원 후에 제출해도 되기 때문이다.

이밖에 분할출원의 내용은 특허법과 제도가 비슷하므로 생략한다.

표 2. 실용신안법 개정

가. 개정 이유

특허출원에 대한 심사처리기간이 대폭 단축됨에 따라, 신속한 권리설정을 목적으로 도입된 실용신안 선등록제도의 장점이 감소되고, 상대적으로 선등록 권리의 오·남용, 복잡한 심사절차로 인한 출원인의 부담 증가 및 심사업무의 효율성 저하 등 선등록제도의 문제점이 부각되고 있는 점을 감안하여, 실용신안제도를 심사후 등록제도로 개정하고 절차를 간소화함

나. 주요 내용

(1) 실용신안 선등록제도를 없애고 심사후 등록제도로 전환하고, 선등록제도와 관련하여 도입된 기초적 요건의 심사, 출원각하, 기술평가 제도를 폐지함으로써, 현재의 특허제도와 합치

(2) 종전에는 실용신안등록출원을 기초로 국내 우선권을 주장하는 후출원이 있는 경우에는 선출원된 실용신안등록출원을 곧바로 취하간주하도록 하였으나, 앞으로는 특허출원의 경우와 마찬가지로 후출원의 출원일로부터 1년3월이 경과한 후 취하간주하도록 함

(3) 제품의 수명이 짧은 실용신안등록출원 기술내용의 특성을 고려하여, 심사청구기간을 출원일부터 3년 이내로 함

(4) 용어 정리, 인용조문 정비, 특허법과 연동되는 관련조항을 정리

※ 발명인의 모든 공지행위도 출원 가능하다든지, 이중출원제도를 폐지하고 변경출원제도로 한다든지, 이의신청제도를 무효심판제도로 통합 등은 특허법과 같이 준용된다.

연 습 문 제

1. 특허 요건에서 산업상 이용가능성에서 옳지 않는 것은?

① 산업은 공업뿐만 아니라 광업, 농수산업 등 광의의 산업이다.
② 영리적 수익성이 있어야 한다.
③ 계산방법, 상품진열방법 등 발명적 구성이지만 산업상 이용가능성이 어려운 것은 특허의 대상이 아니다.
④ 산업상 이용가치가 없으면 특허를 받을 수 없다.

2. 특허권 부여의 최선발명자주의와 선원주의 중 우리나라에서 채택하는 것은?

① 최선발명자주의 ② 선원주의

3. 특허를 받을 수 있는 권리에 대한 학설로 적절하지 않은 것은?

① 공시성 ② 특허부여요구설 ③ 발명자권설 ④ 병합설

답 1

4. 직무발명에 관한 설명 중 옳지 않은 것은?

① 사용자의 업무범위에 속하는 발명은 그 발명을 하게 된 행위가 종업원의 과거 직무에 속하는 것이라도 직무발명에 해당된다.
② 공무원의 직무발명은 국가가 승계하며 이에 의해 국유로 된 특허권의 처분 관리는 특허청장이 관장한다.
③ 직무발명에 관하여 미리 사용자로 하여금 특허를 받을 수 있는 권리 또는 특허권을 승계시키거나 전용실시권을 설정하도록 한 근무규정은 유효하다.
④ 사용자는 직무발명의 공개로 인하여 사용자에 중대한 손해를 야기할 우려가 있다고 판단되는 경우 종업원의 동의 없이 당해 직무발명의 출원을 유보할 수 있다.
⑤ 직무발명에 대하여 사용자등이 당해 직무발명에 관한 권리를 승계한 후 4월 이내에 출원하지 않은 경우의 당해 직무발명은 자유발명으로 본다.

답 4

5. 다음 중 특허법과비교하여 실용신안법에서 보호대상이 아닌 것은?

① 물품의 형상 ② 물품의 구조 ③ 물질 고안

6. 다음은 신규성 판단에 관련된 설명이다. 가장 적절치 못한 것은?

① 특허출원일과 간행물 발행일이 같은 날인 경우, 일반적으로 그 발명은 신규성을 상실하지 않는다.

② 학위논문의 경우 일반적으로 최종심사를 거쳐서 공공도서관 또는 대학도서관에 입고되거나 불특정인에게 배포된 시점이 반포시기로 인정된다.

③ 특허출원의 청구항에 리벳에 관한 사항이 기재되어 있고 인용발명에는 체결구로만 기재되어 있는 경우, 일반적으로 인용발명의 체결구에 의해서 리벳에 관한 청구항에 기재된 발명의 신규성은 상실된다.

④ 일반적으로 학회지의 원고에 기재된 발명은 공지된 발명으로 인정할 수 없다.

⑤ 일반적으로 카탈로그로 제작되었으면 반포된 것으로 추정할 수 있다.

답 3

7. 특허출원에 대해 맞으면 O, 틀리면 ×표 하라.

1) 서식에 따라 작성되어야 하며, 서면 또는 인터넷을 통해 출원할 수 있다.
2) 한국 특허를 출원할 경우 한국어 뿐 아니라 국제특허조약에 의해 영어를 사용할 수 있다
3) 양식에 적합해야 한다
4) 반드시 수수료(출원료 등)를 납부해야 한다.
5) 출원 서류는 출원서, 명세서, 도면, 요약서로 구성된다.
6) 도면은 필수 서류이다.
7) 우선권을 주장하는 자, 신규성 의제의 주장을 하는 자, 미생물을 기탁한 자, 대리인에 의하여 출원절차를 행하는 자들은 관련서류들을 첨부하거나 구두로 의사표시를 하면 된다

 힌트 구두 아님

8) 원칙적으로 출원 후 1년이 경과하면 특허공보에 공개된다.

 힌트 1년 6개월

9) 특허 심판 구조 중 사정계 심판은 특허무효심판, 정정무효심판 등이 있다.
10) 특허 심판의 심급은 제1심, 제2심까지로 2심은 특허법원이 담당한다.
11) 특허무효심판에 있어서 일정 무효사유에 한하여 무효심판청구할 수 있는 기간이 있다.
12) 특허가 심판에 의해 무효가 되면 그 특허는 처음부터 효력이 없었던 상태로 된다.
13) 절차가 불가피한 사유로 정지(중단, 중지)된 경우 해당사건의 절차를 속행할 수 없으나, 중단, 중지기간 중에 이루어진 절차는 법률효과는 발생된다.
14) 행위능력이 없는 자가 특허에 관한 절차를 밟을 경우 특허청장 또는 특허심판원장은 그 절차를 무효로 할 수 있다.
15) 서류를 송달할 때, 행위능력이 없는 자에 대한 송달은 그 법정대리인에게 하며 여럿이 공동 대리권을 행사하는 경우에는 그중 1인에게 송달하면 된다.

16) 출원인이 제출한 서류가 부적법한 서류일 경우라도 불수리 반려하지 않고 반드시 일정 기간을 지정하여 보정지시한다.

17) 동일 발명에 대하여 동일 일자에 2 이상의 출원이 경합하였을 경우, 출원인의 협의에 의해 1인만을 특허하며, 협의가 성립되지 아니하거나 협의할 수 없을 때는 모두 특허를 받을 수 없다.

18) 1발명 1출원 위반의 경우 거절이유에 해당되지만 이의신청 대상이나 무효사유는 아니다.

19) 조약에 의한 우선권 주장에 있어서 우선권 주장기간은 특허(실용신안 포함)에 대해 1년이다.

20) 특허 출원을 보정한 경우, 보정서류를 제출 접수된 일자로부터 출원된 것으로 취급된다.

21) 출원보정시, 명세서 및 도면의 요지변경은 인정되지 않으며 요지변경이라고 판단되면 거절이유가 된다.

22) 특허를 받을 수 있는 권리가 공유인 경우에, 각 공유자는 다른 공유자와 공동으로 출원하지 않으면 안된다.

8. 물질특허를 1줄로 간단히 정의하라.

9. 다음 중 맞으면 O, 틀리면 X표 하라.

1) 원자핵변환방법에 의해 제조되는 물질은 특허의 대상이 될 수 없다.
2) 공서양속, 공중위생을 해치는 발명은 특허의 대상이 될 수 없다.
3) 미생물 발명의 특허요건은 발명한 미생물을 기탁기관에 기탁해야 한다는 것이다.
4) 식물 발명의 특허요건은 암수체에 의해 반복생식할 수 있는 것이어야 한다.

10. 산업재산권의 존속기간에 대해 맞는 것 전부 골라라.

① 발명특허 15년　　② 실용신안 10년
③ 디자인 10년　　④ 상표 10년(최초)

답 2, 4

11. 산업재산권을 출원할 수 있는 자격이 아닌 것은?

① 법인회사　　② 초등학생　　③ 법인이 아닌 회사명
④ 법인체 직원　　⑤ 19세 넘은 주부

답 3. 개인이나 법인이 아닌 단체나 회사 이름, 예컨대 '학교앞문방구', 'ㅇㅇ동창회'와 같은 것은 주체가 될 수 없다.

12. 다음 중 실용신안등록 대상이 될 수 있는 것은?

① 불포화카르복실산 및 그 유도체에 의해서 편성된 에칠렌공중합체 5~75%, 무기충전체 20~85%로 이루어지는 카펫 제조용 조성물

② 위험을 감지하는 것

③ 나사체결기의 나사통과센서 부착 압송 시퀀스에 있어서, 압송시간의 설정과 나사압송용 공급기의 나사 분리 시간을 확보하는 시퀀스를 갖는 것을 특징으로 하는 압송 시퀀스

④ 강물을 취수하는 방법에 있어서, 강속에 마련한 취수파이프를 이용하여 취수하는 방법

⑤ 반도체 패키지 소켓에 있어서 반도체 패키지의 리드에 접속되는 입출력 단자인 핀군을 여러 개로 하고 이 여러 개의 핀군은 반도체 패키지의 리드와 접속되는 접속부위의 높이를 서로 다르게 한 것을 특징으로 한 반도체 패키지 소켓

답 5

13. 다음 중 논란의 여지없이 특허권을 침해한 행위로 볼 수 있는 것은?

① 특허발명인 산업로봇을 구성하는 제어장치를 특허권자의 허락없이 생산하였는데, 그것은 카메라제어용으로도 사용될 수 있다.

② 특허발명인 컴퓨터 마우스 특허에 대한 공유자인데 그 마우스에만 사용되는 볼을 다른 공유자의 동의없이 월 1만원에 대여하였다.

③ 특허발명인 잉크제조방법에만 사용되는 필터를 제조하여 특허권자의 허락없이 개인적으로 사용하였다.

④ 특허발명인 카메라에만 사용되는 스프링을 산업자원부에서 특허권자의 허락없이 공공구제사업의 일환으로 생산 판매하였다.

⑤ 특허발명인 레이저프린터에만 사용되는 토너카트리지를 제조하여 특허권자의 허락없이 실험용으로 사용하였다.

답 4

14. 해외 산업재산권에 대해 맞는 것은 ○, 틀린 것은 ×표하라.

① 특허협력조약(PCT)에 따른 국제출원이 아니면 원하는 국가마다 각국의 법에 따라 직접출원하여야 한다.

② 특허·실용신안의 경우 PCT에 따라 동시에 여러 국가에 출원할 수 있다.

③ 현재 우리나라가 사용할 수 있는 PCT 국제출원 언어는 영어, 일어, 중국어이다.

④ 출원 희망국가의 수에 관계없이 직접출원보다 비용이 적게 든다.

⑤ 득허획득이 용이하다.

답 ○, ○, ×, ×, ○

15. 재외자의 특허관리인에 관한 설명 중 옳지 않은 것은?

① 국내에 주소나 영업소를 가지지 아니한 자는, 일반으로 특허관리인에 의하여만 특허에 관한 절차를 밟을 수 있다.

② 특허관리인은 특별히 위임을 받지 않았다 하더라도, 재외자의 특허권에 대한 침해소송에서 재외자인 본인을 대리한다.

③ 특허관리인은 국내에 주소나 영업소를 가지는 자여야 하고, 법인도 될 수 있다.

④ 특허관리인의 대리권은 재외자인 본인과의 위임계약에 의하여 발생한다.

⑤ 특허관리인은 특허법에 의한 명령에 의하여 행정청이 한 처분에 관한 소송에 관하여 재외자인 본인을 대리한다.

답 2

16. 다음 중 특허법상 출원공개의 효과에 해당하지 않는 것은?

① 출원공개 후 출원이 포기 또는 취하된 때에는, 출원공개에 따른 보상금청구권은 처음부터 발생하지 않은 것으로 본다.

② 출원공개에 따른 보상금청구권은 특허권의 설정등록이 있은 후가 아니면 이를 행사할 수 없다.

③ 출원공개에 따른 보상금청구권을 행사한 경우에는 특허권을 행사할 수 없다.

④ 출원인에게는 법정기간 동안 특허발명의 실시에 대하여 통상 받을 수 있는 금액에 상당하는 보상금의 지급을 청구할 수 있는 권리가 생긴다.

⑤ 특허출원된 발명을 업으로 실시한 자에게 특허출원된 발명임을 서면으로 경고할 수 있다.

답 3

17. PCT출원에 있어서 국제예비심사청구에 관한 설명 중 틀린 것은?

① 대리인이 선임된 경우에는 대리인의 서명만으로 청구할 수 있다.

② 선택국에 대한 출원인으로 기재된 자 만이 청구서에 서명해야 한다.

③ 관할 국제예비심사기관에 청구한다.

④ 국내단계 진입시기를 30개월 전까지 연기하기 위해서는, 우선일로부터 19개월이 경과하기 전에 예비심사를 청구하여야 한다.

⑤ 예비심사의 청구가 있으면 국제조사보고서에 인용된 문헌을 참고로 국제예비심사보고서를 작성한다.

답 2

18. PCT출원에 있어서 국제조사보고서 접수 후 보정서 제출에 관한 설명 중 틀린 것은?

① 청구범위만 보정이 가능하다.

② 일반으로 국제예비심사를 청구할 경우 본 보정은 필요 없을 수 있다.

③ 국제사무국 또는 국제조사기관에 제출하여야 한다.

④ 보정의 기회는 단 1 회 이다.

⑤ 국제조사보고서 송부일로부터 2개월 이내 또는 우선일로부터 16개월 중 늦은 기간 내에 제출하여야 한다.

답 3

19. 특허권에 관한 다음 내용 중 가장 잘못 설명된 것은?

① 특허는 일단 등록된 이상 어떤 무효사유가 있다하더라도 특허무효의 심결이 확정되지 않는 한 유효하다.

② 권리의 구성요건 일부가 추상적이어서 그 기술범위를 특정할 수 없을 때에는, 실시 대상물은 권리범위에 속하지 않는다.

③ 특허의 일부에 발명의 기술적 효과에 유기적으로 결합된 것이 아닌 공지사유가 포함된 경우, 그 공지부분까지 권리범위가 확장되는 것은 아니다.

④ 특허를 무효로 할 수 있는 사유가 있을 때에는, 다른 소송절차에서 그 전제로서 특허가 당연무효라고 판단할 수 있다.

⑤ 등록된 특허발명의 일부 또는 전부가 출원당시 공지공용의 것인 경우, 특허무효의 심결유무에 관계없이 그 권리범위를 인정할 수 없다.

답 4

20. 다음 심사 및 심판에 관한 설명 중 가장 잘못된 것은?

① 심사관은 심사전치에 의한 심사에 있어서, 심판청구에 관련된 거절사정의 이유와 다른 거절이유를 발견한 경우에는 특허출원인에게 거절이유를 통지하고 의견서 제출기회를 주어야 한다.

② 심사관은 심사전치에 의한 심사결과, 특허사정을 하고자 하는 때에는 심판이 청구된 당초의 거절사정을 취소하여야 한다.

③ 심판에서 거절사정 또는 취소결정을 취소한 경우에는, 심사에 붙일 것이라는 심결을 할 수 있다.

④ 특허심판원장은 거절사정불복심판의 청구가 있고 거절사정등본이 송달된 날로부터 30일 이내에 특허출원서에 첨부된 명세서 또는 도면에 대한 보정이 있는 때에는, 심판을 하기 전에 이를 심사관에게 다시 심사하게 하여야 한다.

⑤ 심사 또는 특허이의신청에서 밟은 특허에 관한 절차는, 거절사정 또는 취소결정에 대한 심판에서도 그 효력이 있다.

답 4

21. 이의신청에 대한 심사 중 잘못된 것은?

① 이의신청인 갑이 증거 A, B를, 이의신청인 을이 증거 C, D를 각각 제출한 경우에 증거 A와 D의 조합을 특허의 취소이유로 한 경우

② 이의신청 이유에서는 특허법 조항(신규성)의 적용을 주장하였으나 심사관이 특허법 조항(진보성)의 적용이 타당하다고 판단하여 진보성을 특허의 취소이유로 한 경우

③ 이의신청인 갑이 청구항 1과 2에 대하여 이의신청인 을이 청구항 1, 3에 대하여 이의신청을 하였는데 심사관은 두 건의 이의신청을 병합하여 청구항 1, 2, 3에 대하여 심사한 경우

④ 이의신청인이 청구항 1에 대하여 이의신청을 하였는데 심사관이 청구항 1과 종속항인 청구항 2에 대하여 심사한 경우

⑤ 이의신청인이 제출한 증거 A, B에 추가하여 심사관이 발견한 문헌 C를 이용하여 특허의 취소이유로 한 경우

답 4

22. 특허침해와 관련된 설명 중 옳지 않은 것은?

① 특허침해로 인한 손해배상을 청구하는 경우 침해자가 그 침해행위에 의하여 이익을 받은 때는 그 이익액을 손해액으로 추정할 수 있다.

② 타인의 특허권 또는 전용실시권을 침해한 자는 그 침해행위에 대하여 고의가 있는 것으로 추정한다.

③ 특허가 방법의 발명인 경우에는 그 방법의 실시에만 사용하는 물건을 업으로서 생산하는 행위도 특허권 또는 전용실시권의 침해로 본다.

④ 특허가 물건의 발명인 경우에는 그 물건의 생산에만 사용하는 물건을 업으로서 생산하는 행위도 특허권 또는 전용실시권의 침해로 본다.

⑤ 물건을 생산하는 방법의 발명에 관한 특허에 있어서 특허권자는 그 방법에 따라 생산한 물건의 폐기도 청구할 수 있다.

답 2

23. 특허권자의 보호에 관한 설명 중 가장 맞는 것은?

① 물건의 생산 방법에 관한 발명이 특허가 된 경우에는 그 물건이 특허출원 전에 국내에서 공지된 물건이 아닌 때에는 그 물건과 동일한 물건은 그 특허방법에 의하여 생산된 것으로 간주한다.

② 특허권자가 자기의 특허권을 침해한 자에 대하여 손해배상을 청구하는 경우, 그 특허발명의 실시에 대하여 '통상 받을 수 있는 금액에 상당하는 액'을 손해배상 청구할 수 있으며, 손해액이 이 금액을 초과하는 경우에는 그 초과액에 대해서는 손해배상을 청구할 수 없다.

③ 특허권자가 침해금지 청구를 할 때에는 침해행위를 조성한 물건의 폐기, 침해행위에 제공된 설비의 제거도 청구할 수 있다.

④ 특허권자는 자기 권리를 침해한 자에 대하여 침해 금지를 청구할 수는 있으나 침해할 우려가 있는 자에 대하여 침해의 예방을 청구할 수는 없다.

⑤ 특허권 침해에 대한 손해배상 청구권은 최초 침해가 발생한 날부터 3년 이내에 행사하지 않으면 안된다.

답 3

24. 출원의 취하, 포기에 관한 다음 설명 중 가장 옳은 것은?

① 공동특허출원의 경우 출원의 포기는 전원이 함께 하여야 한다.

② 특허출원인이 행위무능력자인 경우에는 그 법정대리인이 출원의 포기 또는 취하를 할 수 있다.

③ 특허출원의 취하나 포기는 청구항마다 가능한 것으로 인정되고 있다.

④ 특허료 납부기간 또는 추가납부기간 내에 특허료를 납부하지 아니한 때는 특허권의 설정등록을 받고자 하는 자의 특허출원은 이를 포기한 것으로 본다.

⑤ 특허출원이 공개된 후에 당해 출원이 취하되면, 확대된 선출원의 지위는 소멸된다.

답 1

25. 출원 보정에 관한 다음의 설명 중 옳은 것은?

① 물건의 발명을 방법의 발명으로 변경하는 카테고리의 변경은 요지변경에 해당한다.

② 특허청구범위에 새로운 구성요소를 추가하는 것은 요지변경에 해당한다

③ 심사단계에서의 보정각하결정에 대한 불복은 결정등본을 송달받은 날로부터 30일 이내에 특허심판원에 보정각하불복심판을 청구할 수 있다.

④ 거절사정불복심판 단계에서의 보정각하결정에 대하여는 불복을 제기할 수 없다.

⑤ 방법의 발명을 장치의 발명으로 변경하는 카테고리의 변경은 요지변경에 해당한다.

답 3

26. 다음 중 특허청구범위 중 종속항에 대한 기재방법으로 가장 적절한 것은?

① 제1항, 제2항에 있어서, ... 장치

② 제1항 및 제2항 또는 제3항에 있어서, ... 장치

③ 제1항 및 제2항 또는 제3항 중 어느 한 항에 있어서, ... 장치

④ [청구항 1] 다음 각 공정으로 이루어지는 금속재료 가공방법

가) 금속재료를 800~850 ° C에서 가열하는 제1공정

나) 가열된 재료를 단조하는 제2공정

다) 단조된 재료를 600 ° C로 재가열하는 제3공정

[청구항 2] 제1항에 있어서, 재가열된 재료를 소입처리하는 제4공정을 추가하여 이루어지는 금속재료 가공방법

⑤ [청구항 1] 기어전동기구를 구비한 … 구조의 동력전달장치

[청구항 2] 제1항에 있어서, 기어전동기구 대신 벨트전동기구를 구비한 동력전달장치

답 4

27. 산업재산권의 파리협약을 지탱하는 기본원칙 3가지가 아닌 것은?

① 내외국인 평등의 원칙
② 우선권제도
③ 심사주의
④ 특허독립의 원칙

답 3

28. 일반적 절차에서 제출 서류는 특허청에 도달함으로서 효력을 발생한다. 예외적으로 발신주의가 적용되는 경우는 어떤 경우인가?

답 출원서, 청구서, 기타 서류를 우편으로 발송했을 경우, & 객관적으로 그 사실이 인정되는 경우 / 등기 등

29. 우선권 주장의 요건을 간단히 써라.

30. 실용신안 기술평가에 관한 설명 중 틀린 것은?

① 등록출원 또는 등록에 대하여 누구든지 특허청장에게 기술평가를 청구할 수 있다.
② 기술평가의 청구는 실용신안권의 소멸 후에는 할 수 없다.
③ 이의신청에 대한 결정에 의해 등록 취소되거나, 무효심판에 의해 등록 무효로 된 후에는 청구할 수 없다.
④ 등록청구항이 2 이상인 때에는 청구항마다 기술평가를 청구할 수 있다.
⑤ 기술평가의 청구는 취하할 수 없다.

답 2

31. 실용신안권자의 보호에 관한 설명 중 가장 잘못된 것은?

① 실용신안권자가 기술평가결과 그 실용신안등록을 유지한다는 취지의 결정에 근거하여 그 권리를 행사한 경우라도 그 권리행사 후에 실용신안등록을 무효로 한다는 심결이 확정되는 경우, 그 권리의 행사에 의해 상대에게 입힌 손해를 배상할 책임을 진다.
② 실용신안권자는 실용신안권의 설정등록일 이후에는 기술평가에 의한 실용신안등록 유지결정의 등본을 제시하여 경고한 후가 아니면 자기의 실용신안권 침해자에 대하여 그 권리를 행사할 수 없다.

③ 실용신안권자는 자기의 실용신안권의 침해자 등에 대하여 경고를 한 후 그 등록을 무효로 한다는 심결이 확정된 때에는 그 경고에 의하여 상대에게 입힌 손해를 배상할 책임을 진다.

④ 실용신안권자는 자기의 실용신안권 침해자에 대하여 그 권리를 행사한 후에 그 실용신안등록에 대한 이의신청이 이유있다고 인정되어 등록취소한다는 결정이 확정된 때에는 그 권리의 행사에 의하여 상대에게 입힌 손해를 배상할 책임을 진다.

⑤ 실용신안권자가 정정심판에 의하여 실용신안등록출원의 출원서에 첨부된 명세서 또는 도면이 정정됨으로써 실용신안권의 설정등록시의 청구범위에 기재된 고안의 범위에 포함되지 않게된 권리를 행사한 경우에는 그 권리행사에 의하여 상대에게 입힌 손해를 배상할 책임을 진다.

답 1

32. 특허법 상에 나타난 발명의 정의를 써라.

33. 조약우선권제도와 국내우선권제도를 비교할 경우 공란을 적절히 채워라.

구분	조약우선권	국내우선권
주체(누가)	제1국출원일 승계인	선출원인 승계인
절차	출원과 동시에 우선권주장 우선권증명서 제출	좌동 선출원의 표시기재 증명서 제출은 불필요
이용회수	하나의 출원에 의거 다수 동맹국에서 우선권 주장가능	하나의 출원에 의거 1회 우선권 주장 가능

34. 특허법상의 선출원주의의 의의에 대해 설명하라

35. 특허제도의 목적을 간단히 써라.

답 발명을 보호 장려하고 그 이용을 도모함으로써 기술의 발전을 촉진하여 산업발전에 이바지함

36. 특허가 소멸되는 경우를 써라.

답 1) 특허료 내지 않은 경우
2) 존속기간 만료
3) 권리를 포기한 때
4) 취소처분에 의한 소멸(취소 경우: 특허발명 불실시, 특허이의신청)
5) 무효로 되었을 때(무효심결되면 등록설정 당시까지 소급하여 소멸)
6) 상속인이 없이 사망한 경우

37. 발명의 동일성(identity)을 판단하는 기준 3가지를 각 1줄 정도 간단히 쓰고 어느 것이 가장 통설이라 할 수 있는지 말하라.

답 구성요건설, 청구범위의 기술적 요건의 동일성으로 판단. 이것이 통설이다.
작용효과설, 작용과 효과가 동일한가 판단
중심설(요구설), 본질적 기술원리를 판단

38. 경험칙(판례, 심사 등)에 의해 특허발명이 되기 어려운 유형을 3 이상 써라.

답 균등물의 변환
공지된 고안의 결합
단순한 설계변경
우회방법
창조의 용이성
단순한 형상, 수, 배열을 한정하거나 변경

39. 그림의 연필에 대한 명세서의 청구항이 다음과 같다. 여기서 다각형 단면이라고 표현한 이유에 대해서 간단히 논하라.

청구항 1. 다각형 단면을 가지는 몸체와 상기 몸체의 내부에 매설되는 심을 포함하여 구성되는 필기구

40. 산업재산권 각각의 출원료를 조사해서 표로 정리해 보라. 대학생에게는 약간의 혜택이 있는데 그것은 무엇인가.

41. 산업재산권 각각의 등록료를 조사해서 표로 정리해 보라.

<table>
<tr><th colspan="2" rowspan="2">권리별</th><th colspan="2">최초등록료</th><th colspan="7">연차별 등록료</th></tr>
<tr><th>구분</th><th>1-3분</th><th>4-6</th><th>7-9</th><th>10-12</th><th>13-15</th><th>16-18</th><th>19-21</th><th>22-25</th></tr>
<tr><td colspan="2" rowspan="2">특 허</td><td>기본료</td><td>매년 42,000 년씩 126,000</td><td>매년 75,000원</td><td>매년 151,000</td><td>매년 302,000</td><td>매년 604,000</td><td>매년 1,200,000</td><td>매년 2,400,000</td><td>매년 4,810,000</td></tr>
<tr><td>가산료</td><td>청구범위 3 항초과 1항마다 매년 24,000원씩 72,000원</td><td>청구범위 3항초과 1항마다 매년 37,000원</td><td>청구범위 3항초과 1항마다 매년 50,000</td><td>청구범위 3항초과 1항마다 매년 60,000</td><td>청구범위 3항초과 1항마다 매년 75,000</td><td>청구범위 3항초과 1항마다 매년 88,000</td><td>청구범위 3항초과 1항마다 매년 100,000</td><td>청구범위 3항초과 1항마다 매년 113,000</td></tr>
<tr><td colspan="2" rowspan="2">실용신안</td><td>기본료</td><td>매년 25,000원씩 75,000원</td><td>매년 47,000원</td><td>매년 93,000원</td><td>매년 186,000</td><td>매년 372,000</td><td colspan="3"></td></tr>
<tr><td>가산료</td><td>청구범위 3 항초과 1항마다 매년 8,300원씩 19,500원</td><td>청구범위 3항초과 1항마다 매년 14,000</td><td>청구범위 3항초과 1항마다 매년 18,000</td><td>청구범위 3항초과 1항마다 매년 23,000</td><td>청구범위 3항초과 1항마다 매년 27,000</td><td colspan="3"></td></tr>
<tr><td rowspan="2">디자인</td><td>심사</td><td colspan="2">매년 25,000원씩 75,000원</td><td>매년 35,000원</td><td>매년 70,000원</td><td>매년 140,000</td><td>매년 280,000</td><td colspan="3"></td></tr>
<tr><td>무심사</td><td colspan="6">기본등록료(1개):매년 25,000원씩 75,000원
추가등록료:1디자인마다 매년 20,000원씩 60,000원</td><td colspan="3">* 연차등록료는 각 디자인마다 디자인심사 등록료와 동일</td></tr>
<tr><td rowspan="3">상표</td><td>상표</td><td colspan="2">211,000원</td><td colspan="7" rowspan="3">* 다류지정 상표권의 경우에는 1개류 구분을 초과하는 상품류마다 211,000원 또는 256,000원을 가산
* 지정상품, 지정서비스 또는 지정업무가 각각 10개를 초과하는 경우 그 초과하는 매상품, 서비스 또는 업무마다 6,500원씩 가산</td></tr>
<tr><td>지정상표 추가</td><td colspan="2">211,000원</td></tr>
<tr><td>존속기간 갱신</td><td colspan="2">256,000원</td></tr>
</table>

42. 최근의 특허, 실용신안의 분쟁조정 사례에 대해서 조사발표를 하라.

디자인

1 디자인의 정의

일반으로 디자인은 광고포스터, 그래픽디자인 등과 같은 시각디자인, 생활공간이나 환경에 관한 환경디자인, 제품에 관한 제품디자인 등을 포괄하는 광의의 개념이다, 이 중에서 디자인권은 제품디자인 분야를 주된 대상으로 한다.

디자인보호법에서 디자인의 정의는 '물품의 형상, 모양, 색채 또는 이들을 결합한 것으로서 시각을 통하여 미감을 일으키게 하는 것'이라고 한다. 물품에는 '물품의 부분(한벌 물품의 디자인 제외)' 및 '글자체'를 포함한다.

대상 물품은 법적으로 명시된다. 따라서 구체적 대상은 법령 개정 시 그 내용이 바뀔 수 있다.

디자인에 관한 제도는 1961년 의장법(意匠法)으로 최초 제정되었고[1], 1998년과 2004년(시행 2005년)에 크게 개정되었다.

과거에는 의장이라는 용어가 쓰였는데, 이를 보다 친숙하고 현실적인 '디자인'으로 바꾸어, 종전의 '의장법'을 2004년에 '디자인보호법'으로 변경하였다. 이때 디자인 무심사등록 출원인도 등록출원에 대한 공개를 신청할 수 있도록 개정되었고, 글자체를 디자인의 범위에 포함시켰으며, 높은 수준의 디자인 창작을 유도하기 위하여 디자인등록에 대한 창작성의 요건을 강화하였다.

> 최근 동향
> 특허청은 국제출원제도와 국내 디자인법의 조화를 위해 디자인 존속기간을 '출원일로부터 20년'으로 확대하고 현재 20개로 제한된 복수디자인 출원을 100개까지 가능하도록 개선 예정이다. 또 하나의 출원서로 여러 국가에 동시에 출원할 수 있는 방안도 추진된다.

1) 의장법 전에는 1946년 군정법령 특허법 중 의장에 관한 규정이 있었다.

2 출원 및 심사절차

디자인등록출원은 심사등록출원과 무심사등록출원(유행성이 강한 물품 대상)이 있다.

심사등록 출원의 절차는 특허, 실용신안의 경우와 개념 상 큰 차이가 없다. 그러나 무심사등록 출원은 상당한 차이가 있다. 이들을 절차를 도표로 표시하면 그림 1과 같다. 무심사등록출원제도에 대해서는 뒷 부분에서 설명된다.

디자인권의 주체적 요건에 대해서 근본 개념은 특허, 실용신안과 다를 바가 없으므로 설명을 생략한다.

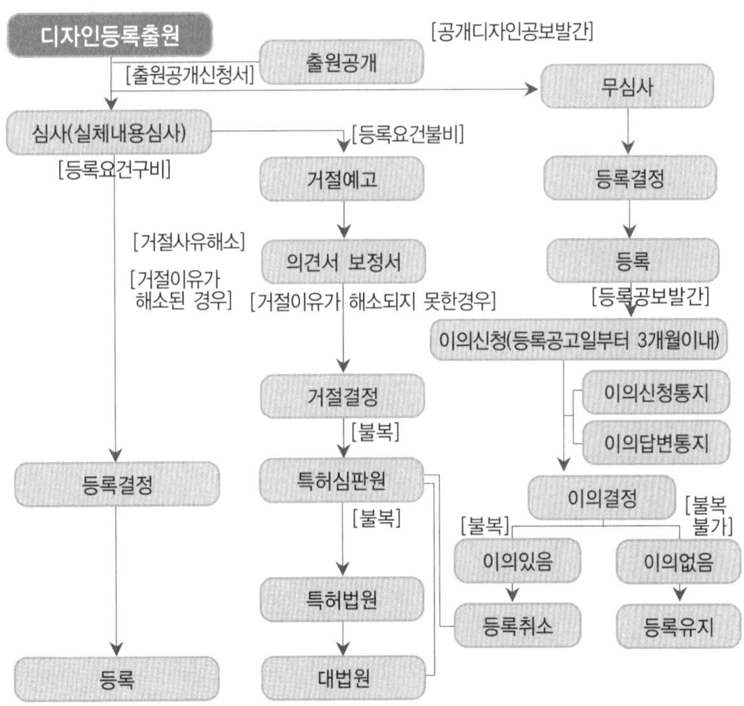

그림 1. 디자인의 출원 및 심사절차

3 디자인의 요건

가. 성립 요건

(1) 물품성

디자인은 물품과 불가분의 관계이며, 물품을 떠나서는 존재할 수 없다. 즉, 창작된 도안을 보호하는 것이 아니라, 그 도안이 적용된 물품을 보호한다는 뜻이다. 여기에서 물품이란 "독립성이 있는 구체적인 유체동산"을 의미한다. 따라서 다음과 같은 것은 물품이 될 수 없다.

- 부동산
- 열, 기체, 액체, 전기 등과 같이 형체가 없는 것
- 설탕 등과 같은 가루 또는 알갱이 물건
- 물품자체의 고유형태가 아닌 것(예, 손수건을 접어서 만든 꽃모양)

물품의 부분(예, 양말 뒷굽의 모양, 병 주둥이 모양 등)은 디자인의 대상에 포함된다. 종전에는 물품 전체에 대하여만 등록을 할 수 있도록 하였으나, 2001년 물품의 일부분에 대하여도 등록을 할 수 있도록 함으로써 부분디자인에 대한 창작적 가치를 보호하고 부분디자인의 도용에 의한 분쟁을 방지할 수 있도록 하였다.

글자체란 폰트라고도 하며, 2004년 개정될 때 디자인의 범위에 포함되었다. 기록이나 표시 또는 인쇄 등에 사용하기 위하여 공통적인 특징을 가진 형태로 만들어진 한 벌의 글자꼴을 말한다. 그러나 인쇄 등의 통상적인 과정에서의 글자체의 사용 및 그 사용으로 생산된 결과물에 대해서는 디자인권의 효력이 미치지 아니한다.

(2) 형태성(형상, 모양, 색채)

디자인은 형상, 모양, 색채 또는 이들의 결합에 의한 것으로서 그 각각의 구성요소의 의미는 다음과 같다. 형상, 모양, 색채는 영어 단어로 이해하는 것이 도움이 된다.

① 형상(Shape): 공간을 점하고 있는 물품의 형체, 물품을 구성하고 있는 입체적 윤곽

② 모양(Pattern): 물품의 외관에 나타나는 선도, 색흐림, 색구분. 우리말로 '무늬'이다.

③ 색채(Colour): 시각을 통하여 식별할 수 있도록 물품에 채색된 빛깔

(3) 시각성

디자인은 인간의 육안으로 식별할 수 있는 것만을 대상으로 한다. 즉, 시각 이외의 감각에 의하여 인식 가능한 것, 육안으로는 식별할 수 없는 것, 외부에서 볼 수 없는 것은 디자인보호의 대상이 될 수 없다.

(4) 심미성

디자인은 미감을 일으키는 것이어야 한다. 그러나 미감의 의미는 주관적인 가치판단이 개입되므로 명확한 판단기준을 세우기는 어렵다. 따라서 심사 실무에 있어서는 고도의 심미성에 대한 판단보다는 아름다움을 느낄 수 있을 정도의 형태적 처리가 된 것이면 심미감이 있는 것으로 보고 있다.

그러나 못난이 3형제의 경우 '심미성'이 있는 것인가? 따라서 형태성과 시각성의 요건이 된다면 심미성이란 상대적인 것이므로 크게 괴상하지 않다면 대개 문제되지 않는 편이다.

나. 등록 요건

디자인이 성립되더라도 특허, 실용신안과 비슷하게 ① 새롭고 ② 창작적이며 ③ 산업상 이용할 수 있어야 한다.

(1) 신규성

신규성이란 그 디자인이 출원 전에 간행물이나 카탈로그 등에 기재되거나, 판매, 전시 등을 통하여 일반 대중에게 공개되었거나 또는 누구든지 알 수 있는 상태에 놓여 있는 것이 아니어야 한다는 뜻이다.

공개되었어도 신규성을 잃지 않는 경우가 있다. 디자인이 국내외에서 공지, 공연, 실시되거나 국내외 반포간행물에 기재된 디자인 또는 이들에 유사한 디자

인에 해당할 경우 그 날로부터 6개월 이내에 출원하면 신규성을 상실하지 아니한 것으로 본다.

이 경우 출원 시 그러한 취지를 기재한 서면을 첨부하여야 하며, 이의 증명서류는 출원일로부터 30일 내에 제출하여야 한다.

98년 이전에는 학술단체, 박람회에서 공개된 경우에 한하여 신규성을 인정해 주었으나 지금은 모든 공개된 경우에도 신규성을 인정해 줌으로써 디자인 등록 기회를 확대함으로서 창작자의 권리 기회를 확대하였다.

(2) 창작성

창작성이란 그 디자인이 속하는 분야에서 통상의 지식을 가진 자가 국내에서 널리 알려진 형상, 모양, 색채 또는 이들의 결합에 의하여 용이하게 창작할 수 없는 디자인이어야 한다는 의미이다.

용이하게 창작될 수 있는 디자인은 다음과 같은 것들이다.

① 잘 알려진 형상, 모양 등에 의한 용이한 창작
- 삼각형, 직사각형, 원, 원기둥, 정다면체 등 잘 알려진 도형의 형상을 그대로 이용한 것에 불과한 경우
- 물품의 전형적인 형상을 그대로 이용한 경우 : 비행기, 자동차, 기차
- 흔한 모양을 단순 배열한 것에 불과한 경우 : 바둑판무늬, 물방울무늬

② 자연물, 유명한 저작물, 유명한 건조물, 유명한 경치 등을 기초로 한 용이 창작

③ 잘 알려진 디자인을 기초로 한 용이한 창작
- 업계에서 간행물이나 TV 등을 통하여 널리 알려져 있는 디자인을 전용한 경우. 예를 들어 유명한 자동차의 형상, 모양을 완구에 전용한 경우, ET 인형의 형상이나 모양을 저금통에 전용한 경우, 잘 알려진 라디오 형상과 잘 알려진 시계 형상이 결합된 경우

과거에 비해 디자인의 등록요건이 강화되었는데, '용이하게 창작'할 수 있는 디자인의 여부를 판단할 때 전에는 국내에서 널리 알려진 형상·모양·색채를 판단의 기초 자료로 하였으나, 지금은 국내외에서 공지되었거나 공공연히 실시

된 디자인을 판단의 기초 자료에 추가하여 창작성의 요건을 강화하였다.

(3) 산업상 이용가능성

산업상 이용가능성이란 산업적 생산과정을 거쳐 동일한 디자인 물품을 다량 생산할 수 있는 것을 말한다. 이것은 디자인권과 저작권을 구분짓는 기준이다.

① '산업적 생산방법'이란 기계에 의한 생산방법 뿐만 아니라 수공업적 생산도 포함한다.

② '동일물품이 양산 가능하다'는 것은 물리적으로 완전히 동일한 물품을 의미하는 것이 아니고 일견 동일하게 보이는 정도의 동일성은 있어야 한다는 의미이다. 예컨대 한 디자인의 목각인형을 수공업적으로 여러 개 생산할 때 각각은 기계생산처럼 똑같을 수는 없지만 동일물품으로 볼 수 있다.

③ '생산할 수 있는 것'이란 단순한 아이디어에 불과한 것이 아니라 기술적으로 충분히 달성할 수 있을 정도로 디자인의 표현이 구체적이어야 한다는 뜻이다.

산업상 이용가능성이 없는 경우는 다음과 같다.

① 자연물을 그대로 디자인의 구성주체로 사용한 것으로써 다량 생산할 수 없는 것

② 순수미술의 분야에 속하는 저작물

(4) 등록받을 수 없는 디자인

앞의 디자인 요건을 갖춘 것이라 할지라도 다음의 경우는 등록될 수 없다.

① 국기·국장·군기·훈장·포장·기장 기타 공공기관의 표장과 외국의 국기·국장 또는 국제기관의 문자나 표지와 동일 또는 유사한 디자인

② 공공의 질서나 선량한 풍속을 문란하게 할 염려가 있는 디자인

- 국가원수의 초상 및 이에 준한 것
- 특정국가 또는 그 국민을 모욕하는 것
- 저속, 혐오, 기타 사회 일반적 미풍양속에 반하는 것

③ 타인의 업무에 관계되는 물품과 혼동을 가져올 염려가 있는 디자인

- 타인의 저명한 상표, 서비스표, 단체표장 및 업무표장을 디자인으로 표현 한 것(입체상표 포함)
- 비영리법인의 표장을 디자인으로 표현한 것

④ 물품의 기능을 확보하는데 불가결한 형상만으로 된 디자인

4 디자인권

가. 존속기간

디자인권은 등록사정을 받은 후 등록료와 함께 특허청에 등록을 해야 발생한다. 최초 등록료 후의 연차 등록료도 계속 납부해야 하며, 납부시기를 놓친 경우6개월의 유예기간 내에 할증료와 함께 재등록할 수 있다. 이 기간마저 놓친 경우에는 디자인권을 상실하게 된다.

디자인권의 존속기간은 '등록일'로부터 15년이다. 다만 유사디자인권의 존속기간은 기본디자인권과 함께 소멸한다. 오래 전(1998)에는 10년이었으나 지금은 국제적 수준에 부응하여 디자인권 보호가 강화되었다. 특허, 실용신안과 달리 출원일부터 등록일까지의 기간은 권리가 없다.

나. 디자인권의 효력

디자인권자는 업(業)으로서 등록 디자인 또는 이와 유사한 디자인을 실시할 권리를 독점한다.

'업'이란 꼭 영리를 목적으로 실시하는 것만을 의미하는 것은 아니며, 반복 계속해서 행하여지는 것은 모두 포함하는 의미이다. 즉, 개인적으로 일시적, 일회적으로 실시하는 것은 제외된다.

디자인권의 효력은 등록디자인과 동일한 디자인뿐만 아니라 이와 유사한 디자인에 미친다. 디자인권의 효력이 유사한 디자인에까지 미치는 것은 특허·실용에서의 기술적 사상과 달리 디자인이 동일한 경우에 한정할 경우 그 보호대상이 극히 협소한 것이 되어 제도의 목적을 달성할 수 없게 되기 때문이다. 따

라서 디자인이 표현된 물품과 그 형태적 본질에 있어서 공통되는 범위에 대해 '유사'라는 개념을 정립하고 이 범위도 보호의 대상으로 하고 있다.

디자인권의 효력이 미치지 않는 범위는 다음과 같다.

① 연구 또는 시험을 하기 위한 등록디자인의 실시

② 국내를 통과하는데 불과한 선박·항공기·차량 또는 이에 사용되는 기계·기구·장치 기타의 물건

③ 디자인등록출원 시부터 국내에 있는 물건: 출원 전부터 국내에 이미 존재하고 있던 물건에 대하여서는 권리가 미치지 않는다(특허, 실용신안과 차이가 있음). 그러나 권리가 등록된 이후에는 제3자가 그것과 동일한 물건을 계속 생산하는 것은 인정되지 않는다.

④ 글자체에 있어서, 타자·조판 또는 인쇄 등의 통상적인 과정에서 글자체를 사용하는 경우 및 이의 생산된 결과물인 경우

등록권리자가 타인에게 전용실시권 또는 통상실시권을 설정해 준 경우에는 그 설정된 범위 안에서 등록권리자의 독점적 권리는 제한된다.

자신의 등록디자인이 타인의 특허권·실용신안권·상표권·디자인권·저작권 등을 이용한 것이거나, 저촉관계에 있는 경우에는 타인의 동의를 얻지 않고서는 사업을 실시할 수 없다.

다. 디자인권의 침해구제

(1) 민사적 구제

① 침해금지청구권

자신의 디자인권, 전용실시권을 침해한 자에 대하여서는 침해의 금지 및 예방을 청구할 수 있다. 또한 침해금지 및 예방을 청구할 때에는 침해행위를 조성한 물품의 폐기, 침해행위에 제공된 설비의 제거, 기타 침해의 예방에 필요한 행위를 청구할 수 있다.

② 손해배상청구권

민법상 디자인권 또는 전용실시권이 고의 또는 과실에 의하여 침해되었을 때에는 침해한 자에 대해서 손해배상을 청구할 수 있다. 이외에도 디자인보호법은 별도의 규정을 두어 등록디자인이나 이와 유사한 디자인을 타인이 실시하는 경우에는 침해행위로서 과실이 있는 것으로 추정하도록 규정하고 있다.

③ 신용회복청구권

침해자에게 손해배상에 대신하여, 또는 손해배상과 함께 디자인권자나 전용실시권자의 업무상의 신용회복을 위하여 필요한 조치를 하게 할 수 있다.

④ 부당이득 반환청구권

타인의 디자인권으로 인하여 이익을 받고 이로 인하여 디자인권자에게 손실을 준 자는 그 이익이 존재하는 한도 내에서 반환할 의무가 있다.

(2) 형사적 구제

디자인권 또는 전용실시권을 침해한 자에 대해서는 민사상 책임 이외에 5 년 이하의 징역 또는 5천만원 이하의 벌금에 처할 수 있다. 국제적 기준에 따라 디자인권이 보호강화되어 존속기간 연장 뿐 아니라 벌금형도 5,000만원으로 상향되었다.

5 디자인 등록 특유의 제도

디자인은 모방이 용이하고 유행성이 강하다는 특성이 있으므로 다른 산업재산 권법과는 다른 몇 가지 특유의 제도를 가지고 있다.

가. 유사디자인제도

디자인은 기본디자인이 창작된 이후에 이를 기초로 한 여러 가지 변형디자인이 계속 창작되는 특성이 있다. 또한 디자인권은 타인의 모방·도용이 용이하나, 그 유사범위는 추상적이고 불명확함에 따라 미리 유사범위내의 유사디자인을 등록받아 침해·모방을 미연에 방지할 필요성이 있다. 따라서 자기가 등록 또는 출원한 기본디자인의 변형된 디자인을 유사디자인이라는 이름으로 등록받는 제도를 두고 있다.

유사디자인권은 기본의 디자인권과 일체가 되어 이전 또는 소멸된다. 즉, 기본디자인권이 이전·소멸되면 같이 이전·소멸된다. 단, 유사디자인권 만을 무효심판의 대상으로 하거나 권리를 포기하는 것은 가능하다.

출원인은 유사디자인 출원을 단독의 출원으로, 단독의 출원을 유사디자인 출원으로 변경하는 보정을 할 수 있다.

나. 한벌 물품 디자인제도

디자인은 심사처리의 신속과 동시에 권리 범위를 명확히 하기 위하여 1디자인 1출원주의(하나의 물품은 독립된 하나의 출원)를 취하고 있다. 그러나 예외적으로 상관습 상 한 벌로 판매되고 사용되는 물품으로서 전체적인 통일성이 있는 경우에는 하나의 출원으로 심사 등록할 수 있도록 '한벌 물품 디자인제도'가 있다.

그 대상품목에는 다음과 같은 것들이 있다.

여성용 한복 세트, 남성용 한복 세트, 여성용 속옷 세트, 장신구 세트, 커프스 버튼 및 넥타이 핀, 끽연용구 세트, 침장 세트, 커피 세트, 다기 세트, 화채용 세트, 반상기, 나이프·포크·스푼, 숟가락·젓가락, 테이블 세트, 사무용 가구 세트, 오디오 세트, PC 세트, 문짝·문설주 등 31개 물품이 지정되어 있다. 디자인보호법의 시행규칙에 명시되며 따라서 개정되면 바뀔 수도 있다.

다. 비밀디자인제도

디자인은 모방이 용이하고, 유행성이 강하므로 디자인권자가 사업실시의 준비가 완료되지 않은 상황에서 디자인이 공개되는 경우에는 그 디자인에 의한 사업상 이익을 모두 상실할 우려가 있다. 따라서 디자인출원 시 출원인의 신청이 있는 경우에는 설정 등록일로부터 3년 이내의 기간 동안 공고하지 아니하고 비밀상태로 둘 수 있도록 하고 있다. 다만 디자인권자의 동의를 받은 경우, 쟁송 당사자의 경우 등에는 열람이 가능하다.

비밀디자인의 디자인권 행사에는 제한이 있다. 비밀 디자인권자 및 전용실시권자는 그 디자인에 관한 특허청의 증명을 받은 서면을 제시하여 경고하지 않으면, 디자인권·전용실시권을 침해한 자에 대한 침해의 금지 또는 예방을 청구할 수 없다.

라. 출원공개제도

디자인권은 출원한 후 심사를 거쳐 등록을 하기 전까지는 권리 성립이 인정되지 않으므로 출원 중에 있는 디자인을 제3자가 모방할 경우 이에 적절하게 대응할 수 있는 장치가 필요하다. 특허, 실용신안의 경우도 출원공개제도가 있지만, 디자인의 경우 약간 상이하다.

출원을 한 후 신청이 있는 경우에는 등록전이라도 디자인 출원내용을 공개토록 하고, 공개 후 제3자로부터의 모방실시가 있는 경우에는 등록 후 보상금청구권을 행사할 수 있다.

또한 출원디자인이 공개된 이후 제3자의 무단모방이 있는 경우에는 우선 심사를 청구할 수 있도록 하여 조기에 보상금청구권을 행사할 수 있다.

또한 누구든지 출원공개 된 디자인에 이의가 있는 경우에는 관련 자료와 함께 정보를 제출할 수 있게 하여 심사의 정확성과 신속성을 높였다.

6 디자인 무심사 등록제도

디자인 무심사 등록제도란 유통기술의 발달과 생활문화의 급속한 변화에 따라 제품의 수명주기가 급속히 짧아지고 있는 물품에 대한 디자인이 신속하게 권리로서 설정될 수 있도록 하기 위하여 98년부터 시행하게 된 제도이다.

유행성이 강한 물품에 대하여 무심사로 등록하여 줌으로서 출원인에게 신속한 권리설정을 하여 주는 반면 무심사 등록에 따른 부실권리의 존속을 예방하기 위하여 등록 후 이의신청제도를 도입함으로써 디자인권자에게는 권리의 조기설정과, 공익적 견지에서 부실권리의 취소라는 두 가지 목적을 함께 달성하는

데 그 의미가 있다.

종전에는 신규성 및 창작성 결여 등으로 등록될 수 없다는 정보 및 증거의 제공이 있는 경우에도 심사관은 디자인등록거절결정을 할 수 없었으나, 정보와 증거의 제공이 있는 경우에 심사관은 신규성 및 창작성 결여 등을 판단하여 디자인등록거절결정을 할 수 있다.

가. 디자인 무심사 등록제도

물품의 특성상 유행성이 강하고 제품 수명주기가 짧은 식품류(A1), 의복류(B1), 침구류(C1), 용지·인쇄물류(F3), 포장용기류(F4), 직물지류(M1), 잡화류(B2), 신발류(B5), 교재류(F1), 사무용품류(F2) 등에 대해서는 디자인 무심사등록출원으로 하여야 된다.

방식요건만 심사하여 등록함으로서 심사등록출원의 심사에 소요되는 기간보다 대폭 줄일 수 있는 효과가 있다.

종전에 1 년여 소요되던 심사처리기간이 2개월 내지 3개월로 대폭 단축되어 계절마다 제품디자인 패턴이 변화하는 물품에 대한 산업계의 신속한 권리보호 요청에 부응할 수 있게 되었다.

현재 무심사등록출원할 수 있는 물품은 10개 대분류로 지정되어 있으나 특허청은 해당물품의 조정과 기타 기준에 의한 지정방안에 대하여 지속적으로 검토하고 있다.

한편 디자인무심사등록출원을 디자인심사등록출원으로, 디자인심사등록출원을 디자인무심사등록출원으로 변경하는 '보정'을 할 수 있다.

나. 복수디자인 등록출원제도

하나의 디자인은 반드시 독립된 1개의 출원서로 출원하여야 하나 무심사등록출원에 한하여 20 이내의 디자인을 1출원서로 출원하여 출원절차의 간소화, 출원료 등 비용부담을 경감할 수 있다. 이 경우 1디자인마다 분리하여 표현하여야 한다. 복수디자인등록출원도 기본디자인과 함께 그에 속하는 유사디자인을 출원할 수 있다. 한편 유사디자인을 복수디자인 등록출원하는 경우에는 1기본디자인에 속하는 유사디자인에 한하여 1복수디자인등록출원으로 할 수 있다.

다. 등록 후 이의신청제도

무심사로 등록된 디자인권중에는 실체적 등록요건이 결여된 디자인이 다수 발생할 가능성이 있으며, 이러한 부실권리는 많은 비용과 장기간의 처리기간이 소요되는 심판이나 소송절차이전에 행정절차에 의해 취소시킬 수 있어 무심사 등록제도 도입에 따른 제도적 보완장치로 활용가치가 있다.

즉, 무심사로 등록된 디자인권에 대하여는 누구든지 등록 후 3월이내에 이의신청을 할 수 있으며, 이의신청제도는 이미 설정된 디자인권에 대한 취소여부를 결정하는 중요한 사안이므로 공정성 확보를 위해 심사관 3인의 합의체에서 결정하도록 하며, 이의신청이 이유가 있다고 인정될 때에는 합의체의 취소결정으로 등록디자인권을 조기에 취소할 수 있다.

이러한 등록 후 이의신청제도의 효과로 심판이나 소송절차보다 비용절감과 처리기간 단축효과가 있으며, 무심사등록제도 도입에 따른 부실권리를 조기에 취소시킬 수 있으며, 디자인권자의 입장에서도 권리의 조기안정화로 안정된 디자인권 행사가 가능하며, 기존의 무효심판제도와 이의신청절차에 대한 선택권을 부여함으로서 권리구제수단이 확대되는 효과가 있다.

7 산업디자인 진흥 제도

직접적인 산업재산권과 관련된 사항은 아니지만, 산업디자인의 진흥을 간략히 소개한다.

산업디자인 진흥을 위한 제도는 1977년 디자인·포장진흥법으로 제정되어, 91년 산업디자인·포장진흥법으로 이름이 바뀌었고 96년에 산업디자인진흥법으로 바뀌어 지금에 이른다. 이 제도의 목적은 산업디자인의 연구 및 개발을 촉진하고 산업디자인의 진흥을 위한 사업을 지원함으로써 산업의 경쟁력강화에 이바지하는 것이다. 산업디자인은 제품디자인·포장디자인·환경디자인·시각디자인 등을 포함한다. 산업디자인진흥종합계획과 한국디자인진흥원(구, 한국산업디자인진흥원)에 관한 내용도 포함되어 있다.

연 습 문 제

1. 디자인권에 대해 다음 문장은 맞는가, 틀리는가? 만일 틀리다면 어떤 부분이 틀렸는지 간단히 기술하라.

> 타인의 디자인권으로 인하여 이익을 받고 이로 인하여 디자인권자에게 손실을 준 자는 그 이익이 존재하는 한도 이상으로 반환할 의무가 있다.

답 틀림. 그 이익이 존재하는 한도 내에서 반환할 의무가 있다.

2. 디자인 등록에 관한 다음 중 틀린 것은?

① 일반으로 예술가의 그림은 예술적 창작일 것이므로 산업상 이용할 수 없을 것이어서 디자인등록을 받을 수 없다.
② 응용미술분야의 어떤 창작은 디자인 대상이 될 수도 있다.
③ 자연물을 디자인의 구성주체로 사용한 것으로 다량 생산할 수 없는 것이나, 토지 건물 등의 부동산은 산업상 이용할 수 없는 디자인이므로 등록될 수 없다.
④ 병의 주둥이 모양은 물품의 부분을 이루므로 디자인의 요건이 될 수 없다
⑤ 상품 및 서비스업류 구분에서 서비스류 역시 디자인의 대상이 된다.

3. 디자인은 미감을 일으켜야 한다고 되어 있다. 그러면 못난이 3형제 인형은 미감을 일으키는가?

답 사람들이 좋다고 취득하고자 한다면(선호한다면) 심미성이 있다고 보아야 한다.

4. 유사디자인제도란 무엇인가 간단히 써라.

답 기본디자인이 창작된 후 이를 기초로 여러 가지 변형디자인이 창작되는 특성.(모방성, 유행성 큼)
타인의 모방 도용이 용이하나 유사범위는 추상적이고 불명확하므로 미리 유사범위를 등록받아 침해 모방을 미리 방지하는 것.
유사디자인권은 기본디자인권과 일체로 이전, 소멸됨. 단 유사디자인권만으로 무효심판의 대상으로 하거나 권리를 포기하는 것은 가능.

상표

1 상표의 개념

가. 상표의 정의

사회 통념상 상표란 상품을 식별하기 위하여 사용하는 일체의 감각적인 표현 수단을 의미하지만 이러한 표장을 모두 보호하는 것은 제도적으로 어렵기 때문에 상표법에서는 보호가 가능한 상표의 구성요소를 제한하고 있다.

상표란 '상품을 생산·가공·증명 또는 판매하는 것을 업(業)으로 하는 자가 자기의 상품을 타인의 상품과 식별되도록 하기 위하여 사용하는 표장'으로 정의된다. 종전에는 표장에서 '기호·문자·도형·입체적 형상 또는 이들을 결합한 것과 이들 각각에 색채를 결합한 것'만으로 상표의 구성요소를 한정하였으나, 2007년부터 상표권의 보호대상을 확대하여 색채 또는 색채의 조합만으로 된 상표, 홀로그램상표, 동작상표 및 그 밖에 시각적으로 인식할 수 있는 모든 유형의 상표를 상표법으로 보호할 수 있다.

자기의 상품과 타인의 상품을 식별하기 위하여 사용되지 않는 표장은 상표가 아니므로 상품에 사용된 것이라 하여도 그것이 단순히 상품의 디자인이거나 자타 상품 식별의사와 무관한 가격표시 등은 상표법상 상표가 아니다.

광의의 상표개념으로, 상표법으로 보호받는 것은 상표 외에 서비스표, 단체표장, 업무표장을 포함한다.

현재 상표란 시각을 통하여 인식될 수 있는 것으로 국한되므로 소리·냄새·

맛과 같이 청각·후각·미각으로 지각할 수 있는 표장은 현실의 거래사회에서 자타 상품의 식별표지로서 사용되고 있다하더라도 상표법상의 상표로는 보호받을 수 없다. 최근 청각·후각 등 시각적으로 인식할 수 없는 표장도 포함하는 것에 대한 검토가 되고 있다.

참고

최초의 상표권 제도는 1949년 제정되었다. 그 전에는 군정법령으로 '상표에 관한 법령'이 있었다.

우리나라는 98년에 상표권 제도가 대폭 개정되었다. 상표출원 및 등록에 관한 상표법조약의 출범에 따라 주요 국가들이 이 조약에 맞추어 국내법을 개정한 것이다. 입체상표제도, 다류(多類) 1 출원제도 등을 도입하여 출원인의 상표선택범위를 확대하고 출원절차를 간소화하므로서 상표제도를 선진화·국제화하였다.

입체 형상으로 구성된 3차원 상표를 평면으로 구성된 상표와 마찬가지로 상표로 등록이 가능하도록 한 것을 입체상표제도라 한다. 이러한 제도를 도입하게 되면 상거래사회에서 입체로 사용되고 있는 많은 상표들을 제도권으로 흡수하게 되어 출원인의 상표선택범위가 확대되는 효과가 있다.

오늘날 상표의 중요성은 과거에 비하여 월등 커졌다. 세계화된 시대에 국제출원도 매우 중요하다. 국제출원 관련은 각자 조사하기 바란다.

세계지식재산권기구 상표법상설위원회

WIPO에서 기존에 비정기적으로 논의되던 상표, 디자인, 지리적표시 관련 사항에 대한 보다 심도 있고 체계적인 논의를 위하여 설치된 위원회로, 1999년 7월 제1차 회의를 개최하였다. WIPO 유명상표보호규범(안)의 논의, 채택 및 WIPO 상표사용권 규정, 인터넷상의 상표사용 문제, 지리적표시보호 등의 이슈를 논의한다.

나. 서비스표

서비스표란 서비스업(광고업, 은행업, 요식업 등 용역의 제공업무)을 하는 자가 자기의 서비스업을 타인의 서비스업과 식별되도록 하기 위하여 사용하는 표장을 말한다.

다. 단체표장

단체표장이란 상품을 공동으로 생산·판매 등을 하는 업자 등이 설립한 법인이 그 감독 하에 있는 단체원의 영업에 관한 상품 또는 서비스업에 사용하게 하기 위한 표장을 말한다.

라. 업무표장

업무표장이란 YMCA, 보이스카웃 등과 같이 영리를 목적으로 하지 아니하는 자가 그 업무를 나타내기 위하여 사용하는 표장을 말한다.

마. 상표의 인접개념

(1) 상표와 상호

상표는 자타 상품을 식별하기 위하여 상품에 부착하는 표장으로서 상품의 동일성(identity)을 표시하는 기능을 가지는 것이며, 상호는 상인(법인·개인)이 영업상 자기를 표시하는 명칭으로서 영업의 동일성을 표시하는 기능이다.

상호는 상인이 영업에 관하여 자기를 표시하는 명칭으로서 인적 표지의 일종이며, 문자로 표현되고 호칭되며 회사기업의 경우 상호의 사용은 강제적이지만, 상표는 자타 상품을 식별하는 기호로서 문자뿐만이 아니라 기호, 문자, 도형 등과 이들의 결합 또는 이들과 색채의 결합으로 구성될 수 있으며, 상표의 사용에 있어서는 강제성이 없다는 점이 다르다.

다만 기업이미지 통일화 전략(Corporate Identification Program)에 따라 상호와 상표를 일치시키고 있는 것이 국제적 추세인 점(상표의 상호화 또는 상호의 상표화 현상)과 상호가 상품표지로 사용되고 상표로서 등록요건을 갖추어 등록된 경우에는 법률상 상표로서 보호되는 상호상표가 점차 늘고 있어 양자간의 기능이 중첩되는 경우가 많다.

상호는 상법에 의한 보호를, 상표는 상표법에 의한 보호를 받는다.

(2) 상표와 지리적 표시

상표와 지리적 표시는 양자 모두 출처표시 기능 및 품질표시 기능, 영업상의 이익과 관련되며 지식재산권의 범주 내에서 보호되는 표장이라는 점에서는 상표와 유사한 점이 있다. 이러한 유사점 때문에 지리적 표시를 상표 제도내로 포괄하여 상표 및 지리적 표시 보호법으로 규정하는 나라가 있는가 하면 지리적 표시를 상표법상 단체표장 내지 증명표장으로 보호하는 나라도 있다.

그러나 상표는 상품 또는 서비스업을 제공하는 "특정 사업주체"를 식별시켜 주는 표장인데 반하여 지리적 표시는 당해 표시가 사용되고 있는 제품을 생산하는 사업주체들이 위치하고 있는 "특정지역"을 확인시켜 주는 표장이므로 지리적 표시는 상표와 같이 하나의 업자가 다른 업자들을 사용으로부터 배제시킨다는 의미에서의 "독점적 소유"는 없는 점에서 차이가 있다고 볼 수 있다.

우리나라는 2005년부터 "지리적 표시"를 단체표장으로 보호하고 있다. "지리적 표시"는 단순한 지명이 아니라, "인제용대황태"와 같이 특정 품질·명성 또는 그 밖의 특성을 가지고 있고, 그 품질 등이 해당 지역의 기후, 토양, 지형 등의 지리적 환경에 기인한 경우에 그 상품이 생산·제조 또는 가공된 지역을 나타내는 표시를 말한다. 즉, 다른 지역과 구별되는 품질이나 명성 등의 특성이 그 지역의 기후, 토양, 지형 등의 자연적 조건이나 전통적인 생산비법 등의 인적 조건을 포함하는 지리적 환경에서 본질적으로 비롯되는 경우에 그 지역에서 생산·제조 또는 가공된 상품임을 나타내는 표시를 말한다.

(3) 상표와 도메인 이름

상표는 자타 상품을 식별하기 위하여 상품에 부착하는 표장이며, 도메인 이름의 경우 인터넷상 호스트컴퓨터의 주소에 해당하는 숫자로 된 주소(IP Address)에 해당하는 알파벳 및 숫자의 일련의 결합을 의미한다. 따라서 상표의 경우 상품출처 표시의 기능, 도메인 이름의 경우 인터넷상 호스트컴퓨터의 장소표시의 기능이라는 별개의 기능에서 출발되었지만, 전자상거래의 활성화로 도메인 이름 그 자체가 상품이나 서비스업의 출처표시로서의 기능도 하게 되었으며, 타인의 상표를 부정한 목적으로 등록하여 정당한 상표권자에게 비싼 값에 되팔려는 사이버 스쿼팅(Cyber squatting) 행위가 증가함에 따라 상표와 도메인 이름간의 분쟁이 증가하고 있는 추세에 있다.

원칙적으로 국내에 상표를 등록하였다고 하여 당해 상표에 상당하는 도메인 이름을 등록할 권리가 부여되지 않으며, 도메인 이름을 등록하였다고 하여 당해 상표를 등록할 권리를 부여하지는 않고 있다.

2 상표등록요건

가. 인적 요건

우리나라 국민(개인 또는 법인)과 상호주의 원칙과 조약에 의거하여 자격을 갖춘 외국인으로서, 국내에서 상표를 사용하는 자(법인·개인·공동사업자) 또는 사용하고자 하는 자는 자기의 상표를 등록받을 수 있다.

나. 실체적 요건

(1) 적극적 요건

상표의 가장 중요한 기능은 자타 상품 식별기능이기 때문에 상표로 등록되기 위해서는 우선 식별력을 가져야 한다. 식별력이란 거래자나 일반 수요자로 하여금 상표를 표시한 상품이 누구의 상품인가를 알 수 있도록 인식시켜 주는 것을 말한다. 일반적으로 식별력 유무는 지정상품과 관련하여 판단하고 있다.

자타상품의 식별력이 없는 상표들로서 상표등록이 불허되는 사유는 다음과 같다.

① 상품의 보통명칭

상표가 특정상품과 관련하여 그 상품의 명칭을 나타내는 것(예 : 스낵제품 - Corn Chip, 과자 - 호도과자, 자동차 - Car)

② 관용상표

동종업자들 사이에서 특정 종류의 상품에 관용적으로 쓰이는 표장(예 : 과자류 - 깡, 청주 - 정종, 직물 - Tex)

③ 성질표시적 상표

- 산지표시 : 당해 상품의 생산지를 표시하는 것(예 : 사과 - 대구, 모시 - 한산, 굴비 - 영광)
- 품질표시 : 당해 상품의 품질의 상태, 우수성 등을 표시하는 것(예 : 上, 中, 下, 특선, Super)

- 원재료표시 : 당해 상품의 원재료로 쓰이는 상품의 명칭을 표시하는 것(예 : 양복 - Wool, 넥타이-Silk)
- 효능표시 : 당해 상품의 효과나 성능 등을 표시하는 것(예 : TV - HITEK, 복사기 - Quick Copy)
- 용도표시 : 당해 상품의 쓰임새를 나타내는 것(예 : 가방 - 학생, 의류 - Lady)
- 수량표시 : 2컬레, 100미터 등
- 형상표시 : 당해 상품의 평상·모양·크기 등을 표시하는 것(예 : 소형, 대형, 캡슐, SLIM)
- 생산방법·가공방법·사업방법표시 : 당해 상품의 생산·가공·사용방법을 표시하는 것(예 : 농산물 - 자연농법, 구두-수제, 책상 - 조립)
- 시기표시 : 당해 상품의 사용시기 등을 표시하는 것(예 : 타이어 - 전천후, 의류 - 봄·여름·가을·겨울)

④ 현저한 지리적 명칭, 그 약어 또는 지도

수요자에게 현저하게 인식된 지리적인 명칭(예 : 금강산, 백두산, 뉴욕 등)

⑤ 흔한 성 또는 명칭

흔히 있는 자연인의 성 또는 법인, 단체, 상호임을 표시하는 명칭(예 : 이씨, 김씨, 사장, 상사, 조합, 총장 등)

⑥ 간단하고 흔히 있는 표장

상표의 구성이 간단하고 또한 흔히 있는 표장(예 ; 123, ONE, TWO, β 등)

⑦ 기타 식별력이 없는 표장

일반적으로 쓰이는 구호, 표어, 인사말 등(예 : Believe it or not, I can do, www 등)

③, ④, ⑤, ⑥의 사유에 해당하더라도 출원 전에 사용한 결과 그 상표가 수요자 간에 '누구의 업무에 관련된 상품'을 표시하는 것인가 현저히 인식되어 있는 상표는 등록을 받을 수 있다. 새우깡, 복사지 더블에이와 같은 예이다.

또한 ③호의 '산지' 또는 ④호에 해당하는 표장이라도 그 표장이 특정상품에 대한 지리적 표시인 경우에는 지리적 표시 단체표장등록을 받을 수 있다.

(2) 소극적 요건(부등록사유)

상표가 자타상품의 식별력을 가지고 있다 하더라도 독점배타적 성질의 상표권을 부여하는 경우 공익상 또는 타인의 이익을 침해하는 다음 경우에는 당해 상표의 등록을 배제할 필요가 있다.

① 대한민국의 국기·국장, 파리협약동맹국·세계무역기구 회원국 또는 상표법조약 체약국의 훈장·포장, 적십자·올림픽 등의 공공마크와 동일 또는 유사한 상표 (예 : 무궁화 도형, IMF, WTO 등)

② 국가·민족·공공단체·종교 등과의 관계를 허위로 표시하거나 이들을 비방 또는 모욕할 염려가 있는 상표(예 : 양키, Negro 등)

③ 국가·공공단체 또는 비영리 공익법인의 표장으로서 저명한 것과 동일 또는 유사한 상표 (예 : YMCA, KBS, 적십자 등)

④ 선량한 풍속에 어긋나거나 공공의 질서를 해칠 우려가 있는 상표 (예 : 지미럴, 외설적인 도형이나 문자, 사기꾼, 소매치기 등의 문자)

⑤ 정부 또는 외국정부가 개최하거나 정부 또는 외국정부의 승인을 얻어 개최하는 박람회의 상패·상장 또는 포장과 동일 또는 유사한 표장이 있는 상표

⑥ 저명한 타인의 성명·명칭 또는 상호·초상 등을 포함하는 상표 (예 : DJ, JP, 한전, 주공 등)

⑦ 타인의 선등록상표와 동일 또는 유사한 상표

⑧ 상표권이 소멸한 날로부터 1년을 경과하지 아니한 타인의 등록상표와 동일 또는 유사한 상표

⑧ 지리적표시 단체표장권이 소멸한 날로부터 1년을 경과하지 아니한 타인의 지리적표시 단체표장과 동일 또는 유사한 상표

⑨ 주지상표와 동일 또는 유사한 상표

⑨ 주지의 지리적표시와 동일한 유사한 상표

⑩ 수요자간에 현저하게 인식되어 있는 타인의 상품이나 영업과 혼동을 일으키게 할 염려가 있는 상표

⑪ 상품의 품질을 오인하게 하거나 수요자를 기만할 염려가 있는 상표

⑫ 국내·외에 특정인의 상표라고 인식되어 있는 상표와 동일 또는 유사한 상표로서 부당한 이익을 얻으려 하는 등 부정한 목적을 가지고 사용하는 상표

⑫ 국내·외에 특정지역의 지리적표시로 인식되어 있는 것과 동일 또는 유사한 상표로서 부당한 이익을 얻으려하는 등 부정한 목적을 가지고 사용하는 상표

⑬ 상품 또는 그 상품의 표장의 기능을 확보하는데 불가결한 입체적 형상·색채 또는 색채의 조합만으로 된 상표

⑭ 세계무역기구(WTO) 회원국내의 포도주 및 증류주의 산지에 관한 지리적 표시로서 구성되거나 동표시를 포함하는 상표로서 포도주·증류주 또는 이와 유사한 상품에 사용하고자 하는 상표, 다만 지리적 표시의 정당한 사용자가 지리적표시 단체표장 등록출원을 한 경우는 예외

한편, 상표등록 취소심판이 청구되고 그 이후 상표권이 소멸되면, 3년이 지나야 해당 상표와 동일 또는 유사한 상표를 등록을 받을 수 있다.

참고

모방 상표 출원

부정한 이익을 얻을 목적이나 타인에게 손해를 가할 목적을 가지고 국내외 유명상표를 모방하여 출원한 상표는 거절하며 잘못 등록이 된 경우에도 사후에 상표권을 무효 시킬 수 있다. 이는 모방상표출원을 근절하여 공정한 상거래 질서를 확립하고, 기업의 고유브랜드 개발의욕을 고취하며, 아울러 외국유명상표의 등록에 따른 불필요한 통상마찰을 사전에 방지하기 위한 것이다.

연합상표제도

연합상표제도는 상표권의 부당한 확대 및 사용하지도 않는 저장 상표의 증가에 따른 심사처리지연 및 타인의 상표선택 기회제한 등 부작용이 많으므로 이는 폐지되었다. 국제적으로 이 제도는 폐지하고 있는 실정이다.

3 상표등록출원

가. 1상표 1출원주의 원칙

상표등록출원은 정해진 '상품 분류' 내에서 상품을 지정하여 상표마다 출원하

여야 하는데 이를 1상표 1출원주의 원칙이라고 한다. 즉, 하나의 출원으로 동시에 2 이상의 상표를 출원하는 것이 허용되지 않는다.

상품류는 꼭 1개류에 한정하여 상품을 지정할 필요는 없다. 오래 전에는 1류 1출원제도였으나 지금은 다류 1출원제도로서 출원절차가 단순하게 되고 출원비용이 절감되었다.

상품분류체계는 WTO체제의 출범에 따라 상표의 국제출원절차의 편리성을 높이기 위하여 국제상품분류체계(일명 NICE분류)로 사용하고 있다. 상표법 상의 상품분류체계(표 1)는 NICE분류의 한국화이다. 상품분류에 대해서는 뒤에서 좀더 상술된다.

표 1. 한국상품분류체계

1. 상품류구분

제1류 공업류,과학용,사진용,농업용,원예용 및 임업용 화학품
제2류 페인트,니스,래커
제3류 표백제 및 기타 세탁제제
제4류 공업용 유 및 유지
제5류 약제,수의과용 약제 및 위생제
제6류 일반금속 및 그 합금
제7류 기계 및 공작기계
제8류 수공구 및 수동기구
제9류 과학용,항해용,측량용,전기용,사진용,영화용,광학용,계량용,측정용,신호용,검사(감시)용, 구명용 및 교육용 기기
제10류 외과용, 내과용 치과용 및 수의과용 기계기구, 의지 (義肢), 의안 (義眼), 의치 (義齒)
제11류 조명용, 가열용, 증기발생용, 조리용, 냉각용, 건조용, 환기용, 급수용 및 위생용 장치
제12류 수송기계기구
제13류 화기(火器)
제14류 귀금속 및 그 합금과 귀금속제품 또는 귀금속도금제품(다른 우에 속하는 것은 제외한다)
제15류 악기
제16류 종이, 판지 및 이들의 제품(다른 유에 속하는 것은 제외한다)
제17류 고무, 구타페르카, 고무액(Gun), 석면, 운모 및 이들의 제품(다른 유에 속하는 것은 제외한다)
제18류 피혁과 모조피혁 및 그 제품(다른 유에 속하는 것은 제외한다)
제19류 비금속제 건축재료
제20류 가구, 거울, 액자
제21류 가정용 또는 주방용 기구 및 용기(귀금속제와 귀금속도금제품은 제외한다)
제22류 로프, 끈, 망, 텐트, 차양막, 타폴린, 돛, 포대(다른 유에 속하는 것은 제외한다)
제23류 직물용 사(絲)
제24류 직물 및 직물제품(다른 유에 속하는 것은 제외한다)
제25류 의류, 신발, 모자
제26류 레이스 및 자수포, 리본 및 머리밴드
제27류 카펫, 융단, 매트, 리놀륨 및 기타 바닥깔개용 재료
제28류 오락 및 유희용구
제29류 육류, 어류, 가금 및 수렵대상이 되는 조수(鳥獸)
제30류 커피, 차, 코코아, 설탕, 쌀, 타피오카, 사고(Sago), 대용커피
제31류 농업, 원예 및 임업 생산물, 곡물(다른 유에 속하는 것은 제외한다)
제32류 맥주
제33류 알콜음료(맥주는 제외한다)
제34류 담배

2. 서비스업류구분

제35류 광고업
제36류 보험업
제37류 건축물건설업
제38류 통신업
제39류 운송업
제40류 재료처리업
제41류 교육업
제42류 음식물제공업

나. 지정상품 추가 등록출원

상표권자 또는 상표등록출원인은 등록상표 또는 출원의 지정상품에 추가하여 지정상품의 등록을 받을 수 있다.

다. 출원의 보정, 분할, 변경

출원의 보정이란 출원의 절차상 또는 내용상의 잘못된 부분을 특허청 또는 심판원의 명령에 의하여, 또는 출원인이 자진하여 보완하는 것이다. 출원인은 최초 상표등록출원의 요지를 변경하지 아니하는 범위 안에서 사정 통지서가 송달되기 전에 출원상표 및 지정상품을 보정할 수 있다. 그 범위는 다음과 같다.

출원의 분할이란, 출원 시 지정상품을, 상품마다 또는 상품류구분별로 출원을 분할할 수 있는 것이다. 지정상품의 분할을 뜻하며, 상표의 분할을 뜻하지는 않는다.

출원의 변경이란 출원의 주체 및 내용을 변경함이 없이, 단지 상표출원의 종류를 변경하는 것으로 상표등록출원과 서비스표등록출원 간의 변경을 말한다.
그러나, 서비스표·단체표장·업무표장 간의 출원변경이나, 상표와 특허·실용신안·디자인 간의 출원변경은 인정되지 않으며, 신규의 상표등록출원이나 지정상품 추가등록출원 또는 존속기간 갱신등록출원 간의 출원변경도 인정되지 않는다.

4 상표심사절차

가. 상표심사절차도

상표심사 절차는 그림 2와 같다.

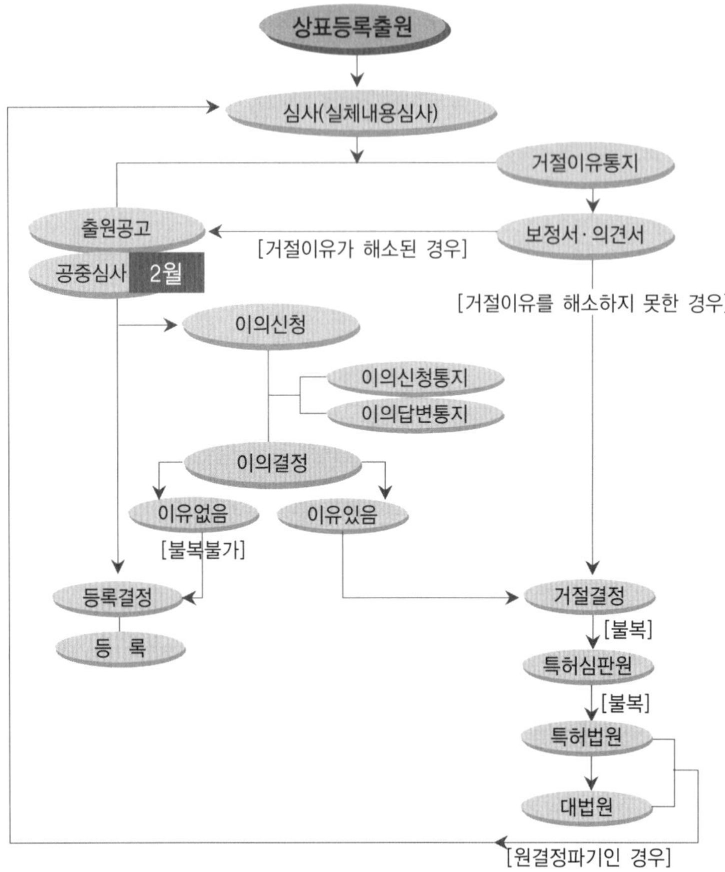

그림 2. 상표 출원 및 심사절차

나. 상표의 출원공고제도

상표의 공익성과 출원상표의 다양성에 비추어 특허청 내부의 심사만으로는 부족하다는 뜻에서 상표로서의 권리를 설정등록하기 전에 이를 일반에게 공개하여 공중심사에 회부함으로써 각계의 의견을 듣고 이의가 있으면 이의신청을 할 수 있게 하여 심사에 공정성을 달성하기 위한 일련의 과정을 말한다. 그러나 상표는 특허와는 달리 출원공고만으로는 아무런 권리가 발생하지 않고 상표권의 설정등록이 되어야만 그 등록일로부터 비로소 상표권이 발생하게 된다.

다. 상표의 이의신청제도

출원공고 된 상표에 대하여 이의가 있을 시는 출원공고일로부터 30일 이내에 누구나 이의신청을 할 수 있고 이의신청서는 소정의 양식에 의거 작성하되 반드시 이의신청의 이유를 기재하고 이에 필요한 증거를 첨부하여야 한다. 이미 제출한 이의신청에 대한 이유를 보정하고자 할 경우는 이의신청기간의 경과 후 30일 이내에 하여야 한다.

5 상표권

가. 상표권의 존속기간

상표권의 존속기간은 설정 등록일로부터 10년이나, 몇 번이고 계속하여 연장할 수 있으므로 상표권은 반영구적인 권리이다. 상표권의 존속기간을 연장할 경우, 존속기간 만료 전 1년 이내에 갱신등록출원을 하여야 하며, 존속기간이 만료된 후라도 6개월까지는 출원할 수 있으나, 과태료를 납부하여야 한다.

나. 상표권의 이전

상표권의 내용의 동일성을 유지하면서 소유 주체만을 교체할 수 있다. 상표권도 무체재산권의 일종으로 일반재산권과 마찬가지로 자유로운 이전이 허용되어야 하지만, 상표의 목적에 비추어 수요자 이익 보호 등을 위해 필요한 경우에 일정한 제한이 가해지고 있다.

일반으로 상표권은 그 자체만을 정하여 영업과 함께하지 아니하고도 매매, 증여 등에 의하여 자유롭게 양도될 수 있고, 또한 지정상품마다 분할이전 할 수도 있다. 분할이전 경우 유사한 상품은 함께 이전하여야 한다.

업무표장권은 그 업무를 함께 양도하지 않는 한 양도할 수 없다. 단체표장권은 이를 이전 할 수 없다. 다만, 법인 합병의 경우에는 특허청의 허가를 받아 이전 할 수 있다.

다른 산업재산권과 마찬가지로 상표권의 이전은 등록되지 않으면 효력이 없다. 상속 기타 일반승계(회사 합병 등)의 경우에는 바로 특허청에 신고하여야 한다. 3년 이내에 상속인이 이전등록을 하지 않으면 상표권이 소멸된다.

한 상표권을 2인 이상 공유하고 있는 경우에는 타 공유자의 동의를 얻지 아니하면 그 지분을 양도 할 수 없다.

다. 상표의 사용권제도

(1) 전용사용권

상표권자는 타인에게 상표권에 관하여 전용사용권을 설정할 수 있으며, 전용사용권자는 정한 범위 내에서 지정상품에 관한 등록상표를 사용할 권리를 독점하게 된다. 따라서 전용사용권자는 상표권자와 마찬가지로 타인이 등록상표의 권리를 침해하는 것에 대하여 금지 또는 예방을 청구할 수 있다. 또한 상표권자의 동의를 얻어 그 전용사용권을 타인에게 이전하거나 통상사용권을 설정할 수 있다. 전용사용권의 설정·이전 등은 등록하여야 효력이 발생하며, 전용사용권자는 등록상표를 사용하는 상품에 자기의 성명 또는 명칭을 표시하여야 한다.

(2) 통상사용권

상표권자 또는 전용사용권자는 타인에게 그 상표권에 관하여 통상사용권을 설정할 수 있으며, 통상사용권자는 정한 범위 내에서 지정상품에 관하여 등록상표를 사용할 권리를 가지게 된다. 또한 상표권자 및 전용사용권자의 동의를 얻어 그 통상사용권을 타인에게 이전할 수 있다. 통상사용권의 설정·이전 등은 등록하지 아니하면 제3자에게 대항할 수 없으며, 통상사용권자는 등록상표를 사용하는 상품에 자기의 성명 또는 명칭을 표시하여야 한다. 또한 통상사용권자는 지정상품에 등록상표를 사용할 권리만 가지므로 권리 침해에 대한 금지청구권은 없고 상표권자나 전용사용권자만이 권리침해에 대한 금지청구 등을 할 수 있다.

라. 상표권의 효력과 침해 행위 구제

상표를 등록할 경우 상표권자는 적극적으로 지정상품에 관하여 그 등록상표를 사용할 권리를 독점하는 독점권과 타인이 등록상표와 동일·유사한 상표를 사용하는 경우 그 사용을 금지할 수 있는 금지권을 행사할 수 있으며 아울러 타인이 자기의 등록상표 또는 유사한 상표를 사용하는 등 상표권을 침해하는 경우 상표권자는 그 자를 상대로 하여 침해금지청구권·손해배상청구권 등을 행사할 수 있는 소극적인 효력을 갖는다.

상표권은 상표권자만이 등록상표를 지정상품에 관하여 사용할 권리를 독점하므로 상표권자 이외의 자가 정당한 권한 없이 등록상표와 동일·유사한 상표를 그 지정상품과 동일·유사한 상품에 사용하는 경우는 물론, 사용할 목적으로 교부·판매·위조·소지·보관하는 행위인 '예비 행위'도 상표권을 침해하는 것으로 규정하고 있다.

타인이 자기의 등록된 상표와 동일·유사 상표를 동일·유사 상품에 명백히 사용하여 사업상의 손해를 입었을 경우에는 정하는 바에 따라 정당한 보호를 받을 수 있다. 그 방법은 ① 침해자에 대하여 사직당국에 고소하여 형사상 제재를 가하도록 함과 동시에, ② 민사상으로 타인이 고의 또는 과실로 상표권을 침해하여 초래된 재산적·정신적 손해에 대하여 법원에 손해배상청구의 소를 제기하여 손해에 대한 응분의 배상을 받을 수 있으며, ③ 영업상의 신용을 실추케 한 자에 대하여는 신용회복조치 등을 강구할 수 있다.

참고

상표권의 보호 강화

상표권의 보호를 위하여 상표권 침해관련 상품 등에 대한 몰수규정 및 상표권 침해상품의 보관행위를 침해행위로 본다. 이는 상표권의 침해행위가 상표권자에 대한 이익을 침해할 뿐 아니라 불필요한 통상마찰을 야기시켜 국익에 손상을 가져온다는 점을 고려할 때 이에 대한 처벌을 강화하였다. 상표권을 침해한 상품을 타인으로부터 양도받아 판매할 목적으로 보관하는 것도 상표권의 침해로서 보관자를 처벌하고 침해물품을 압수할 수 있도록 하여 상거래질서를 확립하도록 하였다. 상표권 침해죄의 벌금형도 대폭 상향되는 등 상표권의 보호강화가 되고 있다.

상표와 다른 3 가지 산업재산권과의 차이

상표는 특허, 실용신안, 디자인과 성격이 상이한 점이 있다.

첫째, 주체 요건이다. 상표등록을 받을 수 있는 자는 상표를 사용하는 자로서 사업자등록증이 있어야 한다. 다른 3 가지는 사업자와 관계없이 개인 또는 법인이 가능하며, 법인이 아닌 단체명, 예를 들어 ○○상회(비법인)는 출원할 수 없다.

둘째, 앞 3가지는 존속기간이 유한한 것에 비해 상표권은 10년 단위로 계속 갱신하는 한 존속기간이 무한대이다.

세째, 앞 3가지는 '실시권'이 있으나, 상표는 '사용권'이 있다.

제도적으로도 역사를 달리한다. 앞의 3 가지는 1961년 3 개의 법으로 최초 제정되었으며, 상표는 1949년 최초 제정되었다.

쉬어 가기

세계유명상표의 자산가치[특허청]

세계적인 상표관련 자문회사인 인터브랜드(Interbrand) 사는 1999년 세계 60대 상표의 자산가치를 조사하여 이에 대한 평가 결과를 발표한 바, 이는 세계 유명기업들이 상표를 단지 서비스나 상품의 식별 도구로서의 기능을 넘어 무형의 자산으로 간주하고 장기적으로 관리·성장시켜 나가는 체계적·전략적 상표관리정책 노력을 엿볼 수 있는 부분이다.

조사결과 자산가치가 가장 높은 상표는 미국의 Coca-Cola로 약 838억불에 이르고, 2위는 Microsoft로 566억불, 3위는 IBM으로 437억불에 이른다.

자산가치가 높은 상표에 미국상표들이 주류를 이루고 있는 바(세계 10대 상표를 전부 미국 상표가 차지), 이는 세계적인 회사에게는 미국의 거대시장이 향후 도약의 발판역할을 하고 있으며, 미국은 다른 나라보다 오랫동안 상표관리 사업을 계속 해왔기 때문이다.

금융 서비스부문이 많은 광고를 하면서도 상위서열에 낮게 나타나는 이유는 (Amex : 19위, 125억불, Citybank : 25위, 91억불) 적절한 차별화 전략을 구사하지 못했기 때문이다.

비교적 최근 상표중 상위서열에 진입한 상표(Intel, Nokia, Ericsson, Yahoo 등)는 그들이 경쟁하고 있는 제품 및 서비스의 종류가 새로운 분야(컴퓨터, 통신, 소프트웨어 등)이기 때문에 상위서열 진입에 가능했던 것으로 평가되고 있으며, 일반적으로는 이미 기반이 형성된 시장에서 신규상표가 진입하여 큰 자산가치를 얻어낸다는 것은 매우 어려운 것으로 여겨지고 있다.

일부 유명상표이면서도 서열에 누락된 상표는 재무자료의 제공이 불충분했거나(Levi's, Mars, Lego), 기업이 이익을 내지 못한 경우(Visa, Master-card, BBC), 혹은 모회사로부터 분리되지 못한 경우(CNN, Time)로 분석된다.

조사 및 평가 방법은, 상표를 수년간에 걸쳐 이익을 창출할 수 있는 무형자산으로 간주하고 미래의 이익을 순 현재가치(Net present value)로 표시한 것이다.

회사의 가용한 재무자료를 이용하여 장래 5년간 해당상표를 사용한 제품에 의해 창출될 수 있는 영업이익을 추정하고, 영업이익에서 자본비용과 세금을 제공한 실제이익을 산출하였다. 그 다음 상표가 회사이익에 기여한 정도를 평가한다. 이때 상표가 사용된 제품별 시장과 지역별 시장에서의 상표의 역할에 대한 분석결과를 근거로 상표의 역할지수(role of branding index)를 적용하며, 상표에 내포된 위험요소를 반영하여 평가한다함. 위험요소 평가에는 넓은 지역적 범위에서 강력한 시장지위를 갖추고, 오래된 상표일수록 발전속도가 급속히 증가하는 중소 신규상표보다 위험 요소가 낮게 반영된다.

이러한 상표의 자산가치 평가조사는 최근 벨기에와 불란서의 코카콜라 제품 관련 사고 발생 이전에 실시된 것으로, 평가기관인 Interbrand사의 관계자에 의하면 최근의 사고로 인해 Coca-Cola 상표의 자산가치에 미치는 부정적 영향이 상당 정도 되겠지만, 그 자산가치는 아직도 2위의 Microsoft 보다는 앞설 것이라고 보고 있다.

유명상표에 대한 자산가치의 조사는 그간 약 12년간 계속되어온 것으로 조사평가과정에 주관적인 요소가 많이 포함되어 있고, 인터넷 등 일부 급속히 팽창하는 산업분야의 상표 가치에 대한 적절한 평가의 부족 등 아쉬운 점이 있지만, 유명상표의 자산가치를 금액으로 환산·계량화했다는 점에서 큰 의의가 있는 것으로 우리나라 업계나 관련 단체에 시사하는 바 크다.

Coca-cola, Microsoft, IBM, General Electric, Ford, Disney, Intel, Mcdonald's, AT&T, Marlboro, Nokia, Mercededes, Nescafe, Hewlett-Packard, Gillette, Kodak, Ericsson, Sony, Amex, Toyota, Hernz, BMW, Xerox, Honda, Citibank, Dell, Budweiser, Nike, Gap, Kellogg's, Volkswagen, Pepsi-Cola, Kleenex, Wrigley's, AOL, Apple, Louis Vuitton, Barbie, Motorola, Adidas, Colgate, Hertz, Ikea, Chanel, BP, Bacardi, Burger King, Moet & Chandon, Shell, Rolex, Smirnoff, Heineken, Yahoo, Ralph Lauren, Johnnie Walker, Pampers, Amazon.com, Hilton, Guinness, Marrlott

구글 브랜드 가치 '세계 톱' [파이낸셜뉴스 2010-04-29]

구글의 브랜드 가치가 4년 연속 세계 최고 수준인 것으로 나타났다. 한국 기업 중에서는 삼성전자가 유일하게 100위권 안에 포함됐다.

파이낸셜타임스(FT)지는 28일 브랜드 가치 전문 평가기관인 '밀워드 브라운 옵티머'와 공동으로 브랜드가 가진 수익창출 능력과 수익 기여도, 성장 잠재력 등을 기준으로 세계 기업을 대상으로 '글로벌 100대 브랜드'를 선정했다.

FT에 따르면 세계 최고 브랜드는 구글이 차지했다. 구글의 올해 브랜드 가치는 전년 1000억 3900만 달러에 비해 14%가량 늘어난 1142억 6000만 달러를 기록하며 2007년 이후 4년 연속 1위 자리를 지켰다. 브랜드 가치가 1000억 달러를 넘어선 것은 구글이 유일하다.

2위 브랜드는 IBM이 차지했고 3위에는 애플이 올랐다.

지난해 각각 2위, 3위였던 마이크로소프트(MS)와 코카콜라는 나란히 4위, 5위로 밀렸다.

이 밖에 맥도널드와 말버러, 차이나 모바일, 제너럴 일렉트릭(GE), 보다폰이 10위권 안에 포함됐다.

국내 기업 중에서는 삼성이 유일하게 100위 안에 포함됐다. 2007년 44위, 2008년 58위를 기록했으나 지난해 100위권 밖으로 밀렸던 삼성전자는 올해 68위에 올랐다. 지난해 63억2200만달러에 불과했던 브랜드 가치는 올해 113억5100만달러로 1년 새 80%나 증가했다.

삼성전자에 이어 브랜드 가치가 급증한 기업은 바이두(62%), 마스터카드(57%), 비자(57%) 등이었다.

반면에 노키아(-58%)와 인텔(-38%), 디즈니(-35%), 지멘스(-31%) 등의 브랜드 가치는 큰 폭으로 떨어졌다.

연 습 문 제

1. 상표등록출원에 대해 맞는 것은 O, 틀린 것은 ×표하라.

① 한 번의 출원으로 하나의 상표만 출원할 수 있다.

② 상표와 함께 그 상표를 사용할 상품 지정을 1개 또는 2개류까지 이다.

③ 출원 또는 등록 후 지정상품을 추가할 경우 별도의 추가등록출원서를 제출하면 된다.

④ 상표권의 존속기간은 갱신출원을 계속한다면 반영구적이다.

⑤ 만일 존속기간이 만료된 후라면 유예기간이 없으므로 갱신등록이 불가능하다.

⑥ 상품의 산지, 품질, 원재료, 효능, 용도, 수량, 형상 등을 표시하는 표장은 등록받을 수 없다.

Chapter 7

발명 실습

1 창의적 아이디어

아이디어는 난데없이 생겨나는 것이 아니라 풍부한 사실자료의 바탕에서 생겨난다. 사실자료의 바탕은 지식과 판단을 키우는 것이다. 틈날 때 마다 자료를 수집하고 정리하면서 검토하는 과정에서 다시 떠오르는 생각을 기록하고 표현한다.

아이디어는 자기가 '깊이'생각했던 것이 무의식 속에서 숙성되는 것이다. 갑자기 불편한 사물에 대해 이를 해결하는 발명을 해보라고 하면 십중팔구는 비과학적이고 비현실성의 아이디어이다. 이를 끊임없이 생각하면서 자료를 수집 정리하면 엉뚱하게도 해결 아이디어가 떠오르게 된다. 뉴튼의 만류인력 발견이 어느 날 사과나무 밑에서 떠올랐다든지, 케쿨레의 벤젠구조를 꿈속에서 뱀이 꼬리를 물고 있는 것을 보고 착안 했다든지, 플레밍이 푸른곰팡이가 핀 접시를 보고 페니실린을 발명했다든지 등은 난데없이 튀어 나온 것이 아니라 끊임없이 다른 여러 일상과 연구 중에도 생각했던 주제가 지식과 무의식속의 숙성이 결합되어 결실을 맺은 것이다.

창의적 행동은 지식경험, 동기, 창의성 기술(Skill)의 3가지 구성요소가 균형을 이룰 때 나오게 된다. 창의적 기술은 '경험 내의 기술'이 있을 수 있고 '경험 외의 기술'이 있을 수 있다. 경험 내 창의적 스킬은 브레인스토밍, 마인드 맵, 조합법 등이 있다. 경험 외의 창의적 스킬은 강제연결법, 소원법, 역전법 등이 있다.

2 창조경영

가. 창조경영이란

창조경영이 경영의 새로운 화두로 떠오르고 있다. 그러나 이에 대한 사람들의 시각은 '장님 코끼리 만지기'식의 접근이 많다. 성공한 CEO들은 창조경영이 자기의 초인적인 능력과 노력에 의한 것인 양 말하기도 한다. 그러나 창조경영의 첫 번째 성공요인은 '전 직원의 합의'이다. 타고난 천부적인 재능이 있어야만 창조적이 되는 것은 아니다.

창의성에 대한 최초의 공개 회의는 2001년 6월 '한국지식경영학회 학술심포지엄'의 '창의성' 분과이었다. 그 뒤 2005년 3월 매일경제신문은 '비전코리아 국민보고대회(Creative Korea)'에서 '창조경영'을 말하면서 '기업의 창조성을 15% 높이면 소득 3만 불 가능'이란 내용을 발표했다. 그리고 그 해 10월 '제6회 세계지식포럼'에 '창의성 부문'이 생겨 창의성 분야의 세계적 석학들이 참석했었다.
이러한 태동 속에서 2006년 6월 이건희 회장이 '창조경영'을 강조하면서 화두로 떠오르게 되었다.

그럼 창조경영이란 무엇인가.
경영에 창조경영이란 말을 쓰기 시작한 사람은 삼성회장 이건희이다. 이건희는 '경쟁업체가 따라올 수 없는 삼성만의 고유한 독자성과 차별성을 구현할 수 있는 창조적 발상'이라고 했는데, 이는 '새로운 아이디어'가 강조된 것이다.
1990년 일본의 노무라 연구소는 창조경영을 '개인의 자기실현 욕구와 창발, 공감, 공명을 바탕으로 하여, 그것들이 적절한 조합에 의해 그룹으로서, 기업으로서 창조성을 충분히 개화하기 위한 시도'라고 했다.
그 후 한국에서 창조경영을 '업무 프로세스, 기술, 상품, R&D 등 기업 전반에 걸쳐 개선하고, 새로운 것을 창조해내는 것'이라고 정의한 바 있지만 이것은 충분치 못한 느낌이다.
저자는 창조경영을 '개인의 자아 실현의 욕구에 의한 창의성을 바탕으로, 팀과 조직의 체계를 통하여 개인의 창의성을 발휘할 수 있게 하며, 이것이 조직의 목표에 도움이 되도록 하는 경영'이라고 정의한다.

나. 창의와 창조경영

그럼 창조경영와 창의경영에 차이가 있는가? '창조(creation)'는 전에 없던 것을 처음으로 만드는 것으로 이의 반대 개념은 모방이다. '창의(original idea)는 새로 무엇을 생각하여 내는 것이다. 창조는 결과 중심적이고, 창의는 과정 중심적인 어휘로 보인다. 따라서 '창조경영'보다는 '창의경영'이 보다 더 적합한 용어가 되겠지만 초기에 대기업 회장이 '창조경영'이라고 사용하였기 때문에 그 용어로 고착화되는 점이 있다.

다. 창조경영의 빛과 그림자

많은 기업 회장과 CEO 들이 창조경영을 강조한다. 그런데도 창조경영이 실제 행동으로 실천되지 못하고 그럴듯한 말만 무성한 이유는 무엇일까? 전문가들은 아직 창조경영이 무엇인지에 대한 개념 정립이 되지 않았고, 창조경영을 체계적으로 가능하게 하는 시스템이 존재하지 않기 때문이라고 말한다.

그러나 창조경영의 속성이 너무 크고 일상 경영 체계에서 구체적으로 시간적으로 잘 드러나지 않기 때문에 소속원이 그 뒤에 숨기 때문이다.

업무 프로세스, 기술, 상품에서 새로운 것을 창조해내는 것이 창조경영의 빛이라면 위험과 무질서가 창조경영의 그림자이다.

창조는 '새로움'이 본질이다. 이 새로움이란 '자유스러움, 무질서, 혼돈'의 속성이고 또 '위험'을 그림자처럼 동반한다. '경영'이란 '질서'의 속성을 갖는다. 자연세계는 엔트로피(무질서도)가 증가하는 방향으로 가는 것이 법칙인데, 경영은 엔트로피를 낮추는 방향으로 간다. 원재료를 가만히 두면 쓸모없이 되는데 기업에서는 원재료로서 쓸모있는 사물을 만든다.

모든 기업은 자기 나름대로 무질서와 질서라는 균형을 이룬 경영을 하고 있다. 그런데 창조경영이란 창조(무질서) 쪽의 부분이 많아지게 되고 균형을 이루었던 경영(질서) 쪽이 깨지게 된다. 다시 '새로운 균형'을 맞추게 되겠지만 이런 새로운 균형을 위해 경영의 파괴되는 부분을 슘페터의 '창조적 파괴'인 것이다.

다수의 사람들은 '위험'을 좋아하지 않는다. 상사의 눈치를 살펴야하는 회사의 속성상 그곳에는 '위험 감수자'가 더욱 없다. 새로운 무언가의 시도보다는 지금 그대로 현실에 안주하여 회사생활을 영위하고 싶은 것이 인간의 본성이기 때문이다. 마이크로소프트사는 회사가 창조적인 하급자를 용납하지 않게 될 때 회사는 서서히 무너진다고 하였다.

결국 '창조경영(Creative Management)'은 '새로운 무엇'이 시도될 때 생기는 리스크를 관리할 수 있어야 함을 의미한다. 위험관리와 창의력 발휘라는 양날의 칼을 잘 쓰는 것이 창조경영의 성공이다.

참고

머릿속을 채워라 그리고 비워라

여기 책 하나를 소개한다. 제임스 영이 지은 '손에 잡히는 아이디어'라는 책이다. 한국에서는 박종안 번역으로 푸른솔 출판사에서 출판하였다.

이 책은 매우 얇지만 그 속에 담긴 의미는 매우 크고 함축적이다.

제임스 영은 광고업계의 전설적인 카피라이터이자 아이디어맨이었다. 그는 정규교육을 6년 밖에 받지 못하고도 시카고대 경영대학원 교수까지 지낸 사람이다.

그는 '아이디어는 난데없이 생겨나는 것이 아니라 풍부한 사실자료의 바탕에서 꽃 핀다'고 강조한다. 먼저 자료들을 검토하는 과정에서 떠오르는 생각들을 기록하고 말로 표현한다.

그 다음 과정은 엉뚱하게도 '완전히 잊어버리는 것'이다. 아이디어는 무의식 속에서 숙성되기 때문이다. 만유인력이나 벤젠 고리와 같은 결과도 무의식적 숙성에서 나온 결실이다.

마지막으로 아이디어가 나왔으면 그것을 벽장 속에 넣어두지 말고 다른 현명한 사람들의 비평을 받도록 공개하라고 말한다. 그래야 세심하게 다듬어진다는 얘기다.

3 창의성 이론 및 스킬

창의성의 이론 및 스킬은 박종안의 '대한민국 창의력 교과서'를 참고하여 소개한다. 박종안은 오랫동안 창의력에 대해 연구하고 강의해 왔으며 한국창의력

센터의 대표이다. 이 책은 창의력 개발을 돕기 위해 다듬어 온 강의록 같은 것으로, 현실에 뿌리를 둔 경험과 사례를 풍부하게 제시하고 있다.

가. 창의성 이론

(1) 창의성이란 무엇인가?

창의성은 새로운 무엇이다. 창의성은 '새롭고(novel), 적절한(appropriate)'이란 표현이 들어있는 것이다. 새로운 무엇에는 유무형의 무엇이든 적용이 가능하다. 예를 들어 생각, 방법, 행동, 제품 등이 새로운 생각, 새로운 방법, 새로운 행동, 새로운 제품이면 창의적이다.

창의성과 유머의 원리는 비슷하다. '수평적 사고'라는 창의적 스킬을 만든 에드워드 드보노는 '창의성과 유머는 똑같이 비대칭 현상에서 생긴다'고 말했다.

두뇌는 뭔가를 경험하면 머리에 흔적을 남기는데, 예전에 경험한 것과 '똑같은 개념의 경험'을 하게 되면 이미 만들어진 흔적을 따라 들어간다. 이것이 논리적인(대칭) 현상이다. 생각이 논리적으로 시작되어 경험의 흔적을 흐르다가, 갑자기 그 흔적 밖으로 벗어나는 것이 비대칭 현상이다.

한 직원이 헛기침을 한 뒤 굳은 자세로 사장에게 말했다.
"저는 25년 간 일하면서 한 번도 월급을 올려달라고 부탁하지 않았습니다."
사장은 뭐라고 대답했을까.

많은 사람들은 사장이 '그래, 경기가 좋아지면 올려줄게'처럼 말할 거라고 기대한다. 그런데 이렇게 논리적 방식으로 대응하면 웃음이 만들어지지 않는다. 사장의 대답이 다른 사람들이 전혀 생각하지 못한 방향으로 말할 때 사람들은 웃는 것이다.

사장은 '음, 바로 그 때문에 자네가 나와 25년 간 일할 수 있었던 거야'라고 말했다. 모든 유머 원리가 이런 방식으로 되어 있다.

창의성은 뇌 안에 있다고 생각했는데, 최근에는 조직에도 있다고 한다. 또한 좌뇌와 우뇌가 함께 조화를 이루어야 창의력이 발휘될 수 있다.

(2) 창의성의 방향정렬

창의력이 자유로운 사고에서 나온다고 하지만, 주제를 정해주지 않으면 회사와 관계없는 제안이 많이 들어와 노력에 비해 얻는 아이디어가 적다. 이는 마치 과녁을 감추어놓고 아무 데서나 활을 쏴서 과녁을 맞히라고 하는 것이다. 과제에 대해 관련 아이디어를 내는 것은 '아이디어 방향정렬(alignment)'이다.

과제 설정하는 법은 두 가지이다. 명사형 과제와 동사형 과제이다. 명사란 유·무형이 있는데, 유형은 책상, 의자, 유리창 같은 것이고, 무형은 학습태도, 교육분위기, 강의 스킬 등이다.

동사형보다 명사형을 먼저 만들어야 한다. 실제로 창의력 과제를 다룰 때는 동사형 과제를 훨씬 많이 사용한다. 사람들은 동사형만을 과제로 생각하는 경향이 많아, 과제를 보는 눈이나 마음을 좁힌다.

동사형 과제는 '어떻게 하면 (목적)을 (동사)할 수 있을까?'라는 안내 어간을 사용한다.

(3) 조직 방향정렬

경영전략의 구성요소는 다음과 같다.

① 동적요소 : 비전, 목표, 전략, 전술

② 정적요소 : 미션, 핵심가치

목표달성을 위해 SWOT의 조합을 통해 전략을 수립하게 된다. SWOT는 강점(strength), 약점(weakness), 기회(opportunity), 위협(threat)인데, 앞의 두 가지는 기업의 내부 요인, 뒤의 두 가지는 외부 요인을 분석하는 것이다.

명확한 목표설정의 일반적인 방법은 'SMART원칙'에 따라 설정한다. 구체적(specific), 측정 가능한(measurable), 달성 가능한(attainable), 중요한 사항(relevant), 기간 설정(time-bound)을 의미한다.

그 뒤에는 팀 구성원이 목표달성을 위해 창의력을 발휘해야 하는데, 이때 창의력을 발휘하게 하는 방법은 전략요소인 '핵심가치' 중에 '창의력'을 설정하는 것이다.

핵심가치는 바람직한 행동양식에 대한 신념 혹은 원칙이다. 핵심가치는 직장에서 팀원들이 목표달성이나 미션추구를 하는 데 선택과 행동의 지침이 된다. 핵심가치를 '창의성'으로 정의했다면 우리 팀에 맞는 창의성의 '정의'를 어떻게 할 것인지 결정하고, 그 정의를 뒷받침할 행동 3~5가지 정도를 구성원이 함께 정하는 것이다.

(4) 창의적인 사람의 행동

창의적 행동 정의에 따른 상황대응역량을 잘 발휘하는 사람이 창의적인 사람이다. 그 행동을 잘 할 수 있으려면, 3가지 구성요소인 ① 지식·경험, ② 동기, ③ 창의성 스킬이 균형을 이룰 때 창의적 행동을 할 수 있다. 학교에서는 지식·경험 요소가, 기업에서는 창의성 스킬이 가장 중요하다.

동기 부여에 있어서, 사람들은 내적동기가 부여가 되었을 때는 도전 그 자체와 즐거움을 위해 업무를 수행하게 되고 업무에서도 동기부여가 된다.

과제에 대한 도전의식, 자유(empowerment), 시간과 돈의 자원, 효율적인 팀 구성, 상사의 격려, 조직의 지원 이렇게 6가지 요소를 이야기 한다.

창의적인 사람의 행동은 다음과 같다.

① 분명한 목표가 있어야 한다.
② 어느 정도 잘하고 있는지 알아야 한다.
③ 도전과 능력의 균형을 이루어야 한다.
④ 행위와 인식이 하나가 되어야 한다.
⑤ 방해받는 것을 피해야 한다.
⑥ 자기 자신, 시간, 그리고 주변을 잊어야 한다.
⑦ 경험자체가 목적이 되어야 한다.

(5) 창의성과 문제 해결

① 1단계 : 문제제기 ② 2단계 : 문제분류 ③ 3단계 : 우선순위 결정 ④ 4단계 : 원인 분석 ⑤ 5단계 : 핵심원인 찾기 ⑥ 6단계 : 목표 설정 ⑦ 7단계 : 해결안 도출 ⑧ 8단계 : 해결안 평가 및 수정 ⑨ 9단계 : 실행 계획 작성 ⑩ 10단계 : 실행 ⑪ 11단계 : 피드백 미팅

요즘 들어 현대적 경영에서 4, 5 단계는 필요성이 줄어드는 경우가 많다. '6시그마'의 예를 보자. 불량을 줄이는 것이니까 문제 해결의 기법이라고 할 수 있다. 별 생각 없이, 아니 다른 기업이 하니까 '6시그마'를 선택하는 경우가 많다. 1년에 걸쳐 6시그마를 애써 도입한 전자회사는 몇 달 만에 구식이 되기도 한다.

피터 드러커의 말에 따르면 문제 해결보다는 새로운 기회를 찾아야 한다는 것이다.

① 급변하는 시대에 '어제'의 원리 원칙과 이미 발생한 일에 중심을 두고 문제를 해결하는 것 자체가 무의미하다. ② 초등학교시절부터 정답과 오답을 골라내는 교육만을 받아왔기 때문에 비즈니스맨들은 정해진 해답만을 얻으려는 경향이 있다. ③ 문제에만 집착하는 이유는 인간이나 조직의 약점만을 보는 병리적인 사고방식에 중독된 결과로 거기서 벗어나야 하기 때문이다.

강점, 자신 있는 부분에 초점을 맞춰 충분한 집중이 훨씬 더 바람직하다.

나. 창의성 스킬편

(1) 창의적 스킬의 영역

경험 내에 담긴 각종 정보들을 모아 새롭게 조직화해서 아이디어를 만들어내는 것은 '경험 내 창의성 스킬'이라고 부르며 이 영역을 'A영역'이라고 한다.

경험 외의 영역을 B영역이라고 한다.

A영역 스킬의 특징은 첫째, 머리에서 바로 아이디어 내는 방법, 둘째, '고정된

징검다리'를 통해 아이디어를 내는 것이고, B영역 스킬의 특징은 '움직이는 징검다리'를 사용한다.

(2) A영역 스킬

① 브레인스토밍과 마인드 맵

② 조합법

조합법의 예는 다음과 같다.

'방문 - 핸드폰 울릴 때 - 벽지 - 가을 - 영업사원'으로 아이디어를 낸다면, 가을마다 고객 제안 이벤트를 개최하여 무료 도배서비스 실시한다, 벽지도배를 전문으로 하는 사람들이 모인 곳은 영업사원이 방문하여 불만사항을 알아낸다 등이다.

(3) B영역 스킬 : 징검다리

① 강제연결법

1. 과제를 선택한다. 예) 시계 만들기
2. 새로운 아이디어를 찾기 위한 '징검다리'를 선택한다. 예) 나비
3. 선택한 징검다리에서 '생각나는 것'을 적는다. 예) 난다, 꽃을 좋아한다, 더듬이
4. 생각나는 것과 과제를 강제 연결한다. 예) 날 수 있는 나비 ~ 시계도 떠다닌다 = (새롭게) 애드벌룬 시계
5. 아이디어를 기록한다.

이를 '무작위 단어법(Random word)'이라고 한다.

② 소원법

강제연결법은 징검다리가 '단어'임에 대해 소원법의 징검다리는 '소원'이다. 과제를 소원하고, 징검다리인 그 소원이 현실화되면 과제가 자동적으로 해결된다는 가정이다.

소원법의 장점은 아이디어가 차별화 되고, 자유스럽고 엉뚱한 아이디어를 구체적 아이디어로 만들 수 있는 것이다.

예) 배달에 관한 소원

1. 배달원으로 슈퍼맨을 채용한다.
2. 주문과 동시에 고객이 원하는 장소에 도착한다.
3. 최종 거래처까지 지하 고속철도를 건설한다.

이의 현실화 방안을 정리하면,

1. 모든 운송수단 자격증을 가진 사람을 채용한다.
2. 모든 운송수단에 슈퍼맨 마크를 부착한다.
3. 이름이 '슈퍼맨'인 사람을 채용한다.
4. 모든 물류담당자의 복장을 슈퍼맨 복장으로 변화시킨다.
5. 직원을 슈퍼맨 선발대회를 통해 선발한다.

③ 역전법

역전법의 징검다리는 '뒤집어진 가정'이다. 과제와 관련된 기본가정 리스트를 작성하고 그 가정들을 뒤집어 보는 것이다. 다양한 시각을 통해 뒤집어진 가정을 보고 현실화 작업을 하는 것이다.

예) 나는 아침식사는 주로 빵으로 때운다. '새로운 빵'을 만드는 과제

빵 하면 당연히 이래야 한다는 기본가정은?

물로 반죽, 맛있어야 함, 저렴해야 함, 굽는다, 이스트, …

기본가정 뒤집기

1. 물로 반죽하지 않아도 된다.
2. 맛이 없어도 된다.
3. 비싸도 된다.
4. 굽지 않아도 된다.
5. 이스트를 넣지 않는다.

현실화 방안은 예컨대 밀가루를 물로 반죽하지 않으면? 기름, 우유, 녹차, 음료수, 바닷물 등으로 반죽한다.

④ 아이디어 프로가 되는 길

A영역 스킬인 브레인스토밍, B영역 스킬인 강제연결법을 각기 단독으로 사용하는 것으로는 프로가 되기 힘들다. 창의성 스킬을 결합하여 시너지 효과를 내

야 진정한 프로이다. 예를 들어 브레인스토밍을 했는데 좋은 아이디어를 얻지 못했다면? 그 아이디어를 기본가정으로 하고 뒤집어 아이디어를 새로 얻는다.

조합법에서 가상의 매트릭스를 만들어 엉뚱한 아이디어가 생성되면? 소원으로 취급하여 현실화 작업을 실시한다. 아이디어가 현실 속에 있으나 행동으로 불가능하면? 그런 아이디어는 Go/Stop 브레인스토밍으로 처리한다.

⑤ 아이디어 평가 및 수정

아이디어를 어떻게 평가해서 고를 것인가.

팀장이 '이거 괜찮네'하고 직관으로 선택하는 것은 옳지 않다. 직관으로 선택한 것과 평가법으로 선택한 것이 일치할 확률은, 10개의 아이디어일 경우 50%, 20개의 경우는 20%, 30개의 경우는 거의 0%이다.

아이디어 평가방법은

1. 아이디어 평가기준을 만든다.
2. 평가 기준의 우선 순위를 둔다.
3. 2단계에서 정한 우선 순위대로 평가를 실시한다.

아이디어 평가기준은 '과제'에 따라 다르다. 평가기준은 브레인스토밍을 통해 내는데, 과제가 금전에 관련성이 있으며 경제성, 효과에 관련되면 효과성, 식으로 기준을 설정한다. 구체적인 예는 실현가능성, 준법성, 파급성, 긴급성, 차별성 등이다.

완벽한 아이디어는 존재하지 않을뿐더러 완벽하다고 생각한 아이디어도 수정을 위한 평가단계를 한 번 더 거쳐야만 완벽한지 알 수 있다.

아이디어 수정은

1. 수정 전 아이디어
2. 수정 전 아이디어가 가지고 있는 부정적인 점을 찾는다.
3. 2단계에서 나온 부정적인 점의 개선요소를 찾는다.
4. 수정 전 아이디어와 개선요소를 결합하여 만든 수정 후 아이디어를 만든다.

참고

창의성을 키우는 7가지 좋은 습관

1. 익숙한 것을 낯설게 보려고 하는 습관을 길러준다
2. 항상 수첩 등을 가지고 있으면서 메모하는 습관을 길러준다.
3. 브레인스토밍과 같은 창의성 계발기법들을 실제로 활용하는 습관을 길러준다.
4. 마인드맵과 같은 기법으로 자신의 아이디어를 보다 구체적으로 발전시킬 수 있도록 습관을 길러준다.
5. 과학관, 박물관 등에서 실제적으로 체험하고 관찰할 수 있는 습관을 길러준다
6. 너라면 어떻게 하겠니? 라고 질문하고 스스로 답할 수 있는 습관을 길러준다.
7. 아이디어가 창의적으로 되려면, 다른 관점에서도 생각하는 습관을 길러준다.

연합뉴스, 2010-06-08 중에서

4 트리즈(TRIZ)

"문제를 창의적으로 해결하기 위한 이론"이란 의미의 러시아어 머리 문자 Теория(쩨오랴, 이론), Решения(레셰냐, 해결), Изобретательских(이조브레따쩰스키흐, 발명), Задач(자다취, 문제)를 영어식으로 읽은 것이다. 이는 러시아의 과학자이자 기술자인 알트슐러 박사에 의해 개발되었다. 창조성이 뛰어난 특허로부터 문제해결의 규칙성과 원리를 발견하여 절차화한 이론이라고 볼 수 있다. 구 소련에서는 이 과학발명이론을 국가비밀로 취급했다고 한다.

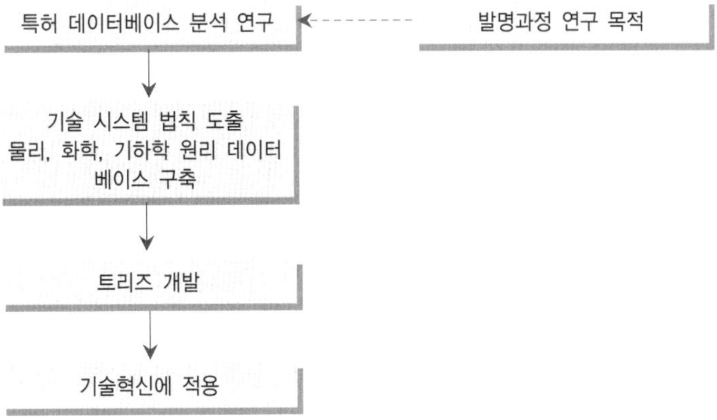

그림 1. 알트슐러의 특허로부터 트리즈 원리 발견

인간의 심리적 관성을 극복하고, 시행착오가 아니라, 트리즈라는 프리즘을 통해 해결책으로 이르는 지름길을 안내한다.

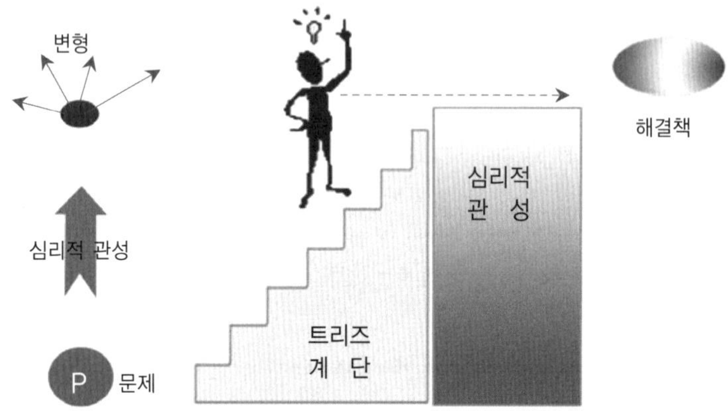

그림 2. 트리즈에 의한 심리적 관성의 극복

트리즈의 문제 해결 방법을 그림으로 보면 그림 3과 같다.

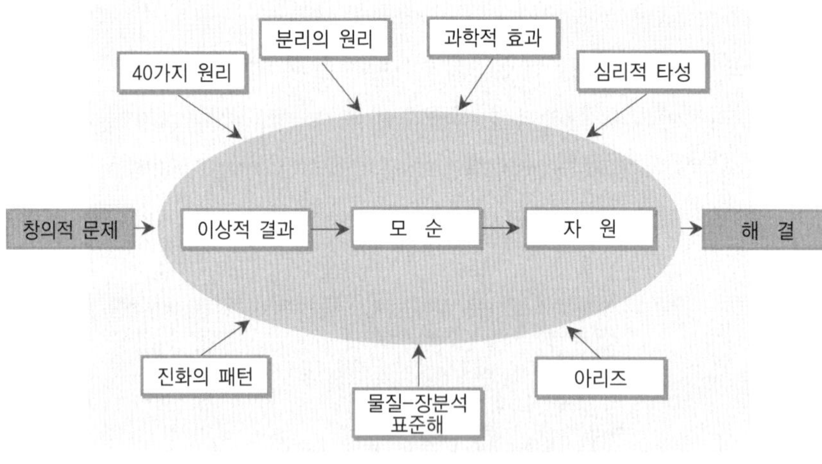

그림 3. 트리즈의 문제 해결 방법

알트슐러가 쓴 '트리즈'란 책의 내용은 표 1과 같다. 이 책 중에서는 창의적인 과학기술 두뇌를 만드는 27가지 신사고 법칙을 소개하고 있다.

표 1. 알트슐러의 '트리즈' 책의 내용

구분	내용
1부 이론의 시작	불가능하다고요?, 몇 가지 단순한 예, 기술적 모순, 스스로 사고하라, 모순을 조화시키는 방법
2부 기술의 시대	배와 배를 합치면, 체계란 무엇인가?, 체계의 시대 구분, 물-장과 자-장, '물-장' 분석 입문, 스스로 풀어 보자
3부 발명의 과학	비법과 물리학, 미래의 문제를 현재에 푼다, 코로나 방전의 이용, 소장님, 어떻게 하실래요?, 방대한 물리학을 어떻게 할 것인가?, 뫼비우스 띠, 이상적인 최종 결과를 목표로 한다, '두뇌라는 다락방' 속의 질서, 미래는 발명가의 시대, 몇 가지 연습문제
4부 발명의 기술	발명에 이르는 길, 연산자 STC라는 이상한 거울(크기, 시간, 비용), 초소형 난쟁이들, 이상적인 기계는 몸체가 없는 기계이다
5부 아리즈(ARIZ)	포르토스의 양복, 문제의 모형을 구성하자, 이미 알고 있는 비법을 다시 한 번: 어떤 물질이 존재하는 동시에 존재하지 않는다, 문제가 끝까지 풀리지 않으면…, 대가 또는 거장이 되는 법
6부 놀라운 발명의 세계	기지도 필요하다, 문제 해결의 열쇠, 간단한 규칙들, 재치와 약간의 물리 지식, 발명가가 되자, 발명가의 색인 카드
부록	정답, 방법·효과·비결, 트리즈의 아버지 알트슐러 박사에 대하여, 미국 내 트리즈 서비스 회사들, 트리즈 주요 용어 해설

참고로 한국트리즈협회의 홈페이지는 www.triz.or.kr이다. 관심있는 사람들은 해당 홈페이지에서 학습하기 바란다.

5 브레인스토밍과 마인드맵

가. 브레인스토밍(brain storming, 자유연상법)

브레인스토밍은 창의적인 아이디어를 생산하기 위한 학습 도구이자 회의 기법이다. 말 그대로 '두뇌폭풍'이라고도 부른다. 어떠한 문제를 집단적으로 토의해 제각기 자유롭게 의견을 말하는 가운데 정상적인 사고방식으로는 도저히 생각할 수 없는 독창적인 아이디어가 튀어나온다는 것이다.

3인 이상의 사람이 모여서, 하나의 주제에 대해서 자유롭게 논의를 전개하는 것이다. 중요한 점은 어떤 사람이 제시한 의견에 대해서 다른 참가자가 비판을 해서는 안 된다는 것이다. 특정 시간 동안 제시한 생각들을 모아서, 1차, 2차 검토를 통해서 그 주제에 가장 적합한 생각을 다듬어나가는 일련의 과정이다. 아이디어를 생산하기 위한 효율적이고 대중적인 기법이다.

1930년대 후반 미국의 광고업자 알렉스 오스본(Alex Osborn)이 쓴 책을 통해 널리 알려졌다. 한 광고대리점에서 처음 시작된 이 회의 방식은 소집단의 효과를 살리고 끊임없는 아이디어의 '연쇄반응'을 불러일으키기에 충분한 회의 방법이다. 개인의 독단적인 의사결정은 자칫 팀 분위기를 폐쇄적으로 유도할 수 있기 때문에 개방적이고 활발한 분위기에서 이루어질 수 있는 브레인스토밍 기법은 팀의 창조성을 촉진하기에 좋은 회의 방법이다.

브레인스토밍 규칙은 다음과 같다.

① 아이디어를 내는 동안 아이디어를 비난하거나 평가해서는 안 된다. (평가금지)
② 어떤 생각이든 자유롭게 표현하고 아무리 우스꽝스러운 아이디어라도 수용해야 한다. (자유사고)
③ 아이디어는 많을수록 좋다. 질보다는 양에 관심을 가지고 무조건 많이 내려고 노력한다. (다수환영)
④ 이미 제안된 아이디어로부터 다른 아이디어를 이끌어 낼 수 있도록 한다. (연상도출)

단점으로는 불필요하거나 가치가 적은 아이디어가 많아져서 옥석을 구분하기 어렵다는 점이다. 브레인스토밍 후의 평가와 아이디어 실현이 중요하다. 브레인스토밍에 대한 비판과 그에 대한 대안으로 '하이브리드 발상법'에 대해 다음의 기사를 참조하길 바란다.

참고

'브레인스토밍'이 혁신 아이디어 무덤?

날리지앳와튼, "아이디어 '질' 높이려면 혼자 생각할 시간 줘야"

기업들은 흔히 '브레인스토밍(Brainstorming)'을 통해 아이디어를 구한다. 팀 단위로 모여 한마디씩 주고받다 보면 '대어'를 낚을 수 있다는 기대감에서다. 아이디어가 풍성해야 쓸만한 아이디어도 많을 수 있다는 원리다.

미국 광고회사 BBDO 설립자인 알렉스 오스본이 1941년 주창한 개념으로 최근까지 대표적인 혁신 발상법으로 꼽히고 있다.

일각에서는 브레인스토밍이 오히려 혼선을 초래할 수 있다는 비판이 나오고 있기도 하다. 사공이 많으면 배가 산으로 갈 수 있다는 지적이다.

미국 펜실베이니아대 경영대학원(와튼스쿨)이 내는 온라인 경영저널 날리지앳와튼(Knowledge@Wharton)은 최근 최신 논문을 인용, 브레인스토밍이 혁신 아이디어를 사장시킬 수 있다고 지적했다.

'발상과 최고 아이디어의 질(Idea Generation and the Quality of the Best Idea)'이라는 제목의 이 논문에서 세 명의 공동 저자 가운데 한 명인 크리스찬 터비쉬(Terwiesch) 와튼스쿨 교수는 "혁신을 위해서는 아이디어를 많이 수집하는 게 문제가 아니라 한 두 개의 특출한 아이디어를 얻는 게 관건"이라며 아이디어의 '질'을 강조했다.

어떻게 해야 질 좋은 아이디어를 구할 수 있을까. 논문 저자들은 브레인스토밍 참여자들에게 미리 혼자 생각할 시간을 주라고 조언했다. 일종의 '하이브리드'형 발상법으로 효과는 논문에서 실험으로 입증됐다.

저자들은 펜실베이니아대 학생 44명을 4명씩 그룹으로 나눠 전통적인 브레인스토밍과 하이브리드형 발상법을 통해 학생 편의 제품에 대한 아이디어를 요구했다. 학생들이 브레인스토밍을 할 때는 30분이 주어졌고, 그 반대의 경우엔 개별적으로 10분씩 생각할 시간을 준 뒤 20분간 브레인스토밍을 하게 했다.

이후 취합된 아이디어는 전문가 패널의 평가를 거쳤다. 평가기준은 아이디어의 실현 가능성, 독창성, 잠재시장 규모 등이었다.

그 결과 하이브리드형 발상법을 통해 도출된 아이디어의 질이 브레인스토밍에서 나온 아이디어보다 30% 이상 낫다는 평가가 나왔다. 평가 순위 상위 5위권에 든 아이디어는 모두 하이브리드형 발상으로 나온 아이디어였다. 아이디어의 수 역시 3배 가량 많았다.

터비쉬 교수는 하이브리드형 발상법은 기업에서도 충분히 활용할 가치가 있다고 강조했다. 특히 인트라넷 등의 온라인 시스템을 가상의 '제안함'으로 이용하면 효과적이라는 설명이다. 각자 떠올린 아이디어를 나름대로 평가하고 가장 낫다고 생각한 아이디어를 제안함에 넣어두는 것이다.

그는 취합된 아이디어를 토대로 브레인스토밍을 하면 실험 결과와 같은 효과를 얻을 수 있다고 설명했다.

또 다른 공동 저자인 칼 울리히는 브레인스토밍 이전에 일종의 지침을 주는 것도 좋은 방법이라고 했다. 회의 전에 기한을 주고 아이디어를 내라고 하는 식이다. 그는 "개개인에게 주어지는 이런 지침은 창조적 에너지를 쏟아내도록 팀원 전체를 자극할 수 있다"고 말했다.

터비쉬 교수는 특히 이런 과정에서 얻는 첫 아이디어는 편견이 배제된 것이어서 회사에 매우 중요하다고 강조했다. 브레인스토밍 과정에서는 선입견 없는 아이디어를 구하기가 쉽지 않다는 것이다. 다수가 참여하는 브레인스토밍에서는 현상유지 차원에서, 혹은 상사를 자극하지 않기 위해 자기검열을 거칠 수밖에 없기 때문이다.

터비쉬 교수는 "직장인들은 브레인스토밍에서는 결국 상사의 의견이 채택된다고 생각하기 때문에 혼자만의 아이디어 발상 절차를 반길 것"이라고 말했다.

아울러 그는 혁신적인 아이디어를 막는 요인으로 경향성을 꼽았다. 회의석상에서 누군가 아이디어를 하나 내면 잇따라 비슷한 아이디어만 나온다는 것이다. 회의에 집중하고 있다는 인상을 주기 위해 엉뚱한 아이디어 내기를 주저하기 때문이라는 설명이다.

하지만 터비쉬 교수는 통계적으로 볼 때 임의로 튀어나온 아이디어가 비슷비슷한 아이디어들에 뒤지지 않는다고 강조했다. 그는 "혁신을 위해서는 돌연변이도 동지로 여겨야 한다"며 "집단사고에 매몰되는 순간 돌연변이는 죽는다"고 말했다.

[아주경제, 2010-05-16]

나. 마인드맵(mind map, 생각그물)

마인드맵이란 마음속에 지도를 그리듯이 줄거리를 이해하며 정리하는 방법이다. '생각그물'이란 이름으로 주로 아동 교육에서 잘 알려져 있다.

영국의 언론인 토니 부잔이 주장하여 선풍을 일으킨 이론이다. 성공의 비결로 기록하는 습관을 버려야 한다는 '역설적'인 이론이 유럽의 여러 기업에서 각광을 받았다.

기록하면 시야가 좁아진다는 것이고, 적는 습관은 인간 두뇌의 종합적 사고를 가로막는다는 것이다. 읽고 생각하고 분석하고 기억하는 그 모든 것들을 마음속에 지도를 그리듯 해야 한다는 독특한 방법이다.

그림 4는 위키백과에 있는 마인드맵의 그림이다.

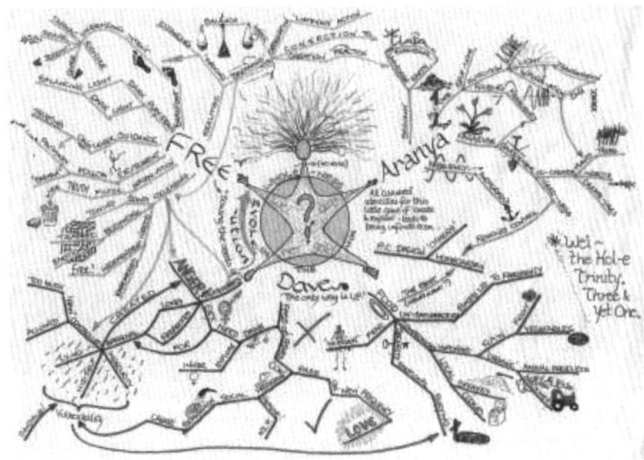

그림 4. 마인드맵(http://ko.wikipedia.org)

마인드맵은 브레인스토밍과 별개의 방법이지만, 브레인스토밍으로 창의성을 계발하고, 마인드맵으로 아이디어를 구체적으로 발전시킨다. 마인드맵이 소프트웨어 예로 씽크와이즈(thinkwise)가 있다.

6 발명의 실습

창의적 아이디어를 발굴하는 노력을 했다고 가정하고 학생들은 발명을 해 보기 바란다. 이는 조별로 진행하는 것이 좋다.

학기말까지 발명 보고서를 작성해서 제출하고, 그에 앞서 수업 중에 발표하여 평가 받도록 한다.

발명을 특허(또는 신용신안) 출원 양식에 맞추어 출원 실습을 해 보고, 실제로 우수하다고 생각되면 직접 출원으로 산업재산권 획득에 도전할 수 있다. 대부분의 대학교는 특허지원제도가 있다. 개인적으로 출원할 수도 있지만 이러한 제도를 이용할 수 있다. 물론 이럴 경우 각 대학교의 제도에 따라 발명자가 등록인에 포함될 수도 있고 발명인으로만 될 수도 있다.

적극적이고 우수한 발명은 학생발명경진대회에 출전할 수 있다. 이 외에도 다른 경진대회에 도전할 수 있다. 저자의 경우, 학생발명경진대회에 출품하는 학생은 평가에 가산점을 부여하고 있다.

산업재산권을 실제로 출원하는 경우에도 가산점을 부여하고 있다.

표 2는 발명의 수준에 대한 것이다. 즉, 문제의 수준이 아니라 해결책의 수준

을 말하는 것이다. 간단히 소개되었으니 학생들의 활발한 토론을 바란다.

표 2. 발명의 수준

수준	내 용	정 도	시행 착오	비율
1	도구, 방법의 변화가 없다. 잘 알려진 방법에 의한 해결책 해당분야 전문가들의 익숙한 방법을 이용한 해결책	표준의 해 (명확한 해)	1~10	32%
2	도구, 방법의 변화 기존시스템의 개선, 약간의 타협 현재의 시스템에 기능을 추가하여 얻어지는 개선	도구, 방법의 개선	10~100	45%
3	본질적 변화(Essentially change) 기존시스템의 근본적 개선 현재 시스템의 획기적인 개선	시스템의 개선	100~ 1,000	18%
4	전체적 변화(Totally change) 기술이 아니라 과학을 사용한 설계의 새로운 발생 신개념의 시스템 창조	과학을 이용한 새로운 방법의 발견	1,000 ~10,000	4%
5	기술적 시스템의 변화(Technical System Change) 큰 발견과 새로운 과학 획기적 신개념의 선구자적 발견	새로운 소재 발견	10,000~ 100,000	1%

문제의 수준이 아니라 해결책의 수준임, '체계적 이노베이션' 참고 '생각의 창의성' 참고

7 발명의 사업화와 실패의 함정

끝으로 모든 발명이 사업적 성공을 보장하지는 않는다는 점을 염두에 둘 필요가 있다. 아무리 뛰어난 발명이라 하더라도 무모한 사업화는 위험하다.

우리나라도 벤처 붐을 타고 신기술이나 새로운 아이디어를 비즈니스 모델로 한 수많은 기업들이 탄생했다. 그러나 꿈과 희망을 안고 열정과 참신한 아이디어로 무장하여 기세 좋게 닻을 올렸던 수많은 기업들이 여러 가지 이유로 역사의 뒤안길로 사라져 버렸다.

물론 벤처기업 자체가 위험기업으로서 성공 하나 뒤에는 수십 수백의 실패가 있을 수밖에 없다.

이에 대해 비즈니스의 '함정'을 피하는 요령으로서 한정화 교수의 '불황을 뚫는 7가지 생존전략'을 참고하여 소개한다.

저자는 한양대학교 경영대학 교수로서 국내의 기업들이 경험한 100여 개의 실패 사례를 면밀하게 분석하여 사업의 성공을 가로막는 7개의 함정을 발견하고, 그 원인 규명과 함께 이를 극복할 수 있는 처방을 제시하고 있다.

(1) 선택의 함정

이 함정은 경험 부족, 치밀하지 못한 사업성 분석, 근거없는 낙관적인 태도 등으로 인해 적합한 사업 아이템을 선택하지 못하는 경우다. 선택의 함정에 빠지지 않기 위해서는 우선 익숙한 분야부터 공략하고 소요자금 등을 포함하여 사전에 철저한 위험관리 계획을 수립해야 한다.

(2) 개발의 함정

신기술에 기반을 둔 창업은 개발 과정에 많은 위험을 내포하고 있다. 실제로 과거 교수나 연구원들이 중심이 된 실험실 창업이 봇물을 이루었다. 그리고 실험실 단계의 기술을 가지고 낙관적인 전망으로 막대한 자금을 투자했지만 결국 대다수가 실패로 끝나고 말았다. 개발의 함정에 빠지지 않기 위해서는 추가 자금 조달의 가능성을 점검하고 적절한 시장 진입 타이밍을 놓치지 말아야 한다.[1]

(3) 시장의 함정

아무리 좋은 제품이나 서비스라도 시장에서 고객들에게 받아들여지지 못하면 사업은 실패할 수밖에 없다. 시장의 함정에 빠지지 않기 위해서는 시장의 목소리에 신속하게 반응해야 한다.

(4) 관리의 함정

조직이 성장함에 따라 조직의 성장 속도에 관리역량이 따라가지 못하는 '성장통'을 겪게 되고 다양한 부작용이 발생하기 시작한다. 이를 극복하기 위해서는 관리란 구성원들을 통제하는 것이 아니라 시스템을 구축하는 것임을 명심해야 한다.

1) 저자는 이에 관하여, 중소기업이나 개인사업가는 첨단 신기술에 모든 것을 걸기보다 '중간 기술'의 활용이나 개량이 유리하다고 생각한다.

(5) 태도의 함정

창업자의 성격과 태도가 벤처기업의 성패를 좌우하는 매우 중요한 요소임을 자주 보게 된다. 근거 없는 자신감과 오만한 태도, 완벽주의와 과도한 통제 욕구 등 이 모든 것들이 결국 실패를 초래한다. 이를 극복하기 위해서는 '겸손함을 지닌 서번트 리더십'을 발휘하도록 노력해야 한다.

(6) 관계의 함정

관계는 사업의 가장 중요한 자본이라고 할 수 있다. 양날의 칼과 같은 관계의 함정을 극복하기 위해서는 기존의 경험과 네크워크를 충분히 활용하는 한편, 성실한 자세를 잊지 말아야 한다.

(7) 불운의 함정

운이란 불가항력적인 면도 있지만 어떻게 대응하는가에 따라 얼마든지 극복해나갈 수 있다. 이 불운의 함정을 극복하기 위해서는 역경을 극복할 수 있는 강인한 의지를 배양하고 때로는 과감하게 포기하는 결단을 내려야한다.

우리 사회는 실패한 사람에게 여간해서 재기의 기회가 주어지지 않아 한번 사업에 실패한 기업가가 노숙자로 전락한 사례들을 자주 접하곤 한다. 실패의 대가가 이처럼 크고 재기의 기회가 주어지지 않는 환경에서는 결코 도전과 창의적 정신이 꽃필 수 없다. 국내 기업들의 다양한 실패 사례의 원인과 처방이 담겨 있는 위 내용은 불확실하고 불안정한 오늘을 살아가는 모든 사람들에게 좋은 나침반이 될 것이다.

실패학에 대하여 부록으로 소개하였다.

8 연간 100대 발명특허 소개

한국일보는 매년 한국의 100대 발명특허 수상식을 거행해 오고 있다. 2006년과 2007년의 수상 내역을 소개한다.(표 3, 표 4)

학생들의 특허 또는 실용신안 출원 실습은 물론 여기 발명에 비해 매우 유치할 수 있다. 기업체의 발명과 신제품 개발은 기업을 존속시키는 수단이다. 곧 생명을 유지하게 하는 원동력이기 때문에 절실하고 치열한 것이다.

표 3. 2006 100대 우수 특허제품 대상 50선 선정업체 리스트

부문	업체명	제품, 기술명
생활	가림산업	향토 음이온 멸균기/네오세라
	골든팜	제주감귤 김치 및 그 소스
	노비타	세정기용 순간온수장치
	대림통상	비데의 급수장치
	삼광유리공업	내열성 유리용기의 제조방법
	오성수출포장	조립식 종이상
	인테레뱅머천다이징	조립식 진공성형 플라스틱 진열대
	조양바이오	클렌징 바 및 그 제조방법/향토바이오 클렌징바
	중앙씨엔씨	개인 휴대용 수저 살균기
	참맛	휴대용 식품발열체 제조방법/"참 맛있는 밥"시리즈
	한일정공	이노체어
	헬스쿠킹하이텍	압력중탕기'오쿠'
전자	나노업틱	광전달을 제어하기 위한 광학플레이트 및 회절형 광 감쇄기
	더존C&T	네오스켄 DT
	로닉	가정용 웰빙 죽 제조기
	보람정보통신	학교방송 자동화 운영시스템(SORE)
	썸텍	휴대용 피부미용기/스킨벨
	실비토스	전화국선을 이용한 실버시스템 및 서비스 방법
	엠아이유	멀티미디어 데이터 무료 송수신 시스템 및 송수신방법/HDPC
	오성사	가습기
	이노트론테크놀로지	무선전력전송장치
	티웍스	필름타입의 양면 스크린 제조공법기술
	휴먼라이텍	터널등기구
기계	거송시스템	소방장치
	건화	이중바작 구축을 위한 스틸판넬
	디엔씨엔텍	건설폐기물 처리용 벨트 콘베이어 클리너
	마이트텍	가변 개폐구조를 갖는 평면 설치용 덮개
	서일공영	하수 및 악취역류방지(격지 구조물)
	선두전자	디지털 기밀압력측정 및 기록장치
	알루이엔씨	열교차단 스페이서가 설치된 고성능 복층유리/3중 유리창호시스템
	와콘	지하매설 파손 누수 실시간 배관관리 시스템
	유남조기공업사	선박용 연료 미립교반기
	일성종합기계	진공강자흡식 펌프
	일원테크	힌지를 이용한 내진용 진축이음장치
	제일화인테크	자연 대류식 냉방장치
	진명이십일	회전 용적형 펌프
	코네주얼리	쥬얼리 금속 가공기계
	태성건설	전주를 재활용한 인공어초 및 시공방법
	티이엔	침식 방지용 지중 열 교환기
	트랴아시스템	컴퓨터 전용 멀티탭(E3)
	한신기업	압력식 및 연속 재취반 가능한 사업용 가스밥솥
	현대환경에너지	자동차용 과급기(연료절감기)
생명공학/화학	광덕신양	상심자, 상엽 또는 상백피를 포함하는 염모제용 조성물
	다일생명공학	환경호르몬으로 오염된 토양 지하수 환경의 복원방법
	미래나노텍	미세형상을 갖는 광학부재의 제조장치
	성해종합상사	수방 및 개보수용 주머니와 이에 사용되는 혼합물/워터댐
	옥서스	산소농축장치의 농축건(IRS Unit)
	제닉	온도감응성 상태변화 하이드로젤 및 그 조성물 제조방법
	천부산업사	스프레이 페인트용 비산분진 방지제 조성물
	폴리텍	성형물의 공동성 기포제거 방법

표 4. 2007 100대 우수 특허제품 대상 50선 선정업체 리스트

부문	업체명	제품, 기술명
생활	와토스코리아	양변기 세척수 2단 배수장치
	씨엔텍	Finger Teeth Wipes/손가락칫솔
	프로메이트코리아	골프용 퍼터/태디아이
	호신테크	전동식 각질 제거기
	헤드오픈	신발관리자판기
	삼호우레탄	삼박자보행용신발/TeePee 건강기능성 슈즈
	펠리테크	다용도 오븐기
	원적외선싱크	원적외선 싱크대/닥터싱크
	휴템식품	오적병/오징어술병
	다연테크	오일을 이용한 온열매트
	경희다복한의원	다복건각탕
기계	대우건설	자동제어를 이용한 선택적 전처리 막여과 고도처리장치
	제이브이엠	정제자동분배 포장장치의 정제카세트배영판
	스페코	탄산수소나트륨을 이용한 산성유해가스의 제거방법 및 제거장치
	신영에너텍	다기능 프리믹싱형 버너
	명성화학	강성이 햐앙된 이중벽 하수관과 그 제조방법/ PE 이중벽관
	아이케이	프리보드패널
	KCW	네오블레이드
	남양페트롤룸	세라믹 연로 청정절감기
	진안	이중출입괴는 저소음 재관대/저소음파이프 및 이음관
	크린에어테크	집진기용 흡입이입부 구조
	모니텍	이크 용접용 모니터링 장치
	코리아특장	음식물 쓰레기의 선별 분쇄장치를 탑재한 차량
	지엔텍	원통형 여과포와 사각통형 여과포를 일체로 갖는 집진기
전자	삼성코닝	고선명 PDP 필터
	LG-Nortel	ipLDK-600 디지털 키폰시스템
	디엔에스테크놀로지	무선테크시스템에서 리더기간 충동발지방법
	한국공간정보통신	지리정보시스템과 자동여론조사시스템을 이용한 선거관리시스템 및 방법
	마이크로텍시스템	무선 공간인식 프리젠터(Zmotion)
	아큐텍반도체기술	비자성 반도체 substrate
	에어큐브	AGS-RADUS(인증시스템의 디테일로 그 처리방법)
	스마트스퀘어	USB 모니터
	금품전기공업	광촉매에의한 향균기능이 부여된 조명기구
	케이엘넷	모바일을 이용한 전자세금계산서발행시스템 및 처리방법
	삼암전휘	투명전광판 Raytint
생명공학/화학	금호타이어	아로마 타이어
	한서제약	고덱스
	루트로닉	미세부분박피를 위한 마이크로레이저빔의 조사장치
	세화피엔씨	한방추출물 을 함유하는 탈모방지 및 발모개선을 위한 삼푸조성물
	오스템임플란트	다중나서산 픽스츄어(GS Ⅱ Implant)
	피움	실내 시멘트 제거 및 오염물질 저감을 위한 액상세라믹 건축마감재
	바이넥스	비스칸 정
	덕성	아리노 청상피복재
	아모레퍼시빅	솔잎추출물과 은행잎 우출물을 함유하는 모발용 조성물/댄트롤샴푸
	티에스코리아	듀얼마드넷을 구비한 신자기회로 및 이를 이용한 스피커와 진동발생장치
	인포미아	시료흡입속도를 향상한 바이오센서
	알고코리아	귓속현 보청기의 제조방법
	워즈코즈	천연 혼합 추출물을 함유하는 피부트러블 개선용 화장품
	젠타피아	휴먼브릿지(치과용보철물)
	폴앤필아이오	상화버석발아현미

연습문제

1. 창의성 개발에 도움이 된다고 생각되는 도서를 하나씩 읽고 독후감(요점, 배울 점, 본인의 비평)을 4~5 페이지로 써 오시오.

2. 학기 과제로 부여되는 발명에 대해, 적극적이고 우수한 발명은 학생발명경진대회에 출전할 수 있다. 이 제도와 일시에 관한 자료는 부록에 첨부하였다. 단 일년을 계획하고 미리미리 준비하지 않으면 출품하기 어렵다. 학생발명경진대회에 출품하는 학생은 평가에 가산점을 부여한다. 이 외에도 다른 경진대회에 도전할 수 있다.
또한 산업재산권을 실제로 출원하는 경우에도 가산점을 부여한다.

3. 각종 뉴스미디어(국내외)는 종종 '위대한 100 대 발명'과 같은 제목의 기사를 작성한다. 예컨대 영국의 일간 인디펜던트 인터넷판이 2007.8.6일 선정, 발표한 '21세기를 위한 50가지 위대한 아이디어'가 그 예이다. 조별로 자료를 조사해서 100대 발명의 리스트와 왜 그 발명이 위대한지를 간단히 작성해 보라.

> 인디펜던트는 우리 생활을 영원히 변화시킬 수 있는 발명품과 개념들을 골라 모아 '21세기를 위한 50가지 위대한 아이디어'라는 이름으로 소개했다.
>
> '대량 생산, 대량 소비'로 특징 지을 수 있는 20세기와 달리 21세기는 아이디어와 속도가 중요한 미덕이라고 신문은 지적했다.
>
> 21세기의 아이디어 명단에 가장 많이 오른 항목은 인터넷과 관련된 것들이다. 인터넷서점인 아마존, 경매 사이트인 e베이, 오픈 백과사전인 위키피디아, e메일 서비스인 핫메일닷컴, 경매사이트인 e베이닷컴, 한국의 싸이월드격인 마이스페이스닷컴, 인공위성을 이용한 도로 안내 시스템인 네비게이션 등이 21세기 일상 생활을 지배하는 아이디어로 꼽혔다.
>
> 텔레비전 블록버스터의 등장도 21세기의 새로운 조류이다. 20세기의 아이디어였던 텔레비전은 21세기 들어 할리우드 영화를 압도하기 시작했다. '소프라

노', '웨스트윙', '로스트' 등 거액이 투자되고, 유명 스타들이 출연한 블록버스터 TV 프로그램은 대성공을 거두며 텔레비전을 영화 못지 않은 꿈의 공장으로 변모시켰다.

행복처럼 오래된 개념도 21세기의 아이디어에 포함됐다. 행복을 양적으로 증대시킬 수 있는 공식이 있다고 제안한 긍정 심리학이야말로 새로운 아이디어라고 신문은 지적했다.

새로운 기부문화를 이끄는 벤처 자선사업도 21세기의 아이디어로 선정됐다. 워런 버핏과 빌 게이츠는 지구촌이 처한 문제들을 해결하기 위해 단순히 거액을 기부하는데 만족하지 않고, 자신들의 사업가로서 기술을 사용하기를 원하는 신종 자선사업가이다.

작은 불빛이 달려 있어 어두운 곳에서도 입술을 칠할 수 있는 리파라치, 2시간만 붙이면 이가 하얗게 되는 미백제 같은 미용용품들도 21세기 아이디어에 포함됐다.

이밖에 영국의 교통카드인 오이스터카드, 책을 서로 교환하는 리드잇스왑잇 사이트, 원하는 TV 프로그램을 하드디스크에 담아 아무 때나 볼 수 있는 스카이플러스 등 영국인들이 열광하는 아이디어들이 다수 포함됐다.

4. 트리즈의 개요, 트리즈의 문제해결 방법에 대해 조별로 조사하고, 발명 실습에 적용하여 보자.

5. 마인드맵에 대해 조사하고 3~4페이지(표지 제외)의 보고서를 작성하라. 그리고 수업 시간에 토론해 보자.

6. 경험 외적 창의적 스킬에 대해 조사하여 토론해 보자.

7. 금년도 한국일보의 한국의 100대 발명특허 수상 내역을 조사하라.

8. 당연품질과 매력품질이란 무엇인가.

PART 2

신지식재산권

Chapter 1

개 요

1 신지식재산권의 정의

저작권과 산업재산권을 바탕으로 발전해 왔던 전통적 지식재산권제도는 새로운 지식재산의 등장으로 그 미비점을 나타났다. 가령 반도체 배치설계나 컴퓨터 프로그램의 경우 그것을 저작권으로 보호할 것인지 산업재산권으로 보호할 것인지의 문제는 간단한 것이 아니다. 이러한 문제가 발생하는 근본원인은 전통적 지식재산권제도가 생성될 당시에는 존재하지 않았던 형태의 지식재산이 등장함에 따라 기존의 제도로는 보호의 공백 혹은 중복이 생기기 때문이다.

새로운 지식재산을 기존의 제도에 편입하는 노력은 계속되어왔다. 미국의 경우 1790년 지도, 차트, 책 등을 보호대상으로 하는 저작권법이 최초로 제정된 이후, 1802년에 디자인, 동판, 조각 등을 포함하도록 수정하였고 1856년에는 음악, 1865년에는 사진, 1870년에는 조각, 1912년에는 영화, 그리고 1972년에는 음성기록을 포함시키는 등 이미 여러 차례의 개정작업을 거쳤다. 최근에는 컴퓨터 프로그램을 보호하기 위해 저작권법을 적용하였으나, Borland 판결 등에서 볼 수 있는 것처럼 저작권법의 확장을 통한 새로운 분야에 대한 지식재산권의 설정은 이미 그 한계에 다다르게 되었다.

이러한 현상은 비단 저작권뿐만 아니라 특허의 경우도 컴퓨터 프로그램, 반도체 배치설계, 유기화학, 생명공학 분야에 대한 특허권 인정 여부가 쟁점으로 부각된바 있으며 그 중 일부는 아직도 논의 중이다. 디자인 상표의 경우도 입체상표 디자인, 소리 냄새 표장, 인터넷 등을 통한 전자상거래 시대에 있어서 디자인 상표의 보호, 컴퓨터 아이콘의 보호 등 새로운 문제에 직면하고 있다.

신지식재산에 대한 정의는 공통적인 특징을 종합해 볼 때, '과학기술의 급속한 발달과 사회여건의 변화에 따라 종래의 지식재산권법규의 보호범주에 포함되지 않으나 경제적 가치를 지닌 지적창작물'을 의미한다고 할 수 있다.

WIPO는 1988년의 지식재산권 참고서에서 지식재산권의 새로운 발전(New Development in Intellectual Property)이라는 제목으로 컴퓨터프로그램, 반도체 배치설계, 위성·케이블 방송, 생명공학 등을 다루었다. 1998년에는 지식재산권의 기술적·법적 발전(Techno-logical and Legal Development in Intellectual Property)라는 제목으로 디지털 시대의 배포권 문제와 신지식재산에 대한 법률적 보완방안을 언급하고 있다. 이러한 논의 등을 포함하여 현재 논의되고 있는 신지식재산은 ① 과학·기술 발달로 인한 확대 ② 상표디자인의 보호대상 확대로 나눌 수 있다. 이 중에는 이미 제도로 보호되고 있는 것도 있고 또 현재 제도적 보호가 논의되고 있는 것도 있다. 다만 제도적 보호과정에서 기존의 지식재산들과는 다른 특성을 보이고 있으므로 신지식재산이라는 범주로 분류된다. 예컨대 컴퓨터프로그램은 저작권의 범주에 포함되지만, 별도 제도로 보호되고 있다.

대체로 신지식재산권은, 저작권과 산업재산권의 중간 성격을 가진 것이라고 볼 수 있다. 그래서 산업저작권(Industrial Copyright)이라는 말이 사용되기도 한다. 저작권은 대체로 심사가 없고 보호기간이 길다. 이에 비해 신지식재산권은 저작권과 비슷하더라도 보통 보호기간이 짧다.

2 유형

가. 과학기술의 발달에 따른 신지식재산권 유형

1) 반도체 집적회로 배치설계
2) 컴퓨터 프로그램
3) 데이터베이스
4) 생명공학
5) 식물기술
6) 인공지능
7) 전자상거래 관련기술

나. 상표디자인의 보호범위 확대에 따른 신지식재산권 유형

1) 인터넷 도메인 네임

2) 지리적 표시

반도체 집적회로 배치설계

1 개념 및 보호 방안

가. 반도체 집적회로의 개념

반도체는 전기를 통하는 도체와 전기를 통하지 않는 부도체의 중간에 해당하는 성질의 고체물질을 말하며, 순수한 상태에서는 부도체에 가까운 성질을 나타내나 적당한 양의 불순물을 첨가하면 전기·열·자기 등의 자극에 의하여 전기를 통하게 되어 전류의 정도와 방향을 조절할 수 있게 되는 성질을 가지게 되는 물질로서, 실리콘(Si), 게르마늄(Ge) 등과 같은 단원소로 된 반도체와 갈륨비소(GaAs)등과 같은 화합물로 된 반도체로 구별된다.

이러한 반도체 기판(보통 엄지손톱 정도의 크기) 위에 수천 개 내지 수백만 개의 트랜지스터, 콘덴서, 저항 등의 회로소자를 형성하고, 이들을 도선으로 연결하여 신호의 정류·증폭·검파·스위칭·기억·신호처리 및 논리연산 등 다양한 전자회로의 기능을 수행토록 한 것이 반도체집적회로, 즉 반도체칩(semiconductor chip)이다.

반도체집적회로 배치설계라 함은 위에서 말한 반도체집적회로를 제조하기 위한 일종의 설계도로서 각종 회로소자 및 이들을 연결하는 도선을 평면적·입체적으로 배치한 설계를 말한다. 예를 들어 64MD램 메모리 반도체칩을 제조할 경우 손톱정도 크기의 반도체기판 위에 6천4백만개의 트랜지스터와 6천 4백 만개의 콘덴서를 내장하고 이들을 연결하는 서브마이크론(머리카락 굵기의 1/1200)의 미세한 도선을 공간적으로 배치한 설계도면이 필요한데 이를 육안으로 식별할 수 있도록 확대한다면 축구장 면적에 해당하는 크기의 특수 설계도이며, 이러한 배치설계는 기술 집약도가 높고 개발에 막대한 비용과 고도의 기술을 필요로 하는 반도체산업의 핵심 기술 분야이다.

나. 보호 방안 논의

(1) 특허법을 통한 보호

특허의 일반적 요건을 충족한다면 반도체 배치설계 역시 특허로서 보호받을 수 있다. 특허의 일반적 요건은 ① 발명의 성립 ② 산업상 이용가능성 ③ 신규성 ④ 진보성 등이다.

그러나 반도체 배치설계는 종래의 특허분야와는 다른 특징을 가지고 있다. 이미 확립된 종류의 집적회로인 경우에는 기술사상이라는 견지에서 공지기술을 뛰어넘는 것이 아니어서 진보성 요건을 충족시키지 못하는 경우가 많다. 출원된 회로소자의 배치가 공지된 배치에 비해 과연 새롭다고 할 수 있는 것인지(신규성 문제), 혹은 기존의 배치를 이용하면 쉽게 만들 수 있는 것인지(진보성 문제) 등의 판단이 용이하지 않다.

그러나 진보성을 충족시키지 못한다해서 기술적으로 아무런 가치를 갖지 못하는 것은 아니다. 대부분 이론 설계 상의 연구, 레이아웃 상의 연구 등에 의해 실질적으로는 기술적 향상이 도모되고 있다고 판단되기 때문이다. 특히 역설계(逆設計, reverse engineering)가 보편화되어 있는 반도체업계의 상황을 감안하면 이에 적절한 보호대책이 요구된다.

(2) 특별법을 통한 보호

미국에서 1984년 특별법인 반도체칩보호법이 성립되었고 외국인의 반도체 배치설계가 미국에서 보호받기 위해서는 해당 외국의 법제가 미국과 동등하게 반도체 배치설계를 보호하고 있을 것을 조건으로 하고 있다. 이에 따라 일본, 스웨덴이 그 뒤를 따랐고, EU 가맹국도 점차적으로 보호입법을 제정하였다. 마침내 WIPO에서도 1989년 '집적회로에 관한 지식재산보호조약'을 성립시켰다.

그 후 우리나라를 비롯하여 아일랜드·호주·스페인·이탈리아·룩셈부르크·포르투갈·캐나다·오스트리아·벨기에·러시아가 보호법을 제정하였고, 이중에 아일랜드·오스트리아·벨기에·러시아를 제외한 모든 국가는 등록주의를 취하고 있다. 그 내용은 각국이 거의 동일하다.

2 국내 보호현황

가. 특별법 제정을 통한 보호

반도체 산업분야에서 우리나라가 세계2·3위의 생산국으로 부상하게 됨에 따라 반도체집적회로배치설계에 대한 보호 및 기술 개발 유도를 위한 정책의 필요성이 대두되었다. WTO/TRIPs(Trade-Related Aspects of Intellectual Property, 무역관련 지식재산권협정, 우루과이 라운드) 협상에서 선진국과 후진국간의 반도체칩 보호문제가 타결됨에 따라 국내에 영향을 미치게 되었으며 반도체집적기술의 고도화에 따라 그 개발에 소요되는 시간이나 비용이 증대됨에도 불구하고 배치설계에 대한 국내에서의 법적 보호 수단이 결여되어 있었다. 이러한 점들을 고려하여 특별법인 "반도체집적회로의 배치설계에 관한 법률"(통상 '반도체칩법')이 1992년 제정되고 93년 시행되었다.

나. 법률 성격 비교

반도체집적회로의 제조과정은 통상적으로 "특정기능을 위한 시스템설계 → 기능실현의 논리회로설계 → 논리실현의 전자회로 설계 → 회로의 공간적 배치설계 → 제조공정 → 시험검사"의 순서로 진행되는데 이중에서 회로의 배치설계는 특허권으로 보호되지 못하는 경우가 많다. 즉, 앞서 말한 바와 같이 배치설계의 특성상 특허권 또는 저작권으로서 보호받지 못하는 회로배치 설계부분을 보호하기 위하여 새로이 탄생한 권리가 배치설계권이다.

이러한 배치설계권은 특허권과 저작권의 중간적 성격을 지니고 있다고 볼 수 있으며, 외국에서는 산업저작권이라고도 불리고 있다. 즉, 배치설계권의 성격으로 보면, 배치설계권의 불법복제 등 침해는 반도체산업에 큰 영향을 미치므로 산업의 발전을 위하여서는 배치설계를 산업재산권의 일종으로 보호하되, 반도체 제품의 특성상 라이프 싸이클이 짧기 때문에 보호기간은 비교적 단기간인 10년으로 제한하고, 그 권리를 발생시키기 위하여는 반드시 등록하여야 하는 등 법의 목적, 권리의 발생·행사 및 소멸은 특허권적 성격을 지니고 있으며, 반면에 배치설계권의 일차적 보호대상은 일종의 설계도면이며 이에 대한 창작성 여부에 관한 실체심사는 하지 않고 등록함으로써 권리가 발생한다는 점에서는 저작권적 성격을 지니고 있다.

배치설계권의 보호대상으로 보면 배치설계권은 특허권 및 저작권과 구별되는데, 배치설계권의 일차적인 보호대상은 배치설계이나, 실질적인 보호대상이 배치설계를 이용하여 제조된 반도체칩, 반도체칩이 내장된 최종제품(컴퓨터, 통신기기 등)까지 확장되기 때문에 특허권적 성격이 강하나, 법령에 의한 권리발생 요건인 배치설계의 창작에 대하여 신규성, 진보성 등의 특허요건을 판단하기는 불가능하므로 배치설계 그 자체에는 특허권이 성립한다고는 보기 어렵다.

또한, 배치설계권은 위의 보호대상으로 보아 배치설계도면만을 보호하는 저작권적 개념과도 구별된다.

표 1. 반도체집적회로의 배치설계에 관한법률과 기존법과의 비교

구분	특허법	저작권법	반도체설계법	비 고
목적	발명의 보호 및 이용도모, 기술 발전의 촉진, 산업발전	• 저작자의 권리보호 • 문화의 향상발전	• 배치설계 창작자의 권리보호 • 반도체 관련산업과 기술의 진흥	• 산업발전과 관련(특허권적 성격)
보호대상	자연법칙을 이용한 기술적 사상의 창작	• 문학, 학술 또는 예술적 창작물·아이디어의 표현	• IC를 제조하기 위한 각종 회로소자 및 연결도선의 배치설계	• 설계도면의 일종(저작권적 성격)
권리	실시권 - 물건의 발명 - 방법의 발명	• 저작인격권 • 저작재산권 및 저작인접권	• 이용권 - 배치설계 - 배치설계에 의해 제조된 IC - IC 내장 제품	• 보호범위의 확장 • 설정등록에 의해 발생(특허권적 성격)
발생	등록(실체심사)	• 창작(무심사)	• 등록(방식심사)	
등록	• 실체심사 후 등록 - 신규성, 진보성 - 산업상 이용성 • 권리발생 요건임	• 무심사주의 • 등록은 제3자에의 대항 요건	• 방식심사후 등록 • 창작성은 무심사 • 권리발생 요건임	• 창작성 여부의 무심사(저작권적 성격) • 등록(특허권적 성격)
존속기간	출원일부터 20년	• 저작재산권은 생존기간 및 사망 후 50년 • 저작인격권은 저작자 일신 귀속	등록일 부터 10년	• 독점배타적 기간의 제한(특허권적 성격)

다. 전망

반도체 산업은 21세기 첨단 산업으로서 세계 과학기술 흐름을 주도하는 정보화의 기간산업이며 가장 시장 잠재력이 큰 산업으로 많은 전문가들이 예측하고 있다. 반도체 기술은 비약적으로 발전하여 하나의 칩에 수천만개 이상의 소자를 설계하는 것이 보편화 될 정도로 반도체 배치설계 자체가 매우복잡해지고 있으나 설계 기간은 오히려 단축되어 가고 있는 추세에 있다.

'80년대 반도체 배치설계기술에서 요구되던 전문가의 반복적인 노력, 장기간의 시간투입과 막대한 개발비용을 들여 독창적으로 만들어진 배치설계도면 자체가 중요했던 시대가 저물어 가고 있으며 '90년대 급속히 확산된 컴퓨터하드웨어와 소프트웨어 기술의 발전으로 인해 반도체 배치설계기술은 '90년대 후반부터 표준화된 재사용가능 배치설계를 하나의 반도체 기판 위에 집적시키고 필요한 배선을 함으로써 제품을 개발하는 방법인 SOC(System On a Chip) 개발 방향으로 가닥이 잡혀가고 있다. 이것은 하나의 반도체 칩에 모든 시스템 회로를 집적시키는 것으로 재사용가능 배치설계를 적극 활용하는 방향으로 발전하고 있어 현재는 반도체 배치설계도면 그 자체보다 재사용가능 배치설계 블록을 이용한 배치설계 방법이 더욱 중요한 시대로 접어들고 있다.

최근에는 이러한 기술진보에 따른 시대적 흐름에 따라서, 설계요구자가 필요로 하는 재사용가능배치설계의 상품 유통이 매우 중요해졌고, 이를 뒷받침하기 위해 반도체 배치설계의 전자상거래를 위한 기술의 표준화 및 법적 제도적 장치를 구축하려는 계획이 현재 미국과 유럽을 중심으로 활발히 전개되고 있다.

이러한 국제적 추세로 볼 때, 반도체 배치설계권에서 보호대상으로 하는 배치설계 자체는 기존의 배치설계도면 개념에서 확장되어 재사용가능 배치설계를 포함하여야만 반도체 배치설계권은 기술진보에 따른 시대적 요구사항을 반영하는 살아있는 권리로서 지속적으로 인정받게 될 것으로 전망된다.

컴퓨터 프로그램과 데이터베이스

1 컴퓨터 프로그램

가. 의의 및 보호 방안

(1) 의의

과학기술의 발전에 따라 컴퓨터 프로그램 또는 소프트웨어 산업이 중요한 산업의 하나가 되었다. 소프트웨어는 불법복제 등 저작권 침해사례가 상당히 일반화되고 있을 뿐만 아니라 저작권 보유자가 침해 사실에 대해 이의를 제기 해야만 보호되기 때문에 권리보호에 소극적이다. 산업 기술 발전에 따른 컴퓨터프로그램의 개발 및 보호가 점차 중요해지는 시점에서 프로그램개발자의 개발의욕을 고취시키는 것은 중요한 일이며, 저작권을 통한 보호의 한계가 있으므로 컴퓨터프로그램에 대한 특허권 부여가 필요한 상황이다. 컴퓨터프로그램에 대한 특허부여가 단기적으로는 국제 기술수지에 부정적 영향을 줄 수 있다고 볼 수 있지만 장기적으로는 기술개발 유인을 제공함으로써 국내 컴퓨터프로그램 산업을 활성화시키고 산업발전에 이바지할 것으로 보인다.

(2) 저작권에 의한 보호

저작권의 가장 기본적인 내용은 저작물의 복제권 및 배포권이라 할 수 있다. 저작자가 자신의 저작물을 복제해서 판매, 배포할 수 있는 권리를 독점하며 저작자의 허락 없이 무단으로 복제하거나 배포하는 것을 막을 수 있는 권리이다. 컴퓨터프로그램을 저작권으로 보호한다는 의미는 컴퓨터프로그램에 대한 복제 및 배포에 관한 권리를 프로그램 개발자에게 귀속시킨다는 의미를 가진다. 이러한 내용은 컴퓨터프로그램의 보호에 있어서 기본이 되었다.

저작권을 취득하는 것에는 신규성이나 기술적인 심사를 하지 않으며 작품의 창조성에 대한 최초의 심사는 저작권 침해소송에서 이루어지므로 저작권 보호를 받기 위한 초기비용은 작지만, 소송이 되면 그 비용이 비싸질 수 있다. 그리고 두 개의 프로그램이 서로 동일 코드로 작성되어 있다할지라도 전부에 대한 복제가 아니라는 것이 입증된다면, 저작권을 침해하지 않은 것으로 간주되며, 이점에 있어서 특허권과는 차이를 보인다.

그러나 최근의 논의에서 보는 바와 같이 이러한 접근방법은 근본적인 한계를 가진다. 저작권을 통하여 프로그램을 보호하는 경우 컴퓨터프로그램을 시나 소설과 같은 저작물(Literary)의 일종으로 간주한다는 의미가 되는데 현실적으로 컴퓨터프로그램 구매자가 컴퓨터프로그램을 시나 소설처럼 읽어보는 경우는 거의 없다. 저작권의 기본 개념이 '문화적 창작'이라는 것과 다소 괴리감도 있다. 이와 같은 문제는 저작권을 통한 프로그램의 보호범위를 정하는 과정에서 더욱 분명하게 드러난다.

시나 소설의 경우 보호범위는 언어의 표현방법이다. 문장으로 표현된 시구(詩句)나 묘사와 같은 '표현'에 대한 보호가 컴퓨터프로그램의 경우에도 적용될 수 있는가를 판단하는 것은 쉬운 문제가 아니다. 프로그램을 하나의 문장으로 생각해서 저작권을 적용시키는 방법이 가능할 수는 있다.

그러나 이러한 접근방법은 표절 등 저작권의 침해문제를 판단하는 상황에서는 아무런 도움이 되지 않는다. 프로그램 관련 분쟁은 시나 소설의 문장과 같은 표현, 즉 프로그램어의 기술 방식이 문제가 아니라 화면의 디스플레이 방법이나, 사용자 인터페이스, 혹은 프로그램의 구조 등과 같이 '비어문적인 요소'가 쟁점이기 때문이다.

(3) 특허권에 의한 보호

이와 같은 문제 때문에 미국. 일본을 비롯한 선진국에서 컴퓨터 프로그램에 대한 특허권 부여문제가 대두되었고 미국 특허청은 96년에, 일본 특허청은 97년에 컴퓨터 관련 발명의 특허 심사기준을 개정하여 특허청구 기재대상에 컴퓨터와 연동하여 실행되는 데이터와 프로그램이 기록되어 있는 CD-ROM등 기록매체도 포함시킴으로서 컴퓨터소프트웨어에 대한 특허보호를 강화하였다.

CD-ROM에 기록되어 있다고 모든 사항이 특허의 대상이 될 수 있는 것은 아니다. 96년 미국의 "컴퓨터 프로그램관련 발명 심사기준"에는 특허 받을 수 없는 청구와 특허 받을 수 있는 청구에 대해 설명하고 있다. 이 가운데 주목할 만한 사항은 특허 받을 수 없는 청구인 '비법정 주제'에 관한 것으로 비록 비법정 주제에 해당하는 CD-ROM등에 기록된 것이라도 서술적인 것은 보다 구체적 검토가 요구된다. 서술적인 것을 '기능적 서술' 과 '비기능적 서술'로 나누어 기능적 서술은 특허 대상이 되며 비기능적 서술은 특허 대상이 될 수 없다. 여기서 기능적 서술의 의미는 데이터 구조나 컴퓨터로 읽을 수 있는 기록매체에 기록되어 기능성을 가지는 것을 말하며 비기능적 서술은 음악, 문학작품 혹은 자료의 단순한 축적과 같은 것을 말한다. 이와 같이 볼 때 비기능적인 것은 CD-ROM에 들어있다고 하더라도 특허의 대상이 될 수 없다.

나. 국내 보호현황

(1) 저작권(컴퓨터프로그램보호법)을 통한 보호

우리나라 저작권법은 컴퓨터프로그램을 저작물의 일종으로 명시하고 있다. 그리고 컴퓨터프로그램 저작물에 대해 필요한 사항은 따로 법률로 정하도록 하고 있다. 현행 컴퓨터프로그램보호법은 86년 제정되었고(시행 87년) 당시 정보통신부가 주관하였다. 당시 담당기구는 프로그램심의조정위원회였는데, 현재 관리 기구는 '한국저작권위원회'이다(www.copyright.or.kr)이고 소프트웨어 온라인 등록 시스템은 www.sors.or.kr이다.

국내의 저작권법에 의한 컴퓨터프로그램의 보호의 경우 프로그램을 창작성이 있는 저작물로서 간주하고 있으므로 창안자의 권리보호(특허)라는 측면에 있어서 한계를 보여 주고 있다.

'주가분석프로그램에 대한 저작권침해사건'(93년) 역시 저작권을 통한 컴퓨터프로그램보호의 한계를 보여준다. 사건은 C-언어로 작성된 "솔로몬-브이"라는 주가분석프로그램이 PASCAL로 작성된 "KTI-3000"을 도용 또는 개작하여 만든 주가분석프로그램이지만 프로그램의 적용분야나 처리 데이터 및 수행결과가 같아도 프로그램의 구조나 배열 방법에 차이가 있을 수 있음을 들어 동일한 프로그램으로 인정하지 않은 경우이다. 특히 동 판례에서는 동일한 내용의 프로그램이라 하더라도 다른 프로그램 언어로 작성될 경우 저작권 침해가 아니라는 취지의 판결을 내림으로써 저작권침해의 판단기준에 작성언어를 포함시킨 것이다. 이는 저작권 본래의 의미에 충실한 해석을 한 것으로 판단된다. 그러나 저작권 본래의 의미에 충실할수록 컴퓨터프로그램의 측면에서는 보호의 영역이 오히려 줄어들어 컴퓨터프로그램 개발자의 입장에서는 저작권을 통한 보호의 한계가 나타난 판례라 할 수 있다.

(2) 특허법을 통한 보호

특허법에 의한 컴퓨터프로그램 보호에 있어서 가장 문제가 되는 부분은 컴퓨터프로그램이 '자연법칙을 이용한 기술적 사상'에 해당하는가이다. 컴퓨터프로그램은 인간의 머리에서 수행하는 정신적, 지능적 수단이나 과정에 불과하며 자연법칙을 이용한 발명이 아니고 본질적으로는 일종의 계산방법에 불과하므로 특허성이 부정되어야 한다는 주장으로 인해 과거에는 컴퓨터프로그램에 대한 특허를 인정하지 않았다.

그러나 ① 소프트웨어 산업의 급속한 성장으로 미국, 일본 등 선진국에서 컴퓨터프로그램 관련 발명에 특허권을 부여하여 동 분야에 대한 기술을 독점하려는 움직임이 나타남에 따라 이에 대한 대응이 요구되었으며 ② 컴퓨터프로그램 관련 기술의 개발을 유도하기 위한 지식재산 보호의 필요성이 대두되어 우리나라도 '컴퓨터 관련 발명의 심사기준'을 개정하였으며 98년부터 적용하고 있다.

컴퓨터 관련 발명에 대한 심사기준으로 특허청구의 범위와 특허 받을 수 없는 사항은 다음과 같다.

① 특허 청구의 범위

발명이 일련의 수순으로 표현될 때에는 방법발명으로서 특허 청구범위에 기재할 수 있으며, 소프트웨어 발명이 복수 개의 기능이 결합된 것으로 표현되는 경우에는 물건 발명으로서 특허 청구범위에 기재할 수 있다. 그리고 프로그램을 기록한 기록 매체 또는 데이터를 기록한 기록 매체를 물건 발명으로 특허 청구범위에 기재할 수 있다.

② 방법발명

발명이 시계열적으로 연결된 일련의 처리 또는 조작과 같은 '절차'로 표현할 수 있을 때에는 그 절차를 특정함으로써 방법발명으로 청구항에 기재할 수 있다.

③ 물건발명

발명이 하나 또는 둘 이상의 기능에 의해 표현될 수 있을 때는 그 기능을 특정함으로써 '물건'의 발명으로서 청구항에 기재할 수 있다.

④ 기록매체

프로그램을 기록한 기록매체 또는 데이터구조를 기록한 기록매체는 '물건'의 발명으로서 청구항에 기재할 수 있다.

⑤ 특허의 대상이 될 수 없는 것

컴퓨터로 읽을 수 있는 기록매체에 기록되지 않은 데이터구조 또는 컴퓨터 프로그램 리스트 자체는 '물건' 또는 '방법' 발명의 대상이 아니다. CD-ROM이나 디스켓에 기록된 컴퓨터프로그램이나 데이터 구조는 그것이 컴퓨터의 내부에서 다른 부분들과 구조적·기능적인 상호관계를 가지며 이를 통해 '물적'으로 실현되는 것이다. '정보의 단순한 제시' 역시 특허의 대상이 아니다. '정보의 단순한 제시'는 컴퓨터의 동작 프로세스가 수행되는 과정에서 어떠한 기능적인 상호관계도 발휘할 수 없는 것을 말한다.

2 데이터베이스

가. 의의 및 보호 방안

(1) 의의

다른 지식재산 분야에서도 마찬가지로 데이터베이스 관련 지식재산 역시 미국, 유럽연합을 중심으로 규범이 정해지고 있다. 저작권과 특허권간의 영역구분이 점차 모호해지고 있는 것이 가장 큰 특징 중의 하나이다. 저작권의 측면에서 볼 때는 창작성을 갖추지 못한 데이터베이스에 관한 저작권 인정여부 문제가 쟁점이 되고 있으며 특허권의 측면에서는 컴퓨터 관련 발명의 인정으로 새로운 국면을 맞이했다고 할 수 있다. 다만 데이터베이스 구축에 관한 기술의 특허권 인정에 있어서 기존의 신규성이나 진보성의 기준을 그대로 적용시킬 수 있는가에 대해서는 새로운 시각이 필요하다.

창작성 없는 데이터베이스가 보호의 필요성이 있는가의 문제의 경우 단순히 기존 자료의 축적에까지 독점·배타적인 재산권을 설정하면 정보의 원활한 유통에 방해가 되어 산업발전을 저해한다는 주장이 있을 수 있다. 반면 단순히 기존 자료의 축적이라 하더라도 축적된 정보가 경제적 가치를 가질 수 있으면, 그 데이터베이스 구축에 투입된 비용 및 정당한 수입이 보장되어야할 것이다. 만약, 이러한 보장 없이 데이터베이스에 대한 무임승차가 만연한다면 데이터베이스 산업에 관한 투자가 축소될 것이며, 데이터베이스 산업 기반마저 붕괴될 수 있다는 주장도 가능한 것이다.

데이터베이스는 여러 분야에서의 지적 결과를 정리하고 축적한 자료로 일반 대중의 이용에 따라 기술 및 문화의 발전에 기여함으로써 그 보호의 필요성이 대두되고 있으며, 정보화 사회로 대변되는 현대에는 다양한 형태의 데이터베이스가 등장하고 그 활용의 중요성이 더욱 강조되고 있다. 이에 따라, 데이터베이스산업의 발전은 괄목할 성장을 거듭하며 정보 산업의 중요 위치를 차지하고 있다.

전통적 지식재산권제도의 시각으로 보면 데이터베이스의 기술적 사상에 대한 보호는 특허로서 보호하며, 그 내용에 관한 것은 저작권으로 보호하는 것이 일반적인 접근방법이다. 그러나 ①멀티미디어 데이터베이스의 경우처럼 데이터베이스의 '내용(저작권)'과 데이터베이스의 '기술적 사상(특허권)'에 관한 경계가 모호해 지는 상황이 발생하고, ②최근 EU를 중심으로 저작권의 핵심요건 중 하나라고 할 수 있는 '창작성'요건을 완화하려는 시도가 나타나고 있으며, ③저작권의 기본 이념인 표현방법에 대한 보호가 아닌 데이터베이스 구조 등 기능에 대한 보호가 시도됨에 따라 데이터베이스의 보호는 새로운 국면을 맞고 있다.

(1) 특허권에 의한 보호

특허권에 의한 데이터베이스의 보호 문제는 데이터 구조의 기능성이 실현되도록 구조적이고 기능적 관계를 정의하는 구축방법에 관한 문제로 데이터베이스의 구축이나 검색방법 등에 존재하는 기술적 사상에 대한 보호문제이다. 이러한 경우 특허의 일반적인 요건인 발명의 성립, 산업상 이용가능성, 신규성, 진보성 등의 특허의 일반적 요건에 비추어 판단한다.

(2) 저작권에 의한 보호

데이터베이스 내용에 대한 보호는 주로 저작권과 관련하여 논의된다. 저작권을 통한 데이터베이스 보호에는 크게 '창작성 기준'과 '투자 보호 기준'의 논리가 존재한다.

창작성 기준이란 데이터베이스 역시 다른 모든 저작물에 대한 저작권법상의 보호와 마찬가지로 구축된 데이터베이스의 저작물성 유무는 해당 데이터베이스의 내용이 되는 자료의 수집과 그 배열에 있어서 저작권법상 편집저작물에 대해 요구하고 있는 '창작성' 유무로 판단하는 것이다. 충분한 창작성이란, 단순한 안내서에서 볼 수 있는 사실적 데이터나 그 밖의 사실적 성질을 가지고 있는 기록의 수집물, 즉 지적 노력이 구현되었다고 생각되지 않는 수집물에 대해 저작권을 제한하려는 것으로 베른협약, WTO/TRIPs, WIPO의 저작권 조약 등 대부분의 국제협약에서 채택하고 있는 방법이다.

투자 보호 기준은 데이터베이스 보호의 목적이 문화의 창달 및 발전에 있는 것이 아니라 오히려 데이터베이스를 구축하는데 들인 '상당한 시간과 노력'에 대한 보상에 있다는 것이다. 이러한 입장에서는 데이터베이스 구축에 있어서 지적 창작성이라는 기준에 미흡하더라도 데이터베이스를 구축하는 데 있어서 상당한 시간과 노력을 투자하였다고 한다면 저작권법상의 보호를 하는 것이 타당하다.

나. 국내 보호현황

(1) 특허권에 의한 보호

D/B에 대한 특허 출원은 93년부터, 등록은 97년부터 이루어지고 있다. 출원

의 비중이 큰 것은 아니지만 컴퓨터 네트워크의 궁극적인 귀착이 데이터의 서비스라는 점을 고려할 때 데이터베이스 산업의 발전은 자명한 것이며, 특허 출원 역시 점차 증가폭이 늘어나는 상황이다.

(2) 저작권에 의한 보호

편집물은 논문·수치·도형 기타 자료의 집합물로서 이를 정보처리장치를 이용하여 검색할 수 있도록 체계적으로 구성한 것을 포함하며, 그 소재의 선택 또는 배열이 창작성이 있는 것(편집저작물)은 독자적인 저작물로서 보호된다.

생명공학과 특허

1 개요 및 국제 동향

가. 개요

동식물 관련 기술은 '새로운 동식물을 육종하는 방법' 및 '육종된 동식물'이 있는데 전자는 방법발명으로서 대부분의 국가들이 특허법으로 보호하고 있으나, 후자의 경우는 보호방법이 통일되어 있지 아니한 실정이며, 여기서는 주로 후자에 대해서 설명한다.

우루과이 라운드에서 미국 등 여러 선진국들은 식물과 살아있는 유기체를 포함하는 광범위한 특허보호를 주장한데 반하여, 인도를 중심으로 하는 개발도상국들은 이에 반대하였다. 이와 같이 살아있는 유기체와 생물학적 방법, 즉 미생물, 종자, 식물 및 동물을 포괄하는 것들의 특허가능성 규정문제를 둘러싸고 선진국들과 개발도상국 들 간에 논의가 계속되고 있다.

그래서 TRIPs에서는 ① 인간이나 동물의 치료방법, ② 미생물 이외의 동식물, ③ 비생물학적·미생물학적 방법 이외의 동식물의 생물학적 생산방법이 특허대상에서 배제될 수 있다는 규정이 부가되었다. 그러나 식물변종에 대해서는 특허나 특별법으로 보호하도록 하였다. 다만 협상 참가국들은 협정 시행 4년 후 위 ②, ③에 대하여 재검토한다는데 동의하였다. 불특허대상 중 ② '미생물 이외의 동식물'이란 비생물학적 및 미생물학적 방법이든 본질적으로 생물학적인 방법이든 그와 같은 방법을 통해 만들어진 모든 동식물 그 자체를 특허로 보호하지 않는다는 의미이다. 따라서 유전공학기술에 의해 동식물의 신품종을 만들었더라도 동식물 그 자체는 특허보호대상에서 제외되는 것이다.

나. 미국

미국은 1980년 미생물특허를 인정한 이후 꾸준하게 생명공학에 대한 특허를 발전시켜 왔으며, 최근에는 동식물을 포함하여 생명공학의 전반적인 면에 대해 특허를 인정하기에 이르고 있다.

(1) 식물

역사적으로는 생명공학의 특허는 '육종된 새로운 식물'의 보호로부터 발전되어 왔다. 원예사업의 지재권 보호에 있어서 다른 산업분야와의 형평성을 주장하면서 과수, 화훼 등 새로운 식물들을 보호해 달라고 요구함에 따라 인위적으로 육종한 식물신품종은 더 이상 자연물이라고 볼 수 없다는 견해가 인정되어 1930년 '식물특허법(Plant Patent Act)'을 제정하여 무성번식 식물을 보호하기 시작하였다. 이러한 식물 변종을 특허로 보호해 주되, 명세서 기재요건과 신규성 판단요건을 완화하고 공보에 그 컬러사진을 게재할 수 있게 하는 등 일반특허와 구별되게 하였다.

그리고 식물특허법을 일반특허법에 통합시키고(1970), 유성번식으로 육종된 식물신품종의 경우에는 농무성이 '식물변종보호법(Plant Varieties Protection Act; PVPA)'를 제정하여 보호하는 이원적 보호제도를 구비하고 있다. 일반특허법에 통합된 식물특허는 미국 특허상표청에서 관장하며 농무성과 협력하여 심사 등록해 준다. 미국에서는 식물신품종의 보호대상은 식물 그 자체이며 꽃, 과일, 종자는 해당되지 않음이 원칙이다.

(2) 미생물

미국 특허법은 세 가지 기본원칙인 신규성, 유용성, 비자명성에 그 기초를 두고 있다. 유용성은 산업상 이용가능성, 비자명성은 진보성과 비슷하다. 미국 특허법은 발명에 대해 '신규로 유용한 방법, 기계, 제품, 조성물을 발명하거나 또는 그들로부터 신규로 유용한 개량물을 발명 또는 발견한 자는 특허를 부여받을 수 있다'고 정하고 있다.

생명공학의 많은 부분이 '조성물'에 해당하지만 오랫동안 판결의 원칙은 '자연의 산물'은 특허 받을 수 없다고 하여 조성물을 제한하여 해석했다. 자연의 산물 원칙은 어떤 발명을 요하지 않는 발견에는 특허를 주지 않는 것인데, 이 원칙은 오랫동안 생물에 대한 특허 부여의 기준이었다. 그런데 이 원칙이 다이아몬드(Diamond) 대 차크라바티(Chakrabarty) 사건에서 바뀌었다. 80년 미국 대법원은 판결에서 석유를 분해하도록 유전적으로 조작된 박테리아의 특허 가능성을 인정했는데 이것은 생명에 대한 특허의 시작이 되었다. 미 특허청이 미생물은 자연의 산물이라 특허가 불가하다고 함에 대해 차크라바티 박사는 그가 만들어 낸 박테리아가 자연적으로 생성되는 박테리아에서는 볼 수 없는 특성을 가지고 있으므로 특허보호를 받아야 한다고 주장하였다. 대법원은 이에 대해 미국 특허법의 '특허되는 발명'의 의미는 미생물도 포함한다고 판결했는데, 이것은 특허법을 생명에 까지 확대하게 된 계기가 되었다.

(3) 동물

미생물 특허에서 나아가 알렌 심결에서 동물자체의 발명도 특허보호의 대상으로 될 수 있다는 것이 시사되었다. 워싱턴 대학의 알렌박사는 인공적으로 염색체수를 배수화하여 일년 내내 먹을 수 있도록 개량한 인공 굴을 개발하여 염색체 수를 배수화하는 방법과 이 방법에 의해 제조된 굴 자체를 특허 출원하였다. 심사관은 거절하였으나, 출원인은 이에 불복하여 심판을 청구하였다. 심결에서 '굴이 생물이라고 거절한 심사관의 판단은 잘못되었으며 인간이 제조한 생물은 동물을 포함하여 특허의 대상으로 된다'고 하여 심사관의 판단을 번복하였다. 최종적으로 이 출원은 비자명성을 이유로 거절되었지만 동물자체도 특허보호의 대상으로 된다는 것을 명확히 한 것에 의의가 있다.

미국 특허상표청은 87년 동물에 대해 특허를 부여하도록 하였다. 이에 따라 미국특허청 심사편람에 자연계에 존재하지 않는 인간 이외의 모든 다세포생물은 특허의 대상으로 된다는 것이 명기되었다.

이 후 동물에 대한 특허부여 반대 법안이 제출되었지만 부결되었고, 88년 하버드 마우스에 대한 최초의 동물특허를 부여하게 되었다. 이 발명은 암유전자를 집어 넣은 수정란을 암쥐의 자궁에 이식하여 출산시켜 암유전자를 다음 세대 이후에 유전하도록 유전자변이 쥐를 만든 것으로, 이 쥐는 통상보다 높은 암 발병 성질을 가진다.

동물 특허 1호는 미국 내에서 뿐이 아니라 전 세계적으로 논쟁에 휘말렸다.

동물애호단체, 농민단체를 중심으로 이 특허의 무효를 구하는 소송이 캘리포니아주 법원에 제기되었지만, 이 소송은 원고 패소하였다. 그러나 동물특허 1호에 대한 반향은 컸다.

결국 92년 하버드 마우스를 개량한 마우스를 포함하여 3건의 마우스를 대상으로 하는 발명에 대해 특허가 부여되었으며, 그 후 많은 출원에 이르고 있다.

다. 유럽 특허조약

유럽에서는 특허법의 실체규정을 통일할 것을 목적으로 스트라스부르크 특허조약(63년)이 체결되었지만, 동식물품종 및 동식물을 생산하기 위한 기본적인 생물학적 방법에 대해서는 특허보호를 부여하지 않는 것으로 정하였다. 그 후 이 규정은 유럽특허조약(EPC, 73년) 및 유럽 각국의 국내법에 계속되었다. 유럽특허청에는 다수의 동물에 관한 출원이 계속 중에 있지만 현 시점에서는 하버드 마우스 이외에는 동물에 관해 유럽특허를 인정하지 않고 있다.

한편 식물특허에 대해서는 특허요건을 엄격히 적용함에 따라 식물품종의 특허보호가 어렵게 되자, 독일, 프랑스의 농무성에서 별도의 식물품종보호법을 만들어 보호하였고, 1961년 식물신품종 육성자의 권리를 보호해 주는 UPOV(국제식물신품종보호조약)조약 체제로 발전하였다. 현재 프랑스, 영국, 독일, 미국, 일본, 중국 등 39개국이 가입하여 활동하고 있다.

라. 일본

(1) 식물

일본은 불특허사유로 공서양속을 해할 우려가 있는 것 등만을 제한하고 있을 뿐이므로, 동식물도 특허요건을 만족하는 경우에는 특허보호의 대상이 될 수 있다. 그러므로 동식물 등의 특허출원에 대해 특허요건만 충족되면 보호의 대상이 된다.

유성번식 식물은 물론, 대부분의 무성번식 식물신품종도 농림수산성이 관장하는 '종묘법'에 의하여 보호되고 있다. 이에 따라 출원, 심사되는 식물신품종은 실지재배시험 등을 거쳐 엄격하게 심사한 후 등록되도록 규정되어 있다. 신품종의 등록요건으로 신규성, 구별성, 균일성, 영속성 및 품종의 명칭 등을 규정하고 있다.

(2) 동물

동물의 육종방법에 관한 발명은 74년 처음으로 특허 부여되었다. 누에의 유충을 제조하는 방법이지만, 이 발명은 실상 기존 동물의 '육종방법의 발명'에 속하는 것이었다. 동물자체에 처음으로 특허된 것은 88년 '자궁각 단축 돼지 및 비외과적 수정란의 채취법'이다. 이 발명은 외과적 수술을 실시하여 수정란을 무균적으로 채취한 돼지를 출원한 것이지만 일세대의 동물에 한정되어 육종동물의 발명은 아니다.

유전적 신형질을 가지는 육종동물의 발명은 90년 '유전성백내장 쥐'에 처음으로 특허 되었다. 성숙기에 자연발생 하는 백내장 쥐에 대한 발명으로 돌연변이된 동물을 선택교배에 의해 고정시킨 것이다.

나아가 93년에는 유전적 변이동물 자체의 발명이 처음으로 출원공고 되었다. 유전적 변이동물은 소위 하버드 쥐라고 불리는 발명의 대응특허이다. 이 출원공고와 거의 동시에 새로운 심사기준이 공표되어 '동물 자체의 발명' 및 '동물을 만드는 방법의 발명'이 특허의 대상으로 된다는 것을 분명하게 하였다. 동물 자체의 발명은 특정 동물의 기재, 특정 동물의 종류, 특징적인 유전자, 특성 등의 기재가 있어야 한다.

2 보호방안과 국내 동향

가. 특허요건

(1) 신규성

일부는 동물이나 유전자 배열은 자연적으로 존재하기 때문에 생명체에 신규성이라는 것은 불가능하다고 주장하나 이 주장은 생명공학은 자연적인 생명체를 변화시켜 원래와 다른 생명체를 만들어낸다는 사실을 간과한 것이다. 현재 추세는 '사람이 만든' 또는 '사람이 변화시킨' 생명체는 신규성 요건을 충족시킨다는 것으로 되고 있다. 유전자도 만일 그것이 원래 발견한 배열 그대로의 형태라면 신규성이 되지 않지만, 분리되고 정제되면 특허가 가능하다.

유전자 배열은 단백질 정보를 나타내는 부분과 그렇지 않은 부분으로 구성되어 있는데 과학자들은 배열을 모체로부터 떼어 내어 단백질 정보를 나타내는 부분만을 분리함으로써 유전자 배열을 분리하고 정제한다.

위와 같은 신규성 기준에 의하면 분리되고 정제된 유전자에 대한 신규성 요건은 충족된다.

(2) 유용성(산업상 이용가능성)

유전자변이 동물이나 인간 유전자 배열은 질병 모델이나 제약 산업·식량 생산 등에 매우 유용하다. 그러나 유전자 배열은 좀 더 어려운데 그 이유는 한번 배열이 발견되고 정제되면, 단백질이 현실적으로 작용하지 않고 단지 인간 단백질을 생산함에 그친다고 알려져 있기 때문이다. 이런 경우 특허 출원자는 유전자 배열이 관찰자나 연구자 또는 여러 종류의 유전자 연구를 하는 초보자들에게 다른 형태로 작용한다는 사실을 보여야 되고, 이들 중 하나의 목적으로 사용될 수 있다는 것이 증명된다면 유용성 요건이 충족될 것이다.

(3) 비자명성(진보성)

자명성 여부는 선행기술에 비추어 판단해야 하는데 만일 새로운 발명이 선행기술에서 쉽게 나올 수 있는 것이면 특허가 불가하다. 과학자들은 유전자 배열이 비록 새로운 것이라 하더라도, 다른 유전자 배열을 분리하면서 비슷한 기술을 사용하므로 자명성 요건은 생명공학 영역에 있어서 곤란한 문제라고 본다.

나. 윤리문제

생명공학의 급속한 발전에 따라 유전자의 조작에 의해 새로운 생명체를 만들거나 복제양 돌리의 경우처럼 인간복제의 가능성이 점차 높아지자 윤리문제가 부각되고 있다.

유용성과 그 기능이 규명된 인터페론, 인터루킨 등을 지정하는 인체유전자 염기서열에 대하여는 특허가 되고 있는데, 세계적으로 약 2000여건이 특허 되었다.

이와 같이 인간의 삶에 지대한 영향을 미치는 생명공학이 건전하게 지속적으로 발전하기 위해서는 반드시 윤리문제가 극복되어야 한다. 이러한 윤리문제를 반영하여 UR/TRIPS 조항 중에 공서양속에 반하고 공중위생을 해할 우려가 있거나 환경파괴의 우려가 있는 발명에 대해서는 특허되지 않을 수 있도록 하고 있다.

우리 특허법에서도 공서양속에 반하거나 공중위생을 해할 염려가 있는 발명에 대하여는 불특허하도록 규정하고 있다. 그러나 이 규정은 매우 포괄적인 규정이며, 윤리적 이유로 특정의 동물에 관한 발명을 이 조항으로 하여 특허대상에서 제외하는 것에는 간단치 않다.

즉 특허의 대상으로 인정하는 것과 특허대상으로 인정된 동물의 생산을 인정하는 것은 별개의 문제이므로 그 동물의 생산에 의해 발생하는 문제는 특허와는 별개의 법적 수단으로 해결해야 할 문제일 것이기 때문이다.

다. 안전성

유전자 변이 기술에 의해 개발된 동물 등에 법적보호를 부여하면 안전성이 문제가 된다고 하는 입장이 지적되고 있다.

① 유전자변이 동물 등이 자연계에 유출될 가능성이 있으며, 유출된다면 야생동물이나 환경에 심각한 변화를 가져올 염려가 있다.

② 특허를 부여하게 되면 연구가 촉진되어 위 가능성이 높아진다.

이에 대해 반론의 근거로는, 특허를 부여받게 되면 안전성의 확보에 관해 반드시 조치해야 한다고 하며, 실험이나 산업이용에서의 안전성은 특허부여와는 별도 법률에 의해 규율되어야 한다고 주장한다.

유전자변이 기술에 관한 안전대책은 이후 세계적으로 검토 되고 있다.

라. 국내 생명공학분야 심사기준

국내에서는 80년대 초 유전공학연구의 붐이 이루어져 많은 기업들이 생명공학분야의 시장 선점을 위하여 노력하였다. 80년대 후반 유전공학연구조합에 가입한 기업의 수가 20개 회사 정도에 달했다는 사실만 봐도 알 수 있을 것이다. 생명공학제품의 대부분이 의약품이므로 개발기간이 상당히 길기 때문에 실용화가 보편화되기에는 아직은 이르다고 말할 수 있겠으나 그래도 몇 가지 품목들이 자체 개발되어 매출이 이루어지고 있다.

87년 인슐린을 필두로 최근의 EPO(Erythropoietin)까지 많은 바이오의약품이 도입되고 있으며 인터페론, 알파 인터페론, 베타 인터페론, 감마 B형 간염백신 등의 자체개발 품목도 출시되고 있는 상황이다.

우리나라에서는 종래부터 미생물이용발명에 대해서는 특허를 허여했지만 87년 7월 1일 미생물자체에도 특허 될 수 있게 특허법을 개정하여 90년 3월 부다페스트조약이 한국 내에서 발효됨으로써 국제적수준의 미생물관련발명을 보호하게 되었다.

식물에 대해서는 식물발명특허, 즉 '무성적으로 반복 생식할 수 있는 변종식물을 발명한 자는 그 발명에 대하여 특허를 받을 수 있다'라고 명시되어 있다.

2006.2. 최근 미국 특허청에 각국 연구팀이 등록한 생명공학분야 특허기술력을 평가했을 때 한국은 세계 19위 수준에 해당한다는 분석결과가 나왔다('생명공학분야 특허동향' 보고서). 한국은 95년에서 99년까지는 세계 20위였지만 2000년에서 2004년 사이 14위로 순위가 상승해 최근 생명공학분야 발전 양상을 반영하고 있다. 기술력 지수 1위는 미국이었으며 일본이 2위, 독일이 3위, 영국이 4위를 각각 차지했다.

생명공학분야 심사기준에 따른 특허보호대상은 표 1과 같다.

표 1. 생명공학분야 심사기준에 따른 특허보호대상

구분	대상	특허여부	비고
물질	유전자(DNA서열)	특허가능	우용성이 밝혀진 경우만 가능(단순 게놈 서열만으로는 불가능)
	단백질(아미노산 서열)	특허가능	
	미생물(바이러스, 박테리아 등)	특허가능	관련 미생물 기탁 의무
	동물	특허가능(단, 공서양속에 반하지 않는 것)	동물발명에 대한 심사기준 신설
	식물	무성적으로 반복생성할 수 있는 변종식물만 가능	특허법(식물특허 발명)
	인간의 신체 부분	특허불가	인가의 존엄성을 해치는 발명은 특허대상에서 배제
방법	수술, 치료방법	사람불가, 동물가능	사람의 치료 진단방법은 의료행위에 해당하므로 산업상 이용가능성이 없는 것으로 판단(특허법)
	유전자 치료법	사람불가, 동물가능	
	진단방법	사람불가, 동물가능	

우리나라는 생명공학분야의 최근 기술발전 사항을 구체적으로 반영하고, 심사의 일관성 유지를 통한 심사품질 향상을 위하여, 2010년 1월 생명공학분야 특허심사기준을 개정하고 이를 2월부터 시행하였다. 배경은 다음과 같다.

생명공학기술은 21세기에 가장 눈부시게 성장하고 있는 대표적인 기술분야로서, 2003년 '인간 유전자 지도 작성사업(게놈 프로젝트)'[1)]의 완료로 게노믹스(유전체학), 프로테오믹스(단백질체학), 바이오인포메틱스(생명정보학) 등과 같은 새로운 학문 분야가 만들어졌고, 이와 관련한 대형 데이터베이스들이 구축되어 신기술 연구개발에 활용되고 있으며, 최근 들어 선진 각국은 이처럼 향상된 생명공학기술의 예측기법 및 탐색방법 등을 이용하여 생명공학기술 기반의 의료나 신약 개발분야에 집중적인 투자를 하고 있다.

우리나라는 국내 특허출원 건수, PCT 국제조사 시장점유율이 모두 세계 4위로서, 위와 같은 생명공학분야의 급속한 발전에 힘입어 관련 기술의 특허출원 및 PCT 국제조사가 큰 폭으로 증가할 것으로 예상되고 있어, 이를 반영한 특허심사기준의 개정이 필요하게 되었다.

표 2. 생명공학 심사기준 개정 개요(2010)

개정 사항	내용
기능으로 한정한 공지의 유전자 또는 단백질에 대한 신규성 판단	새로운 용도를 발명하였더라도 최종적으로 청구하는 바가 공지의 유전자나 단백질 자체이면 신규성이 없음을 명시하였고, 새로운 용도에 대한 명세서 기재 기준의 일례를 제시
폴리뉴클레오티드 단편이나 안티센스의 진보성 판단	공지된 유전자와 관련한 일반적인 프라이머나 프로브, 안티센스 등은 매우 현저한 효과를 입증하여야 진보성을 인정
공지된 다수의 유전자나 단백질을 마커[2)]로 청구하는 경우의 단일성 판단	구체적 예시의 추가를 통하여 동일하거나 상응하는 기술적 특징에 대해 구조적 기여도를 고려하여 판단함을 명확히 제시
공지의 종이고 유용성이 알려진 다른 미생물과 동일 속에 속하는 경우의 진보성 판단	출원인이 부여한 명칭이나 수탁번호로 한정하여 공지의 미생물과의 구별이 모호한 경우, 명확한 비교를 통해 신규성 및 진보성을 판단하도록 예시와 설명을 추가

1) Human Genome Project: 인간이 가진 모든 유전자의 위치와 염기서열을 밝히기 위한 연구 계획이며, 1990년 미국을 중심으로 프랑스, 영국, 일본 등 15개국이 민간법인인 셀레라 게노믹스의 후원을 받아 시작한 사업으로 2003년 4월 12일 완료됨

2) 바이오마커: 특정 세포 종류나 질병, 생물학적 상호작용을 탐색하거나 분리할 수 있는 분자로서, 일반적으로 유전자나 단백질이 특정 질병이나 약물반응의 바이오마커로 이용됨

생명공학분야 특허심사기준은 1998년에 제정되어 4 차례에 걸쳐 개정되었는데, 이번에 개정된 심사기준에는 '칩 기반 생명공학기술' 관련 특허출원 등 최신 기술에 대한 사례와 심사기준, 그리고 출원인 등이 심사기준을 쉽게 이해하고 활용할 수 있도록 구체적인 사례를 다수 포함시켰다.

개정사항의 주요 내용은 표 2와 같다.

3 물질특허

물질특허는 전혀 논란이 되지 않는다. 역사성 때문에 살펴본다. 물질특허나 생명기술 특허의 역사를 볼 때 특허의 범위는 자꾸 확장되고 있다. 기술선진국의 보호막이 커지는 것이다.

물질특허란 화학적 방법에 의하여 제조되는 물질의 발명에 부여되는 특허를 말한다. 좁은 뜻으로는 화학물질특허 만을 의미하지만 넓은 뜻으로는 화학물질 이외에 의약품의 발명에 부여되는 의약특허와 음식물 등에 대하여 부여되는 특허 등을 모두 포함한다.

화학물질특허는 새로 만들어진 물질 그 자체에 대하여 특허를 청구할 수 있다는 점에 그 특징이 있다. 즉, 일반특허와는 달리 특허의 대상이 되는 물질의 용도를 특정할 필요가 없다. 따라서 화학물질특허를 받은 특허권자는 그 물질에 관한 새로운 용도나 제법을 발명한 모든 후속 발명자에 대하여 원특허권자로서의 권리를 행사할 수 있게 된다. 이것은 결과적으로 과학기술이 발달한 선진국이 물질특허제도를 이용하여 후진국의 화학공업 자체를 지배할 수 있게 한다. 이 때문에 물질특허제도의 인정 여부나 그 적용범위를 둘러싸고 선·후진국 간에 심한 마찰이 빚어지고 있다.

그 밖에 의약특허는 사람의 질병의 진단·치료·처치 또는 예방을 위하여 사용되는 물질에 관한 특허로서 물질특허 중에서 그 용도가 의약에 특정된 것이다. 이 의약특허 역시 일반적인 발명특허와는 달리 그 용도가 의약으로 특정되는 한에서는 이를 이용한 조성물의 발명에까지 특허의 효력이 미친다는 특징이 있다. 다만, 약사법에 의한 조제행위와 그 조제에 의하여 제조된 의약에는 미치지 않는다.

원래 우리나라는 1986년 전까지는 화학적 방법에 의하여 제조할 수 있는 물질의 발명은 특허를 받을 수 없었다. 이것은 화학물질 자체에 대하여 특허를 부여하게 되면 같은 물질의 다른 제조방법에 관한 기술연구의 의욕을 저하시키고 선진국에 비해 낮은 수준에 머물러 있던 우리나라 화학공업의 발달을 저해하는 결과를 초래하기 때문에 이를 방지하려는 데에 그 취지가 있었다. 물론 이와 같이 물질발명에 대한 특허가 부여되지 못하는 경우에도, 특허의 대상에서 제외되는 것은 화학물질 자체이고 화학적 변화에 의하여 그 물질을 제조하는 방법은, 그것이 산업에 이용될 수 있는 발명으로서 신규성과 진보성을 갖춘 이상 특허의 대상이 될 수 있었다.

그러나 물질발명의 보호에 관한 선진국의 요구가 거세지는데다가 국내 화학공업도 상당한 발전을 이룩했다고 판단한 정부는 1986년 특허법을 개정하여 물질발명에 대하여는 특허가 부여될 수 없다고 하는 예외규정을 삭제하였다. 이로써 우리나라에서도 물질특허가 인정되게 되었다. 또한, 1990년에는 음식물의 발명까지도 불특허 사유에서 제외함으로써 이에 대한 특허를 인정하였다. 1995년에는 '원자핵 변환방법에 의하여 제조될 수 있는 물질'에 관한 불특허 조항을 삭제하였다. 이로써 우리나라에서는 새로 발명되는 모든 물질에 대해서 특허를 받을 수 있다.

Chapter 5

인공지능 및 전자상거래 기술

1 인공지능

가. 개요

인공지능(Artificial Intelligence)이란 컴퓨터나 로봇 장치가 논리적 추론, 의미의 발견, 일반화, 학습 등과 같은 주로 인간의 고도의 지적 처리 특성과 관계된 일을 수행할 수 있는 능력을 말한다. 일반으로 지능은 '문제해결 능력'이라고 정의할 수 있다. 우리가 일상생활에서 연출하는 사고·판단·행위 등 수 없이 많은 것들이 모두 지능의 작용이다. 컴퓨터는 뛰어난 계산능력을 가지고 있으나 이것만으로 인공지능이라고 하지는 않는다. 인간처럼(적어도 인터페이스 상) 지적처리를 할 수 있을 때 인공지능이라고 할 수 있다.

최근에 다량으로 출원되고 있는 논리처리·퍼지·신경망·전문가시스템 등 은 지능정보처리 기술의 하나이며, 이 같은 지능정보처리 기술은 보다 더 인간에 가까운 시스템, 즉 적응성이 있는 유연한 시스템 구축을 가능하게 만들었다. 이러한 기술을 제어·인식·사고추론·언어번역·학습·지능 로봇 등 산업전반에 적용하면서 파생된 발명을 특허 출원하는 분위기가 증가되었고, 이에 맞춰 인공지능관련 발명의 출원동향 및 특허성 여부를 검토할 필요가 있고, 또한 인공지능 기술의 발전에 따라 점점 소프트웨어화, 하드웨어화 되어 가는 인공지능 관련 알고리즘의 법적 보호 가능성 여부를 검토할 필요가 있다.

일반적으로 인공지능에는 언어이해·추론·문제해결 등 인간의 지적행동을 대신해서 수행하는 기계적인 시스템으로서 인간의 지식을 정리하고 지식베이스를 만들어 보존하는 한편, 이를 이용한 추론을 실행하여 판단하는 구축순서가 요구되며, 대표적인 응용 시스템으로는 전문가시스템·기계번역·패턴인식·지능 로봇 등에 적용되고 있다(표 1 참조).

표 1. 인공지능의 응용분야

분 류	응 용 분 야
전문가 시스템	전문가의 대행 또는 지원을 행하고, 분석, 설계, 의사결정 등을 하는 시스템
음성 인식	음성의 자동인식 기술과 그것을 이용한 데이터 처리 시스템
화상 인식	문자인식, 패턴인식 기술과 그러한 기술을 응용한 문자, 도면 해독장치 등
CAI(Computer Aided Institution)	학교 등에 있어서 컴퓨터를 이용한 교육 시스템, 각종의 훈련 시뮬레이터
자연언어 소프트웨어	기계번역, 질문 응답 등의 자연언어 인터페이스, 자연언어에 의한 프로그래밍 등
지능로봇	인간의 접근이 어려운 악환경 및 공장라인 등에서 사용되며, 자기의 판단능력으로서 행동, 작업하는 로봇
퍼지 및 신경망 시스템	인간의 주관적인 행동을 객관화, 계량화 시킬 수 있는 방법이며, 비선형성을 갖는 기계시스템 등에 적용

나. 인공지능관련 기술개발 동향

(1) 전문가 시스템의 기술개발 동향

어떤 특정한 전문적인 문제영역에 주목하여, 그 분야에서 전문가가 갖고 있는 지식을 이용해서 전문가와 동등한 능력을 갖출 수 있는 시스템을 말하며, 일반적으로 지식베이스와 추론엔진부의 2가지 요소로 구성된다. 전문가시스템의 기술개발 동향은 표 2와 같다.

표 2. 전문가시스템의 기술 개발 동향

분 류	기 능	사 례
해 석	검출기로부터 얻은 데이터의 해석, 이해	신호해석, 도형, 화상, 자연어 이해
예 측	현재상황으로부터 장래의 상태 예측	수요. 기상예측, 사고예측 등
진 단	관측정보로부터 이상진단, 추측	의료진단, 기계·전자계통 고장진단
설 계	주어진 구속조건을 만족하는 대상물의 구조결정	기계·회로 설계, 재료, S/W설계
계 획	행동, 동작의 설계	운용·조업 계획, 제조공정관리
감 시	시스템 상태의 관측과 소정상태의 비교	계통감시, 원자력 발전감시, 병상
보 수	진단된 시스템에 대한 보수계획의 실행	컴퓨터 보수, 기계·전자계통 보수
교 육	교육생의 훈련과 진단	CAI, 훈련 시뮬레이터
제 어	시스템 동작의 해석, 예측, 감시제어	시스템의 제어, 적응제어

(2) 퍼지 시스템 및 신경망의 기술개발 동향

퍼지 시스템은 인간의 애매한 표현, 주관적인 행동을 객관화. 계량화시킬 수 있는 방법이며, 인간의 사고프로세스나 판단을 다루는 것이 가능하기 때문에 그 응용은 사회, 경영시스템, 진단, 제어 등 다양 하게 응용되고 있고, 신경망 이론은 뇌의 기본소자인 뉴론의 구조 및 정보처리 메커니즘을 이용하여 비선형성을 갖는 기계시스템에 적용하고 있다.

퍼지시스템은 60년대 자데 교수에 의해서 주창되어 74년 런던대학의 맘다니 교수가 스팀엔진 제어에 처음으로 응용하였으며, 80년대에 이르러 덴마크의 스미스사가 시멘트킬른 제어에 퍼지 이론을 적용한 이후로 제어 및 다양한 산업분야에 도입되었다. 또한 신경망은 43년 맥클로치가 주창한 이후로 신경망의 큰 특징인 학습기능을 이용하여 인식분야에 광범위하게 적용되고 있고, 90년대에 들어와서는 신경망의 지능정보처리기술을 응용한 컴퓨터 및 기본소자인 뉴런칩이 개발되었다.

선진각국에서는 80년대 이후 다양한 산업분야에서 인공지능의 적용 가능성을 연구하고 있고, 예를 들면 열차의 자동운전, 정수장의 약품주입 제어, 터널의 환기제어, 엘리베이터 관리 및 가전제품 등에 응용되면서 이를 운용하기 위한 방법발명 뿐 만 아니라 인공지능개념의 알고리즘을 하드웨어화하는 기술 개발 및 특허출원도 증가하고 있는 추세이다.

다. 인공지능의 특허대상 여부

(1) 장치로 청구한 인공지능 시스템의 특허대상 여부

현재 인공지능 시스템은 방법 및 장치발명으로 다양하게 출원되고 있으며, 본 발명의 청구범위 구성요소로서 기존의 플랜트와 컴퓨터, 그리고 인공지능 알고리즘(예: 전문가시스템, 퍼지이론, 신경망)의 장점만을 결합한 형태로 출원하고 있으며, 또한 인공지능 시스템을 하드웨어로 구현한 뉴론칩. 퍼지칩. 인공지능 컴퓨터 등이 개발되어 특허 출원되고 있고, 이러한 특허는 대부분의 국가에서 특허대상이 되고 특허요건도 만족하여 특허가 허여되고 있다.

(2) 방법으로 청구한 인공지능 알고리즘의 특허대상 여부

일반적으로 인공지능의 개념을 구현하기 위한 알고리즘은 지식베이스와 추론엔진을 구성요소로 하여 발명의 목적을 달성하고 있으며, 인공지능이 갖는 비선형성 특징을 기존의 하드웨어(선형성)에서 동작시키기 위하여 소프트웨어 형태로 구성하고 있고, 이와 관련된 기술을 특허청구 하고 있으나 이 또한 특허대상이 되고 있다. 다만, 인공지능 알고리즘의 목적달성을 위한 수학적 계산과정(예: 추론엔진의 연산방법, 무게 중심 법, 최대 최소 연산법 등)의 경우, 특허요건을 만족시키지 못하는 경우도 있다. 한편 소프트웨어는 컴퓨터프로그램 보호제도로서 보호받을 수 있다.

라. 전망

인공지능은 세계적인 규모로 진행되고 있는 고도 정보화 사회구축의 조류를 배경으로 하여 눈부신 속도로 보급되고 있으며, 특히 컴퓨터산업의 발달은 과거에 손쉽게 이용할 수 없었던 기술을 용이하게 이용할 수 있도록 하였다.

인공지능 관련 기술은 크게 두 방향으로 연구·개발되고 있다. 하나는 심리학적 또는 정보처리학적인 입장에서 인간의 내적 움직임을 해명하려는 것으로 기억이나 학습·신념·지각·의식·감정·언어·사고 등을 개발과제로 하고 있고, 다른 하나는 인공지능 기술의 결과를 응용해서 출원하고 있는 지식공학분야로 구분하여 발전을 거듭하고 있다. 향후 인공지능 관련 기술은 인간의 지적능력을 기계에도 갖게 함으로써 인간의 물리적 기능의 보완은 물론이고 정신적 기능까지도 보완하기 위한 기술개발을 촉진하고 있으며, 학습, 지식획득, 의사결정과 같이 인간의 능력과 유사한 일련의 지적 동작을 컴퓨터에 부여하려는 기술 분야, 예를 들면 학습·자연어처리·전문가시스템·로보틱스·컴퓨터를 이용한 디스플레이시스템 등에서 특허출원이 급증할 것이다.

오늘날 인공지능 관련 발명이 다량으로 출원되고 있으나 대부분의 특허는 하드웨어(칩 형태) 및 인간의 기능을 대체하는 인공지능 알고리즘 형태(방법발명), 이를 실현하기 위한 기술적 수단을 소프트웨어화한 발명으로 출원되고 있으며, 이러한 기술의 기술적 사상은 모두 특허대상이 되며 특허요건을 만족하고 있기 때문에 앞으로 고도정보화 사회로 이행하는 2000년대에는 환경변화에 유연한 적응성을 갖고 있는 고도의 지능정보처리 기술인 인공지능 시스템이 산업사회 전반에 걸쳐서 광범위하게 적용될 것이며, 이에 따라 인공지능과 직간접적으로 관계된 기술의 특허출원도 급증할 것이다.

2 전자상거래 관련기술

가. 개요

인터넷 기술의 발달과 컴퓨터 보급의 확산에 따라 실제 공간(오프라인)에서 소비자와 판매자가 직접 만나서 실행하는 전통적 방식의 상거래 뿐 아니라 인터넷 매체의 활용을 통하여 웹상의 가상공간에서의 전자상거래가 증가하고 있는 추세이다.

전자상거래란 '인터넷을 비롯한 네트워크와 디지털화를 바탕으로 발생한 새로운 상거래로서 상품 및 서비스의 홍보, 카탈로그의 비치 및 열람, 견적서의 작성, 주문 및 계약 성립의 확인·결제, 기업내부의 주문접수처리, 고객서비스 등 개인과 기업간에 이루어지는 비즈니스 프로세스 전체를 전자화함에 의하여 이루어지는 거래'라고 정의할 수 있다.

정보통신기술의 발달에 힘입어 급성장하고 있는 전자상거래 인프라는 기존의 서면·대면거래와 달리 쌍방향이고 다수·대량으로 이루어지는 거래방식의 특성상 법적인 측면에서도 기존의 법 이론을 그대로 적용하기 어려운 면이 나타나고 있는데 지식재산권 제도의 보호측면에서도 그러한 면이 있다.

즉, 전자상거래를 운용하는 관련기술의 보호와 이에 따른 분쟁의 양상은 종전과는 다른 새로운 차원의 이슈를 제기하고 있으며, 선진국과 후진국간에도 첨예한 입장대립을 보이면서 향후 관련제도의 정립과 발전방향에 관심이 집중되고 있는 상황이다.

전자상거래 시스템 운영과 관련하여 인터넷 기반기술 분야를 어떻게 구분할 것인 가에 대해서는 여러 논의가 있으나, 대체로 표 3과 같은 형태로 관련 기술을 분류하고 있다.

표 3. 인터넷 기반 기술의 분류

구분	기술 분야	기술 내용
1	통신기술	암호화, 인증, 압축, 에러 보정, 프로토콜 관련 기술로 모뎀 등의 hardware와 결합
2	웹싸이트 디자인	비즈니스 모델, 스크린 레이아웃, 유저(user)를 위한 쌍방향성 정보를 포함하는 web-site design 관련기술
3	유저클라이언트 프로그램	접속 소프트웨어, 브라우저 및 e-mail 프로그램을 포함하는 user-client program
4	서버디자인	데이터처리와 서버 상에서 데이터 구조의 배열/관리를 포함하는 server design 관련기술

인터넷 관련 발명은 시스템 분야와 응용분야로 대별되며, 응용분야의 주류는 전자상거래 분야로서 영업 방법(BM), 전자화폐 관련 발명으로 그 유형을 세분할 수 있다(그림 1 참조). 여기서는 주로 영업방법에 대해 설명한다.

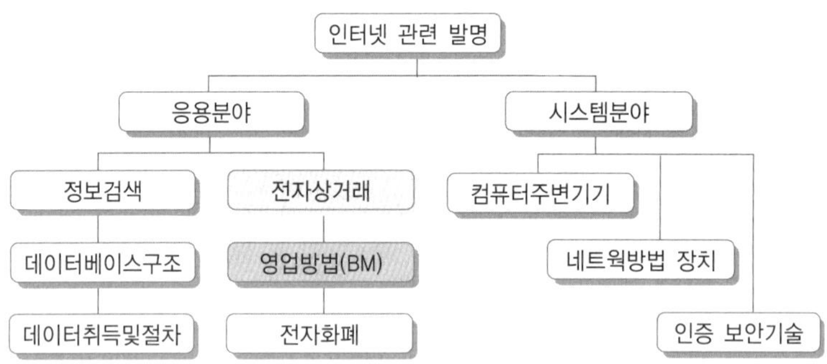

그림 1. 인터넷 관련 발명

나. 영업 방법(BM) 특허

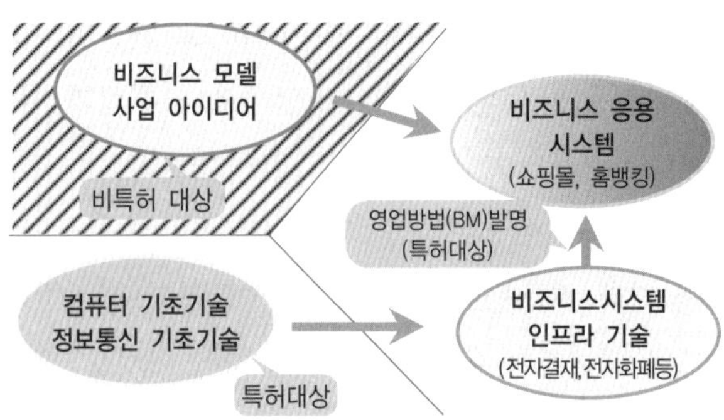

그림 2. 영업방법의 특허

영업방법 특허란 컴퓨터 및 네트워크 등의 통신기술과 사업 아이디어가 결합된 영업 방법 발명에 대해 부여된 특허를 말한다. BM이란 용어는 Business Method, Business Model이 혼용되어서 사용되고 있으나 미국 특허법상 용어로 Method가 통용되고 있고, 국내 특허법에서도 발명의 카테고리를 '물건과 방법'으로 구분하고 있으므로, Business Model 보다는 Business Method라는 용어가 보다 적절하다. 그러나 통상 비즈니스 모델이라고도 불린다.

다. 영업방법 발명의 특허성 판단 사례

영업방법 발명의 판단사례는 '전자상거래 관련 발명의 심사 지침'중에 다양하게 나타나 있으며 한 예를 살펴본다.

(1) 사례 : 인터넷 상의 광고 보상 방법

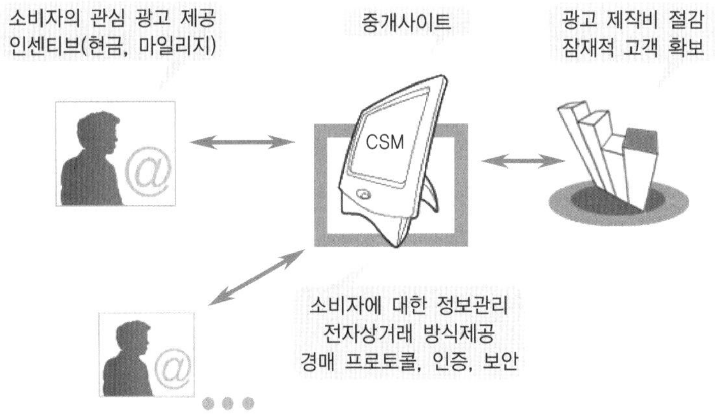

1. 인터넷상의 광고주가 소비자(사용자)에게 광고를 보면 대가 지불
2. 현금, 포인트, 마이리지 등 소비자에게 인센티브를 주는 발명
3. 대가지불사단 및 결제수단, 보안인증수단, 처리수단, 정보관리수단, 디스플레이수단

그림 3. 인터넷상의 광고 보상 방법

① 발명이 해결하고자 하는 과제

인터넷상의 단순한 배너광고는 사용자의 관심을 유발하는데 한계가 있으며 본 발명은 광고에 관심을 보인 대가를 즉석에서 보상함으로써 사용자의 관심을 유발하는 방법을 제공한다.

② 과제를 해결하기 위한 수단

본 발명의 시스템은 컴퓨터 네트워크 상에서 연결된 광고 정보 제공자의 컴퓨터(서버)와 다수의 사용자 컴퓨터들로 이루어진다. 상기 컴퓨터는 디스플레이 장치와 사용자 입력장치를 갖고 있고, 상기 디스플레이 장치는 상기 네트워크를 통하여 사용자 컴퓨터로 전송되는 디지털 정보를 디스플레이 할 수 있다. 광고 제공자의 컴퓨터는 사용자들로부터 회원가입을 받고 회원들의 신상 및 계좌 등을 관리하는 데이터베이스시스템을 포함한다.

먼저 광고 정보제공자의 서버와 사용자 컴퓨터가 네트워크를 통하여 연결되면 광고를 포함한 정보가 사용자컴퓨터에 전송되어 디스플레이장치에 표시된다.

사용자가 광고를 선택하여 클릭할 경우 상기 서버는 이를 인식하고 그 광고에 주의를 기울인 대가로 정해놓은 만큼의 금액을 사용자계좌에 입금함으로써 보상해준다.

③ 특허청구의 범위

다음을 포함하는 인터넷상에서 광고를 보는 대가를 지불하는 방법.

인터넷상에서의 광고방법에 있어서, 광고정보 제공자의 컴퓨터와 사용자컴퓨터를 네트워크 상에서 연결하는 단계;

광고를 포함한 정보를 사용자컴퓨터에 전송하는 단계;

광고를 포함한 정보를 사용자컴퓨터에서 디스플레이하는 단계;

사용자가 회원인 경우에 로그인하고 비회원인 경우에는 회원가입을 하고 로그인 하는 단계;

사용자가 광고를 클릭하는 단계; 광고 정보 제공자의 컴퓨터가 광고를 클릭한 사용자와 클릭된 광고를 인식하는 단계;

그 광고에 주의를 기울인 대가로 정해놓은 만큼의 금액을 사용자계좌에 입금하여 보상하는 단계;

(2) 특허성 판단

청구 발명은 효율적인 광고를 위하여 광고를 클릭한 사람에게 보상을 해주는 영업방법 상의 아이디어와 이를 인터넷상에서 구현하는 기술이 결합된 것으로 볼 수 있다.

그 중 광고를 클릭한 사람에게 보상을 해주는 영업방법 상의 아이디어는 본 발명의 특징적인 방법으로 주장되고 있다. 이 경우 그 영업방법상의 특징을 인정하여야 하며 선행자료를 조사해 본 결과 그 영업방법에 대한 본원의 출원 이전에 공개된 자료를 찾을 수 없을 경우에는 진보성이 없다고 거절할 수 없다.

라. 해외 영업방법 특허 사례: 중개 비즈니스 관련

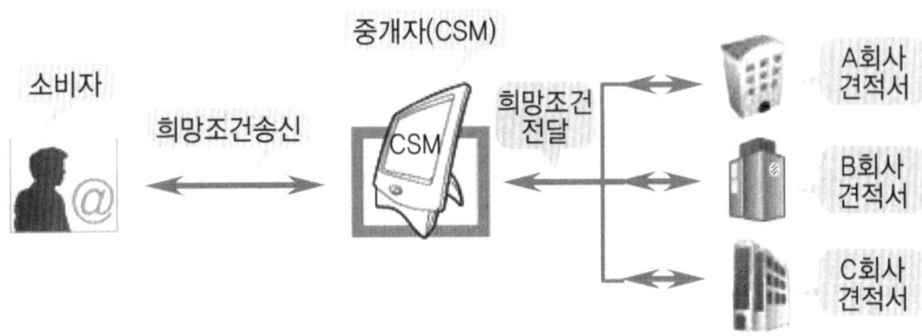

※ 인터넷상의 중개비지니스
중개자는 소비자가 가 등록한 구매조건에 맞는 판매업자간의 경쟁 reverse auction을 실시함

1. 소비자는 희망하는 상품의 구입조건을 중개자에 송신
2. 중개자는 상기 구입조건을 각 회사에 전달
3. 각 회사의 견적을 중개자에게 제시
4. 중개자는 각 회사의 견적을 대비해서 소비자의 희망조건에 맞는 상품을 선택, 소비자에게 연락

그림 4. 인터넷 상의 중개 비지니스

영업방법 특허의 대표적인 사례로서, 미국 코네티컷 주의 프라이스라인사(priceline.com)가 1998년 8월 미국 특허청으로부터 취득한 소위 '역경매(reverse-auction)' 관련 특허를 들 수 있다.

역경매 방식의 특허란 공급자가 물건을 소비자에게 경매를 통해서 최고가로 낙찰시키는 기존의 경매 방식에서, 역으로 소비자가 물건의 값을 먼저 제시하여, 이 조건을 수락하는 공급자와 연결시켜주는 영업방식을 인터넷상에서 구현된 형태로 출원한 특허이다.

실제 등록된 특허 범위는 다음과 같다.

① 제공가격을 포함하는 조건부 구매요청을 컴퓨터에 입력하고,

② 조건부 구매 요청과 관련된 지불 식별수단, 신용카드 계좌를 나타내는 지불 식별수단을 컴퓨터에 입력하며,

③ 지불 식별수단 접수 후에 다수의 판매자들에게 조건부 구매 요청을 출력하고,

④ 조건부 구매 요청에 응하는 승낙과 판매자로부터의 승낙을 컴퓨터에 입력하며,

⑤ 지불 식별수단을 이용하여 판매자에게 지불수단을 제공하는 것으로 구성되는, 컴퓨터를 이용하여 판매자와 한 명 이상의 판매자 간의 거래를 용이하게 하는 방법

마. 금융 비즈니스 관련 특허 사례

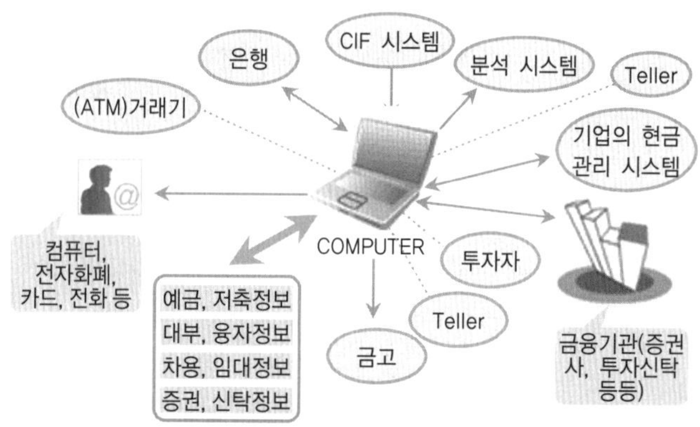

➡ 금융 비즈니스 방법에 관한 소프트웨어 발명
(공동출자한 투자신탁을 운영관리하기 위한 데이터 처리 시스템, 1998, SFG 그룹)

➡ 전자화폐를 이용한 금융기관, 개인간의 거래방법을 특허로 출원하여 주요 선진국에서 특허획득(1996, Citi Bank)

그림 5. 금융 비즈니스 방법의 특허

금융 비즈니스 관련 특허란 영업방법 발명의 한 형태로서 금융업무의 자동화와 관련된 즉, 증권화, 금융파생상품, 투자위험 평가분석, 자산부채 종합관리 등과 같은 금융 비즈니스 방법에 관한 발명을 말한다.

대표적인 것으로 Signature Financial Group사의 '펀드 관리 데이터 처리 시스템'을 들 수 있는데, 1998년 미국 연방법원이 이 특허가 적법한 특허대상을 구성한다고 판결함으로서, 국제적으로 영업방법의 특허성에 관한 논쟁을 일으켰다.

등록 범위는 각 파트너가 다수의 펀드 중의 하나의 파트너십으로 설정된 포트폴리오의 재무서비스 구성을 관리하기 위한 데이터처리 시스템으로서 다음 사항을 포함하는 데이터처리 시스템이다.

① 데이터를 처리하기 위한 컴퓨터 프로세서 수단;

② 저장 매체상에 데이터를 저장하기 위한 저장 수단;

③ 상기 저장매체를 초기화 하기 위한 제1수단;

④ 상기 포트폴리오 내의 자산과 전날의 상기 펀드 각각에 관한 데이터를 처리하고 상기 펀드 자산 각각에서의 증가 혹은 감소에 관한 데이터를 처리하여 상기 포트폴리오 내에서 각각의 펀드가 보유하는 퍼센트 셰어를 배당하기 위한 제2수단;

⑤ 매일의 수입 증가분, 비용 증가분, 및 상기 포트폴리오에 관한 순확정 이익 혹은 손실에 관한 데이터를 처리하여 각각의 펀드에 대하여 그러한 데이터를 배당하기 위한 제3수단;

⑥ 상기 포트폴리오에 관한 매일의 순 비확정 이익 혹은 손실에 관한 데이터를 처리하여 각각의 펀드에 대하여 그러한 데이터를 배당하기 위한 제4수단; 및

⑦ 상기 포트폴리오 및 상기 펀드 각각에 관한 총 연간 수입, 비용, 및 자본이익 혹은 손실에 관한 데이터를 처리하기 위한 제5수단

바. 국내정책

(1) '전자상거래 관련 발명의 심사 지침' 제정·시행

미국, 일본의 경우 전자 상거래 관련 출원은 컴퓨터 관련 발명 심사기준을 적용하여 심사하고 있다. 일본은 프로그램을 물건 발명으로 정의, 프로그램전송은 실시행위로 규정하고 있다.

우리나라에서는 앞에서 설명한 '컴퓨터 관련 발명 심사 기준(1998)'에서 기록매체 청구항을 허용하였고, 전자상거래 분야의 특유한 사항에 대한 명확한 기준을 제시하기 위해 2000년 '전자상거래 발명의 관련 심사 지침'을 별도로 제정·시행하고 있다.

(2) 전자상거래 관련 발명의 우선심사제도 시행

인터넷 기술은 기술 변화 속도가 빠르므로 출원된 기술에 대해 조속한 권리화가 필요하다는 의견 때문에 우선심사제도로서, 전자상거래 관련 발명의 특허

출원에 대해 출원공개 전이라도 우선심사를 할 수 있도록 하였다.

우선심사를 신청하면 선행기술조사를 거쳐 거절이유가 없을 경우 약 2-3개월 만에 특허등록 가능하다.

BM특허 우선심사 신청 건수는 2000년 239건, 2001년 226건, 2002년 207건, 2003년 283건, 2004년 9월말 393건 수준이다.

우선심사 대상이 되는 전자상거래 관련 발명의 출원은, 전자거래를 촉진하는 전자거래 관련 출원으로서 전자거래와 직접 관련된 다음과 같은 출원이다.

- 전자거래에 있어서 거래방법에 관한 특허출원
- 전자거래를 위한 전자화폐 또는 결제기술에 관한 특허출원
- 전자거래를 위한 보안 또는 인증기술에 관한 특허출원
- 기타 전자거래의 촉진을 위해서 특별히 우선심사 해야 할 필요성이 인정되는 특허 출원

(3) BM은 특허대상이 될 수 없다는 쟁점

영업방법에 관한 아이디어 그 자체는 자연법칙을 이용한 기술적 사상의 창작의 아니므로 발명으로 볼 수 없어 특허대상이 아니다.

다만, 그 아이디어가 인터넷·통신·컴퓨터 기술을 기초로 하여 누구나 실현 가능한 영업방법을 구체화한다면 그것은 자연법칙을 이용한, 산업상 유용한 기술이기 때문에 특허를 부여해주고 있는 것이 국제 추세이다.

영업방법도 인터넷·통신·컴퓨터 기술이 기초가 되어 구체적인 기술로서 제시되면 특허를 받을 수 있다.

한편 인터넷 관련 특허의 권리기간 단축과 관련된 주장에 대해 미국, 일본, 유럽 등 대부분의 국가가 특허법에 따라 보호기간을 출원일로부터 20년으로 규정하고 있다. 또한 TRIPs협정 '보호기간'에는 특허권의 보호기간은 출원일로부터 20년이 경과하기 전에는 종료되지 않는다'라고 규정되어 있으므로 우리나라도 상기 협정에 의거하여 특허등록이 되는 것은 출원일로부터 20년간 보호하도록 운영하고 있다.

사. 심사기준

영업방법 발명 특허는 최근에 와서 이슈가 되고 있지만 특허청에는 90년대 이전부터 영업방법 발명에 대한 특허 출원이 있었고 특허 등록된 사례도 있다.

영업방법 발명은 컴퓨터 관련 발명의 한 형태로서 파악하고, '컴퓨터 관련 발명 심사기준'을 적용하여 심사해 왔다.

2000년대 접어들면서 전자상거래 관련 발명에 관한 출원이 급증하였고, 그 발명의 특유한 사항에 대한 보다 구체적인 기준이 요구되었다. 이에 따라, 2000년 '전자상거래 관련 발명 심사 지침'을 제정, 시행하고 있다. 또 특허청은 출원인을 돕기 위하여 전자상거래심사사례집을 작성하여 알려주고 있다.

전자상거래 관련 발명은 소프트웨어 관련 발명의 한 형태이기 때문에, 많은 부분에 있어서 '컴퓨터 관련 발명 심사기준'에 의거하여 판단하기도 하고, 그 외 일반 발명과 공통되는 사항은 '일반 심사 지침서'에 의해 판단한다.

전자상거래 관련 발명의 주요 심사기준 내용은 다음과 같다.

- 컴퓨터·네트워크 등 기술적 구성요소 없이 순수한 영업 방법만을 청구하는 것은 특허대상이 되지 않음. 즉, 영업 방법이 특허를 받으려면 하드웨어 같은 기술적 수단과 결합된 형태로 청구되어야 함.
- 출원 전에 이미 공개된 영업방법을 통상의 컴퓨터 기술을 이용하여 자동화한 것에 불과한 경우는 진보성이 없는 것으로 특허 받을 수 없음.
- 종래의 영업방법 또는 새로운 영업방법을 컴퓨터상에서 수행되도록 구현함에 있어서 출원 당시의 기술수준에서 볼 때 통상의 기술수준을 넘어선 기술을 이용하였다는 것이 인정될 경우에는 특허 가능함.

Chapter 6

상표·디자인의 보호범위 확대에 따른 신지식재산권 유형

1 인터넷 도메인 네임

최근 정보통신기술의 급속한 발전과 인터넷 보급 및 활용도 증대에 따라 인터넷을 통한 전자상거래가 폭발적으로 확산되고 있는 바, 2002년에 세계전자상거래 시장 규모는 3조 2천억 달러로 세계 경제의 5%를 차지할 것으로 추정되고 있으며, 오는 2020년경에는 전세계 교역의 30%이상이 전자상거래를 통해 이뤄질 것으로 전망되고 있다.

현대는 인터넷 시대이며 인터넷을 이용하지 않는 사업이 없을 정도이다. 인터넷 활용을 위해서는 도메인, 웹 호스팅에 대해 잘 알아야한다. 도메인과 웹 호스팅을 간략히 설명한다. 홈페이지 제작에 관한 내용은 다루지 않는다.

가. 인터넷 도메인 네임이란

인터넷 도메인 네임은 간단히 도메인이라고도 하며, 공식적인 우리말은 '인터넷 주소'이다.

우리가 다른 사람에게 전화를 걸기 위해서는 전화가 전화망에 연결되어 있어야 하고, 그 사람의 전화번호를 알고 있어야 한다. 마찬가지로 인터넷에 연결된 다른 컴퓨터와 통신을 하기 위해서는 컴퓨터가 인터넷에 연결되어 있어야 하고 컴퓨터의 주소를 알고 있어야 한다. 컴퓨터의 주소는 숫자로 표현된 주소와 영문자로 표현된 주소 2가지가 있다. 숫자로 표현된 주소는 그림 1의 왼쪽과 같이 점(dot)으로 구분되어 4단계로 표시된다(앞 쪽이 상위 단계임).

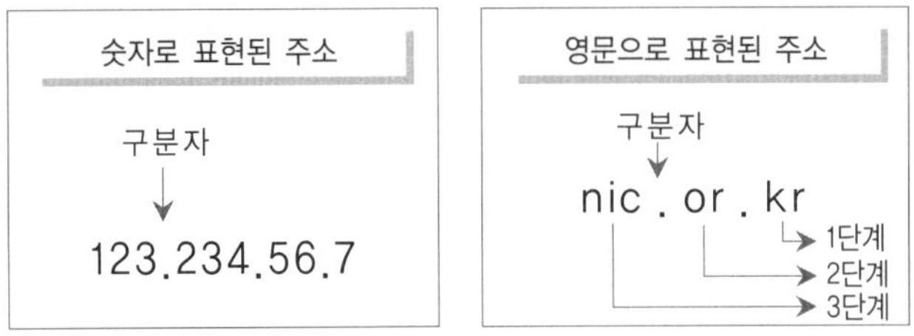

그림 1. IP주소와 도메인네임(인터넷주소)

점으로 구분된 각 숫자는 0~255까지의 숫자를 사용할 수 있으며, 숫자로 표현된 주소는 전 세계적으로 중복되지 않도록 사용한다. 이러한 주소를 인터넷 공인 IP(Internet Protocol) 주소라고 한다[1]. 그러나 인터넷 사용자들이 다른 컴퓨터와의 통신을 위해서 이렇게 숫자로 표현된 주소를 사용하게 되면, 주소를 이해하기 힘들고 기억하기가 어렵다.

따라서 숫자로 표현된 주소대신에 영문자로 표현된 주소를 사용할 수 있도록 하였다(숫자 및 하이픈 포함). 영문자로 표현된 주소는 우리가 실생활에서 사용하는 영문단어나 약자로 구성할 수 있어 인터넷 사용자들이 편리하게 통신을 할 수 있다. 영문자로 표현된 주소는 위와 같이 도트로 구분되어 여러 단계로 구성된다.

각 단계는 IP주소와 거꾸로 오른쪽 끝에서부터 '1단계, 2단계, 3단계'로 불리며, 세계적으로 중복되지 않는 고유한 주소로 사용된다. 이를 인터넷 도메인 이름이라고 한다. 인터넷 도메인 이름은 인터넷에 연결된 전세계의 어떠한 컴퓨터와도 통신을 가능하게 해준다.

국내의 도메인이름에 관련된 제도는 '인터넷주소자원에 관한 법률'로 이루어져 있다. 우리나라의 도메인관리기구는 한국인터넷진흥원(www.kisa.or.kr)이다.

도메인이름은 영문자, 숫자, 하이픈의 조합으로만 표현되며, 영문자의 대, 소문자의 구별이 없다. 도메인이름에 콤마(,), 언더바(_) 등의 특수기호를 사용할 수 없다. 도메인이름의 길이는 최소 2자에서 최대 63자까지 가능하며, 영어나 숫자로 시작하여야 하며, 하이픈으로 끝날 수 없다.

1) 현재 유비쿼터스 시대로의 추세에 따라 IP주소의 사용 숫자나 단계가 확장되도록 추진되고 있다. 이를 IPv6라고 하며 6단계로 구분된다.

나. 인터넷 도메인 이름 체계

인터넷상에서 사용되는 도메인은 전세계적으로 고유하게 존재하여야 하므로 공통적으로 정해진 체계가 있으며, 임의로 변경하거나 생성할 수 없다. 인터넷의 모든 도메인은 루트(root)라 불리는 도메인에 아래 그림과 같이 나무 구조로 계층적으로 구성되어 있다. 루트도메인 아래의 단계를 1단계 도메인 또는 최상위도메인(TLD, Top-Level Domain)라고 부르며, 차상위 단계를 2단계 도메인(SLD, Second-Level Domain)이라 부른다. 그 다음은 3단계 도메인이다.

도메인의 표기는 kisa.or.kr처럼 맨 뒤가 최상위 도메인이다.

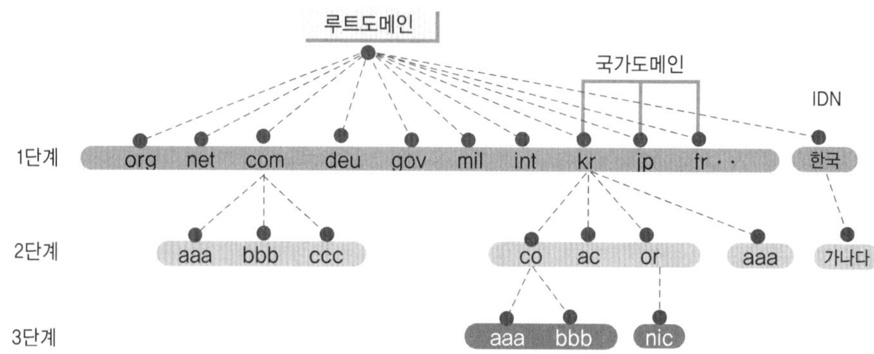

그림 2. 도메인 이름 체계

최상위도메인으로는 com, net, org, edu, gov, mil, int 등 인터넷 초기부터 사용되던 3글자의 gTLD(generic top-level domain, 일반도메인)과 인터넷이 국제화되면서 'ISO 3166'에 의거하여 세계의 각 국가들을 3 글자 약자로 표현한 국가도메인(ccTLD, country code top-level domain)이 있다. 예를 들어, kr은 한국을 대표하는 최상위도메인이며, jp는 일본, fr은 프랑스를 의미한다. 미국은 gTLD 뿐 아니라 us라는 ccTLD도 사용하고 있다. gTLD는 초기에 더하여 biz, info, name 등 계속 추가 생성되고 있다. 현재 동향은 gTLD의 확대 추세이다.

한편 다국어 도메인('한글.한국'처럼 다국어로 표기하는 것)도 ICANN(국제인터넷주소관리기구)에서 활발히 논의되고 있으며 멀지 않아 시행될 것이다. 그러면 '홍길동@한국대학.한국'과 같은 우리말로 된 도메인 및 이메일 주소를 사용할 수 있게 될 것이다.

도메인 체계 및 등록원칙은 국가별 도메인 관리 정책에 따라 다소 상이할 수 있다. 우리나라에서도 수요나 여건 변화에 따라 정책이 변경되어 왔다.

과거에는 2단계 체계를 사용하는 국가, 3단계 체계를 사용하는 국가, 2 가지를 병행 사용하는 국가가 있었으나, 지금은 우리나라를 포함하여 3단계 체계의 국가들이 경쟁력, 편의성, 수요를 이유로 2단계 체계를 병행 사용하고 있다.

gTLD 및 2단계 체계인 경우, 2단계에서 aaa, bbc 등 도메인 신청자가 원하는 이름을 사용할 수 있으며, 3단계 체계인 경우, 제2단계는 미리 co, or, ac 등으로 분류하여 정의된 이름을 사용하며, 제3단계에서 신청자가 원하는 이름을 사용할 수 있다.

도메인 이름이 주어지면, 웹서버, ftp 서버 등을 나타내는 호스트이름은 도메인이름 바로 앞부분에 www.skuniv.ac.kr, ftp.skuniv.ac.kr과 같이 표현된다. mail.skuniv.ac.kr은 메일서버임을 알 수 있고, aa.skuniv.ac.kr는 aa 호스트임을 알 수 있다.

참고

URL과 도메인

URL은 Uniform Resource Locator의 약자로 URI(uniform resource indicator)라고도 하는데, 인터넷자원(파일, 뉴스그룹 등)을 표시하기 위한 표준화된 논리적 주소이다. "인터넷자원 저장위치"라고 외우면 쉽다. 형식은 '프로토콜://호스트명/경로(디렉토리·파일)'이다. 즉, 프로토콜(http, ftp 등), 호스트 컴퓨터 및 도메인주소, 디렉터리 위치, 파일 이름으로 구성된다. 예를 들어 http://www.snu.ac.kr/index.html, 또는 ftp://ftp.tb.ac.kr/pub/public.zip과 같이 표시된다. 여기에서 http와 ftp는 접속할 때 사용할 프로토콜, //뒷부분은 해당 자료가 위치한 컴퓨터 주소와 디렉터리를 나타낸다. 예를 들어 ftp.tb.ac.kr/pub/public.zip에서 ftp.tb.ac.kr은 컴퓨터의 인터넷 주소가 되고, /pub/public.zip은 파일이 위치한 경로가 된다.

다. 도메인이름의 등록 및 관리

도메인이름은 등록관리기구(Registry)와 등록기구(Registra)의 이원체계로 등록 및 관리가 된다. 관리기구는 도메인 체계의 정책을 관리하는 기구이고 등록기구는 업체로서 도메인 신청을 받아 등록을 대행해 주는 기구이다. 관리기구와 등록기구의 분리 정책이 ICANN의 기본 원칙이다.

한국은 한국인터넷진흥원이 kr 도메인의 등록관리기구이다. 도메인 신청인은 인터넷진흥원에 신청하지 않고 실무적으로 가비아, 넷피아, 아이네임즈와 같은 등록대행업자에게 신청한다.

예를 들면, com의 관리기구는 미국 VeriSign 사이고, info(com, net, org 이후 첫 범용 gTLD임)는 관리기구가 미국 Afilias 사이며, name의 관리기구는 영국의 Global Name Registry사 등이다.

등록기구 예로 Network Solutions, Network Information Center가 있다.

존속기간은 1년이며, 등록료를 미리 내면 등록대행업체가 해당하는 기간만큼 연장을 해 준다. 등록기간이 만료되면 1개월의 유예기간이 있으며, 그 기간이 지나면 소유권을 상실한다.

gTLD의 특별한 것과, ccTLD의 특별한 것은 등록의 자격이 필요하다. kr의 경우 제2단계의 go는 정부기구, re는 등록된 연구소, es, ms, hs, sc, ac는 학교 등 정해진 분류에서, 3단계를 신청할 수 있다. 2단계 체계에서는 제한없이 신청할 수 있다. 어느 것이나 유보어는 일반으로 등록되지 않는다.

라. 인터넷 도메인의 보호

인터넷 도메인은 원칙적으로 등록인의 소유이다.

그러나 일반적인 상표의 경우와 같이 오인 혼동을 일으킬 수 있는 도메인네임의 사용으로 인한 시장질서의 혼란을 논할 수 있다. 오프라인의 영업자가 사용하는 상표나 유사 상표를 사이버공간의 다른 영업자가 도메인 네임으로 등록하여 사용할 경우 발생할 수 있는 오인 혼동의 문제가 그 대표적인 것이다. 가령, 사이버공간에서 어떤 영업자가 'http://www.cocacola.com'이라는 도메인 네임을 사용할 경우, 사람들은 코카콜라 제조업자가 운영하는 것으로 생각할 수 있으며 이들이 다를 경우 이를 오인 혼동이 발생할 수 있다.

도메인 네임과 상표권의 저촉 내지 충돌과 관련하여 국제적으로 관심을 끌었던 대표적인 사례는 영국의 해롯 백화점(Harrods Limited)이 www.harrods.com 도메인 네임을 등록한 영국 Network Services사를 상대로 상표권 침해 소송을 제기하여 승소한 사건이며 이외에도 candyland.com, nasa.com, playboyxxx.com, mcdonals.com, mtv.com 등도 유사한 분쟁대상이 된 바 있다.

국내에서도 최근 프랑스 샤넬사가 성인용품 판매를 위해 www.chanel.co.kr을 등록한 업자를 상대로 상표권 침해 소송을 제기한 것을 비롯하여 microsoft.co.kr, hite.co.kr, freetel.co.kr 등도 상표권 침해 여부로 문제가 된 사례이다.

우리나라의 상표제도는 등록주의·선원주의를 근간으로 하고 있고, 식별력을 구비한 상표로서 상표법상 소정 요건을 충족하면 상표로서 등록되어 국가에 의해 독점 배타적인 권리가 주어지며 이를 침해하는 행위에 대해서는 사용 중지와 손해배상·신용회복을 구할 수 있는 권리가 부여된다.

이에 반해 도메인 네임은 인터넷에 접속된 컴퓨터 간 디지털 신호 교환을 위한 IP주소를 문자 형태로 변환한 것으로 도메인 네임 등록 기관과 신청자간의 계약에 의해 사용 권한이 허여되며, 특정 도메인네임은 거의 제한이 없이 소정의 요건만 충족하면 선착순 원칙에 의해 누구에게나 부여된다. 따라서 상표권자가 아닌 제3자가 타인의 유명상표나 상호를 무단으로 등록하는(cyber-squatting) 행위가 가능하고 이로 인해 상표권 등 지재권 권리자와 분쟁이 빈발하고 있는 것이며, 전자상거래 시장의 발전을 고려할 때 도메인 네임 관련 분쟁은 더욱 증가할 것으로 전망된다.

과거 도메인네임의 등록을 관장하고 있는 세계 각국의 기관들은 도메인 네임의 소유권분쟁이나 타기관의 상호·상표권·저작권을 침해하여 분쟁이 발생하였을 경우 관할법원에 이의를 제기하면 분쟁당사자간합의서 또는 법원의 판결을 제출하는 경우에만 명확한 조치를 취했다. 그러므로 관련 분쟁이 발생할 때마다 분쟁당사자들은 많은 비용과 시간을 소비해 가며 기존의 사법제도를 통해야 하는데, 이것은 전자상거래 환경에 전혀 부합하지 않을 뿐만 아니라 인터넷의 초국가적이고 시공을 초월한 특성 때문에 관할법원, 적용법 등에서 근본적인 문제를 야기하였다. 그리하여 도메인 네임에 관한 분쟁을 사법적 절차보다는 다른 대안적 절차에 따라 해결하기 위한 노력이 국내외적으로 활발히 전개되었다.

1997년 국제인터넷특별위원회(IAHC)가 정당한 지재권 권리자가 도메인 네임을 사용할 수 있는 방향으로 WIPO 분쟁조정센터에 도메인네임 이의신청처리위원회(ACP)를 설치하여 관련 분쟁 해결을 위한 절차 등을 마련키로 한 바 있으며, 그후 국제적으로 도메인 네임 분쟁해결을 위한 기구 및 절차, 유명상표 보호 방안의 연구보고를 하고 있다.

마. 우리나라의 도메인이름 분쟁조정

국제적 추세에 부응하여 우리나라도 도메인이름 분쟁조정 제도가 마련되어 있다. '인터넷주소자원에 관한 법률'에 근거하여, 도메인의 분쟁을 조정심의 및 조정하기 위한 '인터넷주소분쟁조정위원회(www.idrc.or.kr, 구 도메인이름분쟁조정위원회)'가 2001년 설립되었다.

바. kr 도메인의 2단계 서비스

우리나라는 과거 3단계 도메인 체계만 사용했었다. 예를 들어 abc.co.kr이다. 이것은 제2단계를 미리 분류명으로 정의하여 go와 같은 것은 정부기구에서만 사용하였고, co, or을 일반으로 사용하였다. 이것을 abc.kr과 같이 2단계 체계를 2006년부터 사용하였다.

2단계 서비스든 3단계 서비스든 국가코드 ccTLD의 하위체계는 국가별 재량에 맡겨져 있다. 우리나라는 현재 2단계 체계와 3단계 체계 모두 사용하고 있으며, 두 체계는 독립적으로 서비스된다.

시행 초기에는 동일 도메인이름의 다수 신청의 가능성 때문에 일정 기간 우선순위를 두고 단계적으로 등록을 받았다. 예를 들어 kmac.co.kr, kmac.or.kr을 사용하는 단체 또는 새로 kmac.kr을 쓰고자 하는 수요자가 많을 수 있다. 이를 정부 및 지자체, kr 등록자(중복시 등록일 순), 1 사업자등록증 1도메인 식으로 초기 시행하였다. 지금은 완전히 개방 상태이다.

참고로 특정한 이름의 도메인이름, 즉 공공기관명, 일부 비속어는 공공 목적으로 유보어로 두고 있는데, 이 유보어의 지정문제와 범위문제에 대해 지속적으로 검토가 되고 있으며, 축소되는 추세이다. pe.kr의 경우 kim.pe.kr, lee.pe.kr 등과 같이 국내에 존재하는 240개 성씨의 경우에는 신청 불가하다. 저자는 유보어는 적은 것이 좋다는 관점을 가지고 있다.

사. 한글도메인 및 IDN(International Domain Name)

과거에 한글도메인은 '우리은행.com, 우리은행.kr'과 같이 제1단계 도메인은 영문의 gTLD 또는 ccTLD이고 제2단계를 한글로 하는 것을 말하였다. 이것은 국제적으로 모든 도메인단계에 한글과 같은 다국어가 사용되는 것이 아니라 관리기구에서 제2단계에 한글을 서비스하는 것 뿐 이었다[2]. 하지만 이의 선호도는 그다지 높지 않았다.

지금 ICANN에서는 IDN을 국제적으로 시행키로 하였다. 현재 우선시행 상태(fast track)이며 수 년 내에 전면 시행된다. 여기서는 '우리은행.한국, 和和.中國(간체자. 번체자는 대만, 홍콩)'처럼 다국어가 사용된다. 우리나라의 IDN ccTLD는 '한국'으로 정해졌다.

현재 IDN으로 논의되는 중요 의제 중의 하나는 글자수 요건이다. 초안에는 3 글자 이상이 되어야 한다고 되어 있는데, 한국, 일본, 중국과 같은 표의문자권 국가는 1 글자(예, 水)도 의미있으므로 1 글자도 허용되어야 한다는 주장이다. 이들 글자는 1 타 1 글자가 아니라는 공통점이 있다. 한국은 중국, 일본과 같은 입장이다. 한글은 기본적으로 표음문자이지만 모아쓰기로 표의문자와 같은 형태이기 때문이다. 그러나 이들 나라에 비하면 매우 유연하다. 2 글자 이상의 요건이면 괜찮다고 본다.

국내적으로 큰 이슈는 '한글.kr'과 '한글.한국'과의 위상 관계이다. 이를 동일한 주소 공간으로 하느냐, 독립적인 공간으로 하느냐가 현재 논의되고 있다. 저자는 전자를 주장하는 쪽이다.

아. 도메인 네임 서비스(DNS)

인터넷 도메인 이름은 실제 컴퓨터와의 통신을 하는데 사용되는 IP주소를 알기 쉽게 대신하는 것이다. 따라서 영문으로 표현된 도메인 이름을 IP 주소로 변환시켜 주어야 한다.

아래 그림은 일반사용자가 자신의 컴퓨터에서 www.nic.or.kr 웹페이지를 검

2) 한글도메인은 주소창에 '우리은행' 만을 쳤을 때 '우리은행.com, 우리은행.kr'을 검색하여 찾아주는 방식과는 다른 개념이다.

색하는 경우, 도메인이름으로 상대방 컴퓨터와 어떻게 통신을 하는지 보여준다.

일반사용자가 웹브라우저에서 www.kisa.or.kr 주소를 입력하게 되면, 웹브라우저는 제일 먼저 도메인 네임서버에게 www.kisa.or.kr의 IP주소를 질문하게 된다. 도메인 네임서버는 질문한 www.kisa.or.kr의 IP주소를 자신의 데이터에서 찾아 해당 웹브라우저에게 응답을 한다. 응답을 받은 웹브라우저는 IP주소를 이용하여 해당 웹사이트(www.kisa.or.kr) 컴퓨터로 데이터를 주고받게 된다.

이와 같이 도메인 주소를 IP 주소로 변환시켜 주는 것을 도메인 네임 서비스라고 한다.

인터넷상에서 자신의 도메인 이름을 다른 사람이 사용할 수 있도록 하기 위해서는 반드시 도메인 네임 서버에 도메인 이름을 등록해야 한다. 도메인 네임서버에 등록되지 않은 도메인은 인터넷을 이용하는 다른 사람이 사용하려 해도 IP주소로 변환할 수 없기 때문에 사용할 수 없다. 오래 전에는 도메인 신청 시 도메인 네임 서버에 등록하는 것이 필수사항이었으나 지금은 도메인이름만 보유만 할 수 있다.

자. 웹호스팅과 인터넷데이터서비스

(1) 웹호스팅

기업이나 개인이 홈페이지를 운영하기 위해서는 도메인 서버, 전용선 연결, 인터넷 주소 이 세 가지가 필요하다. 그런데 이러한 도메인 서버는 24시간 운영되어야 한다. 그러나 이러한 시설을 제대로 갖추려면 초기비용이 수 천만 원 이상이 필요하며 고속전용선의 임대료도 월 수 십 만원에 이른다. 또한 서버와 그 밖에 운영에 관한 기술은 인력과 습득 시간이 필요하며 시행착오도 많다. 이러한 장비들을 하루 24시간 켜 두어야 한다는 점에서 인적 물적 부대비용 또한 만만치 않다.

웹호스팅이란 이러한 장비와 기술들을 모두 갖추고, 이용자에게 홈페이지 공간을 제공하는 사업을 말한다. 웹호스팅은 홈페이지를 저장할 수 있는 공간과 그곳을 찾을 수 있는 도메인 네임 서비스를 제공하며 공간에 대한 관리를 해 주는 것을 의미한다.

예를 들면 상가나 아파트를 만들고 입주자를 신청 받아 그 공간의 권리를 주는 것과 같은 개념인 것이다. 웹호스팅 서비스를 이용하면 자신이 독자적으로 값비싼 서버와 고속 데이터 전용선, 그리고 시스템을 관리하데 필요한 전문지식을 소유하고 있지 않더라도 각종 서비스를 극대화 시킬 수 있다. 자신의 홈페이지만 관리하면 되므로 경제적이면서 자체 인터넷 서버를 소유한 것 이상의 효과를 낼 수 있는 실용적인 방법이다.

웹호스팅의 서비스의 예로는 도메인등록 대행, FTP 계정 제공, CGI 지원, Perl 지원, C/C++ 컴파일러 지원, SSI 기능 지원, E메일 포워딩(Virtual, Alias), 텔넷 계정, 사용자인증기능, 웹계정 관리 프로그램, 카운터/게시판/방명록, 장바구니/온라인주문신청서, 웹로그 프로그램 등이다.

그런데 웹호스팅과 홈페이지 디렉토리 서비스를 혼동하는 경우가 있는데 후자는 예컨대 www.hitel.net/user/~userid처럼 제한적인 기능만 제공하며 전자상거래는 불가능하다.

(2) IDC(인터넷데이터센터)

IDC(Internet Data Center) 또는 인터넷데이터베이스센터는 인터넷 비즈니스의 성장과 더불어 생겨난 조어로서 "서버 호텔"로도 불리는데 기업의 전산 시설을 위탁 관리하는 곳을 말한다. IDC의 주요 기능은 보안시설, 통신 네트웍, 관리인력을 갖추고 매달 일정한 비용을 받고 기업의 서버를 관리해 주는 것이다. 인터넷 사업의 폭발적 증가로 수요가 크게 늘어나고 있다. 기업의 입장에서는 자체적으로 전산실을 운영하는 것 보다 자신의 서버를 IDC에서 관리하거나 아예 IDC 서버를 임대해 사용하는 편이 훨씬 유리하다.

일반 웹호스팅이 서비스 업체에 서버의 자원 중 일부를 대여하여 사용하는 것에 비해서 서버 호텔 서비스는 사용자의 데이터가 들어있는 서버를 IDC에 옮겨서 관리하는 것으로서 웹호스팅에서 관리하기엔 큰 데이터를 갖고 있는 기업이 자신의 서버를 IDC에서 옮겨서 관리 하는 것이다.

IDC 입주방식은 크게 코로케이션(Co-Location, 병설)과 전용 서버 호스팅으로 나뉘는데, Co-Location은 서버를 보관할 공간만 임대하는 것이고 Server Hosting은 공간은 물론 서버까지 임대해 사용하는 것이다. 국내 3 대 IDC는 LG텔레콤

(한국인터넷데이터센터), KT, SK브로드밴드이다. 이외에 국내외 삼성SDS, 인텔, 호스트웨이, 후이즈, KS호스팅 등 다수가 있다.

IDC와 더불어 VIDC(가상IDC) 사업도 활성화 되었는데, VIDC는 자체적으로 IDC를 보유하지는 않고, IDC의 일정공간을 임대받아 재판매 형식으로 사업을 한다. 오늘과 내일, 우리IDC, 스마일서브, 데브피아 등이 있다.

대형 IDC는 전력, 시설, 설비, 회선 등의 인프라를 제공하고 VIDC는 서버에 대한 기술지원, 고객관리를 하고 있다. 일반 웹서비스를 원하는 업자는 VIDC를 이용하는 것이 나을 때가 많다.

호스팅업체의 단체로는 한국인터넷호스팅협회(www.khada.kr)가 있다.

> **참고**
>
> **도메인 파킹과 포워딩 서비스**
>
> 도메인 파킹 서비스란 홈페이지를 당장 운영하지는 않지만 마치 홈페이지가 있는 것(보통 '제작 준비 중'과 같다)처럼 보이게 하는 서비스이다. 이것은 도메인을 웹호스팅 업체에서 도메인 네임서버에 등록하게 되고 외부에서 접속하였을 때에는 정상적으로 등록된 도메인인 것처럼 보이게 해 줌으로서 가능하다. 파킹 서비스는 계정 용량이 할당되어 있지 않아 홈페이지를 운영하거나 E메일 서비스를 받을 수는 없다. 도메인을 사용하지 않는다고 해서 폐지되지는 않으므로 파킹서비스는 도메인의 광고, 소개 등으로 사용하고 있다.
>
> 도메인 포워딩은 고객의 웹 사이트를 다른 도메인 주소로 연결하여 서비스되도록 해주는 것이다. 예를 들어, http://www.abc.com/~topnote를 http://top.note.to와 같은 도메인과 연계시켜, 후자의 입력하면 전자로 접속할 수 있게 해 준다.

2 지리적 표시

가. 지리적 표시의 개념과 TRIPs 협정

지리적 표시란 상품의 특정 품질, 명성 또는 그 밖의 특성이 본질적으로 지리적 원산지(geographical origin)에서 비롯되는 경우, 그 지역 또는 지방을 원산지로 하는 상품임을 명시하는 표시이다.

예를 들어, Bordeaux [포도주], 영광 [굴비], 보성 [녹차], 순창[고추장] 스카치

[위스키], 안동 [소주], 샴페인(Champagne), 꼬냑(Cognac), 하바나(Havana), 데낄라(Tequila) 등이다.

지리적 표시는 그 상품이 생산되는 지역이름을 인용하고 있지만, 이들은 상당한 수준의 평판을 가지고 있기 때문에 상품명으로 인식되기도 한다. 또한 그 명칭 자체로도 상업적 자산으로 평가될 수 있어 이들 지리적 표시들은 자주 유용, 도용, 위조되어 왔으며 국제적으로 이에 대한 보호가 강하게 요구되어, 1993년 "우루과이라운드 협상"의 '위조상품교역을 포함한 무역관련 지식재산권 협정'이 체결되었다.

파리협약이나 마드리드협약에서는 지리적 표시에 관한 정의를 규정하고 있지 않았으므로 TRIPs 협정의 지리적 표시의 개념은 WIPO 체제의 리스본 협정의 원산지 규정을 차용했다.

WTO/TRIPs 협정의 지리적 표시에 대한 보호는 다음과 같다.

① 일반적인 지리적 표시 보호규정

WTO회원국은 공중의 오인을 유발하는 지리적 표시의 상표등록의 거절·무효화 및 그 사용을 금지하는 수단을 제공하도록 한다.

② 포도주 및 증류주에 대한 추가적 지리적 표시에 대한 보호규정

공중의 오인·혼동 유발 여부와 관계없이 포도주 및 증류주와 관련된 지리적 표시의 사용금지 및 상표등록 거절·무효화 조치를 취하도록 한다.

다만, 예외적으로 원산지 국가에서 보호되지 아니하거나 보호가 중단된 지리적 표시는 동 협정 따른 보호의무가 없도록 한다.

지리적 표시의 보호와 관련하여 WTO 에서는 포도주 및 증류주에 대한 다자통보 및 국제공통등록소 설치에 관한 문제가 현안으로 논의되고 있는데 이 문제에 대해서 적극적인 EU와 소극적인 미국·일본 등의 입장이 대립하고 있다.

미국과 일본은 국제공통등록소의 기능은 단순한 정보수집 기능에 국한하고 수집된 지리적 표시에 대한 실질적 보호는 각 회원국 법령에 맡겨야 한다고 주장하는 반면, EU 및 멕시코, 칠레 등은 이 기구에 구속력을 부여하여 신청후 1년내 다른 회원국으로부터 이의제기가 없으면 전 회원국들에 의한 보호의무를

자동적으로 발생토록 해야 한다고 주장하고 있다.

대상품목에 관해서도 자국의 관심품목 보호 필요성에 따라 추가적 확대를 주장하는 국가들(멕시코·쿠바·터키)과 이를 반대하는 국가들(한국·미국·일본)로 대립되어 있다.

우리나라는 국제적인 보호를 받을 만한 지리적 표시가 거의 없기 때문에 지리적 표시에 대해 각 회원국이 자율적으로 보호여부를 판단하는 보호체제를 지지하는 편이다. 따라서 국제공통등록소 설치방안과 관련하여, 각국의 지리적 표시에 관한 제도를 포용하고, 각국의 지리적 표시 목록 DB 구축 및 관련 정보 제공으로 국한하고 있는 미·일 공동제안을 지지하는 쪽이다.

아울러 기타 농산물 및 공산품까지 국제등록의 범위를 확대할 경우 국내 기존산업에 대한 파급효과와 혼란이 야기될 가능성이 크므로 등록범위를 확대 및 강화하려는 움직임에 대해서는 반대의 입장을 견지하고 있다.

한국의 산업과 지리적 표시의 위상이 높아진다면 입장이 달라질 수도 있다.

나. 우리나라의 지리적 표시 보호제도

(1) 개요

기본적으로 2004년 상표의 단체표장제도를 개선하여 지리적 표시를 효율적으로 보호할 수 있는 제도를 마련하였다.

지리적 표시의 개념은 앞에서 본 바와 같다.

2002년 지리적 표시 보호 전략위원회 발족, 2004 상표법 개정(지리적 표시 단체표장제도), 2005. 7 시행하게 되었다.

이후 지리적표시 단체표장의 출원건수는 06년 18건에서 08년 35건 등 증가 추세이다.

기대 효과로서, 지역 특산품의 제품차별화로 지역 경제 활성화 도모, 지리적 표시에 관한 국제적 논의에 능동적 대응을 들 수 있다.

관련 국제조약에 관해 다음과 같다.

① 파리협약 (가입)

허위(false)로 기재된 산지 표시를 부착한 상품을 수입하는 경우에는 압류하도록 규정

② 출처표시에 관한 마드리드 협정(미가입)

허위 표시 뿐 아니라 기만적(deceptive) 표시도 금지

③ 리스본 협정 (미가입)

원산지 명칭의 국제등록시스템에 관하여 규정

④ TRIPs (가입)

일반적 지리적 표시의 보호 규정

포도주 또는 증류주에 관한 지리적 표시의 추가적 보호 규정

(2) 주요 내용

① 지리적 표시의 단체표장 인정

지리적 표시를 사용할 수 있는 상품의 생산·제조·가공업자만으로 구성된 법인이 등록받을 수 있음.

산지 또는 현저한 지리적 명칭 등에 해당하는 표장이라도 그 표장이 특정 상품에 대한 지리적 표시인 경우에는 지리적 표시 단체표장등록을 받을 수 있음.

② 동음이의어 지리적 표시의 정의

다른 거절이유가 없는 한 모두 등록받을 수 있으나, 소비자의 혼동을 방지하기 위한 표시를 함께 사용.

③ 지리적 표시 등록단체표장의 효력제한

관용 상표와 선출원 등록상표가 지리적 표시 등록단체표장과 동일 또는 유사한 지리적 표시를 포함하고 있는 경우, 이 단체표장권의 효력이 미치지 아니함.

④ 원산지 국가에서 보호가 중단된 지리적 표시 등록단체표장에 대한 무효심판청구

지리적 표시 그 자체에 독점적인 권리를 부여하는 것이 아니라 제3자의 사용행위를 금지하고 손해배상 등을 청구할 수 있다.

국내의 지리적 표시 보호제도에 나타난 보호요건 및 보호절차와 보호효과를 살펴보면 표 1과 같다. 상표법 외에도 여러 법령이 있음을 잘 알기 바란다.

표 1. 지리적 표시 보호 제도

구분	관련법령	보호요건 및 보호절차	보호효과
지리적 표시 일반	상표법	- 산지, 현저한 지리적 명칭에 해당하더라도 지리적 표시인 경우 지리적 표시 단체 표장으로 출원가능 - 상표등록심사를 거쳐 등록	- 상표등록거절 - 무효심판사유
	부정경쟁방지및영업비밀보호에 관한 법률	- 지리적표시 침해 - 오인혼동가능성 존재	- 사용금지청구 - 손해배상청구 - 형사처벌
	농산물품질관리법	- 농산물 또는 농산물가공품에 대한 지리적표시 해당 - 심사절차를 거쳐 등록	- 등록자는 특정 마크 사용 가능 - 위반시 형사처벌 또는 시정명령 등
	수산물품질관리법	- 수산물 또는 수산물가공품에 대한 지리적표시 해당 - 심사절차를 거쳐 등록	- 등록자는 특정 마크 사용 가능 - 위반시 형사처벌 또는 시정명령 등
	불공정무역행위조사 및 산업피해 구제에 관한 법률	- 국내법령 또는 대한민국이 당사자인 조약에 의하여 보호되는 지리적 표시	- 지리적 표시를 침해한 물품의 수입·수입품 판매·수출·수출목적 국내제조 금지
	표시 · 광고 공정화에 관한 법률	- 소비자 오인 또는 기만 우려 및 공정한 거래질서를 저해할 우려가 있는 허위 표시	- 손해배상청구 - 형사처벌
포도주 및 증류주에 관한 지리적 표시 (추가적 보호)	상표법	- 포도주 및 증류주의 산지에 관한 지리적 표시로서 구성되거나 동 표시를 포함하는 상표로서 증류주·포도주 또는 이와 유사한 상품에 사용하고자 하는 상표	- 상표등록거절 - 무효심판사유
	주세법 및 조세범처벌법	- 포도주 및 증류주의 지리적 표시 (진정한 원산지가 표시되어 있거나 지리적 표시가 번역되어 사용된 경우 또는 "종류", "유형", "양식", "모조품" 등의 표현이 수반되는 경우 포함)	- 포도주나증류주에 대한 지리적 표시의 허위사용 금지 - 위반시 벌금 또는 과료

다. 각국의 보호 형태

지리적 표시의 보호 형태는 각국 별로 다양하다.

① 부정경쟁방지 제도에 의한 보호

지리적 표시 그 자체에 독점적인 권리를 부여하는 것이 아니라 제3자의 사용행위를 금지하고 손해배상 등을 청구할 수 있도록 규정

② 원산지 명칭 보호제도 또는 지리적 표시 등록제도로 보호

지리적 표시 자체를 등록하여 독점적인 권리가 발생될 수 있도록 함

③ 단체표장 또는 증명표장 제도로 보호

상표법상의 단체표장 또는 증명표장제도를 통하여 지리적 표시가 등록되어 독점적인 권리가 발생될 수있도록 함

④ 인허가제도로 간접적으로 보호

일정 지리적 표시를 사용하는 상품의 판매 등에 인허가를 요구함으로써 간접적으로 지리적 표시의 사용을 규제함

> **참고**
>
> **지리적 표시에 관한 국제적 논의 동향**
>
> WTO와 WIPO를 중심으로 지리적 표시를 국제적으로 보호하고자 하는 논의가 계속 진행 중에 있다. 논의 주제는 지리적 표시의 추가적 보호대상의 확대, 지리적 표시와 상표와의 저촉문제, 지리적 표시에 관한 다자등록시스템 설치여부 등이다. 한·칠레 자유무역협정(FTA) 협상에서도 지리적 표시 보호문제가 중요 주제였다. 결국 칠레의 지리적 표시(Pisco, Pajarete, Vino Asoleado 및 첨부 목록상의 포도주에 대한 지리적 표시)와 한국의 지리적 표시(고려 인삼, 한국 김치, 보성 녹차)를 상호 보호하는 것으로 합의하였다.

부정경쟁방지 및 영업비밀 보호

흔히 '부정경쟁방지법'이라고 하는 것은 '부정경쟁방지 및 영업비밀보호에 관한 법률'을 말한다. 이 법은 국내에 널리 알려진 타인의 상표·상호 등을 부정하게 사용하는 등의 '부정경쟁행위'와 '타인의 영업비밀을 침해하는 행위'를 규제하는 법률이다.

참고로 미국에서는 '기업 비밀 보호를 위한 부정 경쟁 방지법'으로 보호된다.

1 창부정경쟁방지

부정경쟁방지는 부정한 수단에 의하여 동종 영업을 하는 자의 이익을 해치는 경쟁행위를 방지하기 위한 제도이다.

전국을 1개의 시장단위로 파악하고 주로 행정규제법적 차원에서 부정한 경쟁수단을 배제함으로써 당사자 간의 이익조정을 꾀하고, 공정한 시장질서의 확립을 목적으로 한다. 원래 부정경쟁행위는 부정한 수단으로 타인의 영업상 이익을 침해하는 행위라는 점에서 '민법'상의 불법행위가 된다. 따라서 사법상의 규제대상이 될 성질의 것이지만, 건전한 상거래 질서유지를 위해 이와 같이 부정경쟁행위를 별도로 규제하고 있다.

우선 부정경쟁행위로서 ① 상품주체의 혼동 야기행위, ② 영업주체의 혼동 야기행위, ③ 원산지 사칭행위, ④ 상품출처지의 오인 야기행위, ⑤ 상품의 품질·내용·수량의 오인 야기행위 등 5가지 유형을 정하고 있다. 부정경쟁행위로 인해 정당한 업무상의 이익을 침해받을 우려가 있는 자는 위반행위의 중지를 청구할 수 있고, 정당한 업무상의 이익을 침해받은 자는 손해배상 또는 영업상 신용을 회복하는 데 필요한 조치(예컨대 사과광고)를 청구할 수 있다. 또한 이와는 별도로 특허청은 부정경쟁행위를 한 자에 대하여 당해 행위의 중지 또는 시정권고를 할 수 있고, 규제의 실효를 거두기 위하여 부정경쟁행위를 한 자에 대하여 처벌할 수 있다. 한편 부정경쟁행위 유형 중 ② 또는 ⑤의 행위는 공정거래법(독점규제 및 공정거래에 관한 법률) 상 '사업자 또는 상품 등에 관하여 허위 또는 소비자를 기만하거나 오인시킬 우려가 있는 표시·광고 행위'에 해당한다. 이러한 부정경쟁행위가 시장의 공정한 경쟁을 저해하는 경우 '공정거래법'의 적용을 받는데, '공정거래위원회'가 이에 대해 시정조치를 취하거나 고발에 따라 처벌할 수 있다. 따라서 부정경쟁행위로 이익을 침해받거나, 침해받을 우려가 있는 사람은 이 두 제도를 선택적으로 이용할 수 있다.

2 영업비밀의 보호

영업비밀(Trade Secret)이란 일반적으로 기업이 영업상 비밀로 관리하고 있어 경제적 가치가 있는 기술상 또는 경영상의 정보를 말한다. 이와 같은 영업비밀은 현대 기업의 중요한 재산의 하나이므로 다른 종류의 재산과 마찬가지로 법적인 보호가 되어야 한다. 그런데 종래에는 이러한 영업비밀에 관한 보호에 관하여 특별한 법적인 장치를 마련하지 않고 다른 경우와 마찬가지로 민법상의 불법행위책임이나 계약책임, 또는 영업비밀이 침해될 때 이루어지는 범법행위에 대한 형사적 책임만 물을 수 있었다. 그러나 위와 같은 보호는 사후적이고 간접적인 보호에 불과함에 반하여, 영업비밀의 중요성은 갈수록 커짐에 따라 보다 적극적인 보호의 필요성이 대두되었다. 현행 부정경쟁방지법은 영업비밀의 개념을 정의한 후 6가지의 침해행위 유형을 나열하고, 그 구제수단으로서 민사적인 구제(침해금지, 손해배상, 신용회복청구)와 형사적인 처벌을 규정하고 있다.

영업비밀이라 함은 공연히 알려져 있지 아니하고 독립된 경제적 가치를 가지는 것으로서, 상당한 노력에 의하여 비밀로 유지된 생산방법·판매방법 기타 영업활동에 유용한 기술상 또는 경영상의 정보를 말한다. 기타 영업활동에 유용한 정보로는 유·무형 및 기록 형태에 제한을 받지 않고, 모든 종류의 재무, 사업, 과학, 기술 또는 공학정보가 있을 수 있고, 패턴, 계획, 편집, 프로그램장치, 공식, 디자인, 시제품, 방법, 기술, 공정 등 다양한 형태로 나타날 수 있다.

이와 같이 영업비밀은 첫째 공연히 알려져 있지 않으면서(비공지성 또는 비밀성), 둘째 생산방법 또는 판매방법 기타 영업활동에 유용한 기술상 혹은 경영상의 정보로서 독립된 경제적 가치를 지니며(경제적 유용성), 셋째 상당한 노력에 의하여 비밀로 유지될 것(비밀관리성)을 요건으로 한다.

영업비밀침해행위는 6가지로 나누어 규정되었으며 이 6가지 이외에는 규제를 하지 않는 태도를 취하고 있는데, 부정경쟁방지법이 정하고 있는 영업비밀침해행위는 다음과 같다.

① 절취·기망·협박 기타 부정한 수단으로 영업비밀을 취득하는 행위(부정취득행위) 또는 그 취득한 영업비밀을 사용하거나 공개(비밀을 유지하면서 특정인에게 알리는 것을 포함)하는 행위
② 영업비밀에 대하여 부정취득행위가 개입된 사실을 알거나 중대한 과실로 알지 못하고 그 영업비밀을 취득하는 행위 또는 그 취득한 영업비밀을 사용하거나 공개하는 행위(부정취득자 또는 부정공개자로부터의 악의취득행위)
③ 영업비밀을 취득한 후에 그 영업비밀에 대하여 부정취득행위가 개입된 사실을 알거나 중대한 과실로 알지 못하고 그 영업비밀을 사용하거나 공개하는 행위(사후적 관여행위)
④ 계약관계등에 의하여 영업비밀을 비밀로서 유지하여야 할 의무가 있는 자가 부정한 이익을 얻거나 그 영업비밀의 보유자에게 손해를 가할 목적으로 그 영업비밀을 사용하거나 공개하는 행위(부정공개행위, 비밀유지의무위반행위)
⑤ 영업비밀이 ④의 규정에 의하여 공개된 사실 또는 그러한 공개행위가 개입된 사실을 알거나 중대한 과실로 알지 못하고 그 영업비밀을 취득하는 행위 또는 그 취득한 영업비밀을 사용하거나 공개하는 행위
⑥ 영업비밀을 취득한 후에 그 영업비밀이 ④의 규정에 의하여 공개된 사실 또는 그러한 공개행위가 개입된 사실을 알거나 중대한 과실로 알지 못하고 그 영업비밀을 사용하거나 공개하는 행위

영업비밀침해에 대한 구제: 영업비밀침해행위에 대하여 민사적 구제수단으로 침해행위 금지·예방청구권, 손해배상청구권, 신용회복조치청구권 등을 인정하고 있고, 일정한 경우 형사처벌을 할 수 있는 규정을 두고 있다.

연습문제

1. 최근의 도메인이름을 신청 등록하고자 할 때 예를 들어 글자의 제한, 글자수 제한 등에 대해 조사하라.

2. 웹호스팅 업체들의 서비스의 내용 및 서비스 가격에 대해 조사해 보라. 회선의 종류와 속도에 대해서도 조사해 보라.

3. 우리나라 지리적 표시 등록 상품을 조사하라.

4. 영업비밀 침해 행위 6가지는 무엇 무엇인가.

5. 부정경쟁행위에는 무엇 무엇이 있는가.

PART 3

산업, 직업, 상품의 분류

한국의 표준산업

1 산업분류의 개요

가. 산업 및 산업활동의 정의

산업이란 국어사전으로는 '생산을 하는 사업. 농업, 목축업, 임업, 수산업, 광업, 공업, 상업, 무역, 금융업 따위'라고 하였다.

일반으로 제도적 의미에서 산업이란 "동일한 또는 유사한 종류의 생산적인 경제활동에 주로 종사하는 모든 생산단위의 집합"이라 정의되며, 생산적인 경제활동, 즉 산업활동이란 사회적인 분업화에 따라 "각 경제주체가 계속적으로 재화 또는 서비스[1]를 생산 또는 제공하는 주된 경제활동"이라고 정의된다. 생산적인 경제활동에는 영리적인 사업 활동 뿐만 아니라 공공행정, 국방, 교육, 종교 및 기타 비영리 단체의 활동을 포함하지만, 자기 가정 내의 가사활동은 제외된다.

한국표준산업분류는 통계청에서 담당하며 국제표준산업분류를 기초로 한다. 통계청에서는 수 년마다 이를 개정 고시한다. 개정 고시되는 것을 보면 산업분류는 시대에 따라 내용이 달라짐을 볼 수 있다.

나. 한국표준산업분류(KSIC)의 개념

모든 생산적인 경제활동을 일정한 기준과 원칙에 따라 체계적으로 유형화한 것이 '산업분류'이며, 각 생산주체의 산업활동에 관련된 통계자료의 수집, 제표, 분석 등 각종 통계목적에 모든 통계작성기관이 통일적으로 사용할 수 있도록 표준화한 것이 표준산업분류이다. 따라서 한국표준산업분류란, "국내경제활동

1) '재화(財貨, goods)', '용역(用役)'은 경제학 용어이고 보통 경제학에서는 '제품', '서비스'라 한다.

의 구조분석에 필요한 통계자료의 생산과 그 생산된 자료간의 국내외 비교분석 목적에 모든 기관이 통일적으로 사용하도록, 국내의 산업구조 및 실태 하에서, 각 생산단위가 수행하고 있는 모든 생산 활동을, 일정한 분류기준과 원칙에 따라 일반적인 형태로 유형화한 것"이다.

표준 산업분류는 산업구조 파악은 물론 생산성, 경쟁력 등 경제분석을 위한 기본틀을 제공한다. 또한 국제 비교성를 갖는 통계를 생산할 수 있도록 한다.

참고로 국제표준산업분류(SITC)는 UN통계국에서 작성, 권고하고 있다. 생산된 재화의 특징, 용도, 투입요소·공정·기술의 유사성으로 분류하였다.

2 한국표준산업분류의 연혁

가. 제정

1963년 경제기획원은 통계자료의 정확성과 비교성을 높이기 위한 통계기준 업무의 일환으로 경제기획원고시로 한국표준산업분류 제1권(광업, 제조업 부문)을 발간하였고, 다음해 한국표준산업분류 제2권(비제조업 부문)을 발간하였다.

나. 개정

2000년까지 8차에 걸쳐 개정되었고, 시대에 따라 변화해 왔다. 산업 분류의 변화를 보면 우리나라 산업 발전의 모습을 볼 수 있다.

대폭적인 변화는 1991년 개정(92년 시행)된 것이다. 산업, 상품, 서비스분류 등 각종 경제관련 분류 간에 연계성을 구축하여 관련 자료간의 연관분석이 가능토록 함과 동시에 통계분석 뿐 만 아니라 일반행정 목적에도 이 산업분류가 적극적으로 활용될 수 있도록 분류내용이 개선되었다. 개정 내용을 요약하면 다음과 같다.

1) 대분류 항목 9개 항목이 17개 항목으로, 중분류 항목 36개 항목이 60개 항목으로 증가(제조업 항목이 대폭 증가)

2) 부호체계의 변동 : 10진법 방식이 알파벳 문자와 아라비아 숫자를 혼용하여 대, 중, 소, 세, 세세분류의 5단계 분류. 대분류는 알파벳 문자, 중분류는 01~99의 두 자리 숫자로, 그리고 소, 세, 세세분류는 10진법을 사용.

3) 분류내용상의 변화 : 산업의 엄청난 변화를 볼 수 있다.

- 복합농업 신설, 신발, 가구 제조업을 독립항목으로 각각 신설, 기록매체 출판 및 복제업을 출판, 인쇄 및 기록매체 복제업에 분류, 재생재료 처리업 신설
- 위탁가공한 것을 자기 명의와 책임 하에서 판매하는 경우를 도소매 활동으로부터 제조활동으로 변경
- 종합 또는 전문 건설업자에 의하여 수행되는 활동을 그 작업순서에 따른 유형화함으로서 건설업부분 분류체계 개선
- 건설 및 건물해체 장비 임대(조작자 딸린) 활동을 별개의 독립으로 분류
- 자동차, 모터사이클의 판매 및 수리 활동과 차량용 연료소매활동을 별도 독립분류
- 개인, 가정용품의 수리활동을 소매활동 영역으로 조정
- 운송수단별로 분할되었던 운수관련 서비스를 통합하여 독립항목으로 분류
- 금융리스를 금융업에 신설
- 각종 기계장비 및 개인용품 임대활동을 통합 분류
- 연구 및 개발활동을 사회서비스업에서 사업서비스업 영역으로 변경
- 사진촬영 및 처리활동을 개인서비스업에서 사업서비스업 영역으로 변경
- 건물청소 및 소독, 대리활동을 사회서비스업에서 사업서비스업 영역으로 변경

3 분류기준

각 생산단위, 즉 주체가 수행하는 활동의 특성에 따라 분류한다.

1) 생산된 재화 또는 서비스의 특징(종류, 물리적 구성 및 조립단계, 수요 및 판매시장)

2) 생산된 재화 또는 서비스의 용도
3) 생산의 원재료, 공정 및 기술

분류기준은 국제비교성을 위하여 UN에서 권고하고 있는 기준을 적용한다. 세분류(4자리)까지 원칙적으로 일치한다.

4 통계적 분류단위

통계적 분류단위란 필요한 정보가 수집되고 통계가 작성되는 단위를 말한다. 이는 보고단위와 구분되는 것으로 보고단위는 정보를 수집할 수 있는 단위를 말하며 대부분 사업체이지만 행정기관이나 회계사무소 등도 될 수 있다.

분류단위는 동질성, 자료획득 가능성, 자율성의 기준에 의하여 결정된다. 이러한 동질성, 자료획득 가능성, 자율성은 서로 배타적인 것이 아니며 서로 관련을 갖고 있다.

① 동질성: 각 단위가 수행하는 경제활동의 동질성과 지역의 동질성이 있을 것
② 자료획득 가능성: 각 단위의 활동에 관한 자료를 얻을 수 있어야 할 것.
③ 자율성: 각 단위가 그들의 모단위로부터 지시를 받지 않고 시장과 직접 관계를 가질 것. 이것은 하나의 특정과정에 관하여 관리자가 택한 결정이 다른 과정에 영향을 주지 않는 것으로 해석될 수 있다.

가. 기업체 단위

기업체 단위란 '동일 자금에 의하여 소유되고 통제되는 제도적 단위 또는 경영단위'로서 수입, 지출 및 자금관리에 관한 손익계산서 및 대차대조표와 기타 기록을 유지 관리하는 단위이다. 이는 주식회사, 협동조합, 협회, 조합 등의 법인체와 법인계열 등을 포괄하며, 정부조직도 한 기업체로 간주할 수 있다. 기업체는 각 산업의 자금원천 및 용도, 생산자금에 관한 자료 등을 파악하고 상호비교하는데 필요한 재무관련 통계작성에 가장 유용한 단위이다.

그러나 기업체는 여러 분야의 경제활동에 종사하는 '여러 사업체'를 소유 또는 관리하는 경우가 많으므로 기업체 전체를 단일항목에 분류하여 분석하기에는 곤란하다. 예를 들어 건설업과 운수업을 한 기업체에서 경영하는 경우이다.

나. 활동유형단위

활동유형단위는 '한 활동이 하나의 단일 또는 독립적으로 종사하는 기업체 또는 기업체를 구성하는 부분단위'이다. 활동유형단위는 단일법적 주체의 활동이 특정지역에 한정되지 않는다는 점에서 사업체 단위와 구별된다. 예를 들어 건설, 운수, 통신 등의 경제활동에서 단일 주체가 광범위한 지역에 걸쳐 동일한 경제활동을 수행하므로, 이러한 경제활동 분야에 대하여 사업체 단위 대신 활동유형단위를 적용하는 것이다.

다른 예로써, 발전소, 변전소 등 전기 산업의 각 생산 공급조직 단위이며, 어업의 경우에는 각 선박, 어선단 단위를 통계적으로 사용하는 것이다.

다. 지역단위

지역단위는 '하나의 기업체가 단일 장소에서 수행하는 모든 경제활동'의 단위이다.

기업체가 둘 이상의 장소에서 산업 활동을 수행할 경우, 활동의 종류는 불문하고 일정지역에 한정된 모든 활동에 관한 통계자료를 원할 수도 있다. 이러한 경우에 사용되는 것이 지역단위이며, 이 단위는 고용 및 자본에 관한 통계작성에 사용될 수 있으나, 기타 통계를 위한 단위로 사용하기에는 부적합하다.

라. 사업체 단위

대부분의 통계는 경제활동과 지역의 양쪽에서 동질성을 요구한다. 이러한 활동유형단위와 지역단위를 결합하여 사용되는 단위가 사업체단위이다. 사업체 단위란 '일정한 물리적 장소에서, 단일소유권 또는 단일통제 하에 단일경제활동을 독립적으로 수행하는 경영단위(단일법적 주체)'이다.

예로서 농장, 공장, 작업장, 상점, 광산, 사무소 등의 형태로 나타난다. 사업체 단위는 가장 '이상적인 관찰단위'로서 각종 경제통계에 광범위하게 사용된다. 그러나 이러한 이상적인 개념은 실질적인 운영상에서 항상 엄격하게 적용될 수 있는 것은 아니다. 따라서 운용상의 사업체 정의는 '일정한 물리적 장소 또는 일정한 지역 내에서 하나의 단일 또는 주된 경제활동에 독립적으로 종사하는 기업체 또는 기업체를 구성하는 부분단위'이다.

이러한 운영상의 사업체 정의를 사용하는 경우에도 한계가 있다. 즉, 건설, 운수, 통신부문에 종사하는 기업체는 동일 활동을 광범위한 지역에서 수행하고 있으며 또한 전기 및 가스, 벌목과 어업 또는 월별, 계절별 산업인 경우도 이와 유사한 경우이다. 이러한 경우 사업체 단위보다 활동유형 단위를 적용하는 것이 더 편리하다.

마. 동질생산 단위

동질생산단위는 '단일장소에서 단일경제활동에 종사하는 기업체의 최소단위'이다.

개별 생산공정을 구체적으로 분석하기 위해서 예컨대 경영잉여 산출 기술적 관점에서 동질성이 있는 분석 단위여야 하는데 이러한 목적에 사용되는 단위가 동질생산 단위이다.

바. 기술적 단위

기술적 단위는 '사업체가 생산 또는 공급하는 재화나 서비스의 특정부분을 직접 생산하는 그 사업체 내의 "부"나 "과" 또는 특정 생산품이나 서비스를 생산하는 전 과정상의 특정 생산단계에만 종사하는 사업체내의 한 부서'이다.

예로써 베이컨 및 고기 통조림을 생산하는 사업체 내의 도살부서는 전사업체 활동상 수평적 결합관계에 있는 기술적 단위이며, 섬유사업체 내의 방사, 직물, 직물염색 부서는 전 사업체 활동상 수직적 결합관계에 있는 기술적단위이다.

기술적 단위에서 보조적 활동을 수행할 수 있다. 따라서 기술적 단위는 그 사업체 활동의 전체 활동을 포괄하지 않으나 사업체의 보조적 단위는 아니다.

특정 재화나 서비스의 생산에 관한 자료나 그 생산품 생산에 투여된 원재료 및 노동력에 관한 자료를 분석하기 위하여 기술적 단위가 사용된다.

사. 보조 단위

보조단위는 '모생산단위가 생산하는 생산품의 구성품이 아닌 비내구재 또는 서비스를 제공하는 단위'로서, 사업체의 전활동 중 유지적 및 보조적 활동을 통상적으로 공급한다.

대표적인 예로는 중앙관리부서로서 일반행정, 감독, 회계, 재무, 구매, 기술 및 조직계획, 광고, 법무 등의 총괄적인 행정 및 관리업무를 수행한다. 기타 보조단위에는 사업체 내부의 창고, 차고, 수리소, 제품검사 및 실험실, 발전부서 등이 있다. 보조단위는 기능에 따라 모 생산단위의 주된 활동의 일개 부분으로 한정된다.

그러나 다음과 같은 활동단위는 보조단위로 보아서는 안 되며 별개의 사업체로 간주하여 그 자체활동에 따라 분류하여야 한다.

1) 고정자산 형성의 일부로 행하여지는 작업 또는 재화의 생산단위, 예컨대, 모기업체가 자기계정에 의하여 건설활동을 하는 경우에 자영건설을 담당하는 단위로서 재화의 생산 및 활동에 관한 별도의 자료가 필요한 경우
2) 모생산단위에서 사용되는 재화나 서비스를 보조적으로 생산하고 그 생산되는 재화나 서비스의 대부분을 다른 사업체에 판매하는 단위로서 이에 대한 별도의 자료가 필요할 경우
3) 모생산단위가 생산하는 생산품의 구성부품이 되는 재화를 생산하는 단위, 즉, 모생산단위의 생산품을 포장하기 위한 캔, 상자 및 유사제품을 생산하는 기업체내의 별개의 단위로서 이에 대한 별도자료가 필요할 경우
4) 연구 및 개발활동은 보편적인 것이 아니며, 통상적인 생산과정에서 소비되는 서비스를 제공하는 것이 아니다. 따라서 그 자체의 본질적인 성질에 따라 사업서비스업으로 분류한다.

참고

통계단위의 결정

활동주체의 생산활동은 주 활동 및 보조 활동이 복합적으로 수행될 수 있으며 각 단위의 분류는 그 단위의 주 활동에 의하여 결정된다. 이때 부차적 활동과 보조 활동은 무시된다. 주 활동은 주로 판매 또는 제공되는 재화나 서비스에 따라 결정된다. 그 결정방법은 다음과 같다.

① 이상적으로, 각 생산주체의 주 생산품 또는 서비스는 판매된 재화 또는 제공된 서비스에 대한 부가가치의 크기에 따라 결정
② 개별 상품이나 서비스에 대한 부가가치의 측정이 불가능할 때에는 그 사업체의 총산출량에 대한 주 활동의 특정재화 또는 서비스의 산출량 비율에 의하여 결정
③ 위 원칙에 따라 결정하는 것이 분명히 부적합한 경우에는 그 해당 활동의 종업원수, 임금 및 급여액 또는 설비의 정도에 의함
④ 단일사업체가 산업영역을 달리할 수 있는 두 가지 이상의 활동을 복합적으로 결합하여 수행할 경우, 즉 수직적 활동 또는 수평적 활동을 수행하여 이들 활동을 별도로 분리 파악할 수 없을 경우, 주된 '최종 산출물' 이 되는 재화 또는 서비스에 따라 분류된다. 예컨대, 벌목한 원목을 판매하고 일부만 제재하는 경우에는 벌목업으로 분류되어야 하나, 벌목한 원목을 직접 제재하는 경우는 제재업으로 분류한다(비록 벌목 시간이 많더라도).
⑤ 기업체의 활동이 여러 세분류 또는 세세분류 항목과 관련된다면 분류목적에 따라 그 상위 단계만을 적용하여 분류하거나 또는 우선적으로 중분류단계, 그리고 세분류 및 세세분류 단계의 분류수준을 순차적으로 적용할 수도 있다.
⑥ 복합활동으로 구성되는 기업체 또는 지역단위의 분류는 그들의 구성단위별 부가가치가 큰 쪽의 활동에 따라 분류
⑦ 사업의 전환이 있는 경우, 본래의 산업으로 전환할 의사가 없다면 총 생산액이 적더라도 현재의 산업으로 분류되어야 하나, 다시 전환할 의사와 기존 설비를 갖추고 있다면 본래의 산업으로 분류
⑨ 계절에 따라 정기적으로 산업을 달리하는 사업체의 경우, 조사시점과 관계없이 총 생산액이 많았던 사업, 즉 주 활동에 의하여 분류
⑩ 휴업 중 또는 자산을 청산중인 사업체의 산업은 영업 중 또는 청산을 시작하기전의 활동에 의하여 결정하며, 설립 중인 사업체는 개시하는 활동에 따라 결정
⑪ 단일사업체의 보조단위는 그 사업체의 일개부서로 포함하며, 여러 사업체를 관리하는 중앙보조단위는 별도의 사업체로 처리하고 그 보조되는 사업체중 주된 사업체와 동일한 산업으로 분류. 그러나 외국에 설치된 산업체를 관리하는 국내의 중앙행정부서는 사업서비스업에 분류

산업분류의 적용원칙

① 단위는 산출물 뿐만 아니라 투입물과 생산공정 등을 고려하여 그들의 활동을 가장 정확하게 설명된 항목에 분류
② 복합적인 활동단위는 우선적으로 최상급 분류단계를 정확히 결정하고, 순차적으로 중, 소, 세, 세세분류단계 항목을 결정
③ 수직적으로 결합되어 있는 단위는 달리 명시된 항목내용이 없다면 최종제품의 성질에 따라 항목에 분류
④ 지역통계를 국가통계로 합산하고자 할 경우 사업체의 활동분류 부호는 그것이 포함되는 활동유형 단위와 항상 동일하게 부여
⑤ 특정항목이 명시적으로 설정된 경우를 제외하고, 수수료 또는 계약에 의하여 활동을 수행하는 단위는 자기계정과 자기책임 하에 생산하는 단위와 동일항목에 분류
⑥ 직접 실질적인 활동은 하지 않고, 다른 계약업자에 의뢰하여 재화 또는 서비스를 생산케 하고, 이를 자기명의, 자기책임 하에서 판매하는 단위는 이들 재화나 서비스 자체를 직접 생산하는 단위와 동일한 산업으로 분류. 제조업의 경우에는 그 제품의 고안에 중요한 역할을 하고 자기 소유 재료를 제공하여야 함
⑦ 자본재의 수리 또는 분해수리를 하는 단위는 그 재화와 동일한 항목에 분류. 예컨대 자동차의 수리활동은 자동차판매에 분류되며, 개인 및 가정용품의 수리활동은 소매업에, 컴퓨터 및 사무용 기계장비수리 유지활동은 컴퓨터운영업에 분류함
⑧ 동일단위에서 생산한 재화의 소매활동은 별개 활동으로 파악되지 않고 제조 또는 생산활동 중심으로 분류. 그러나 생산한 재화와 구입한 재화를 함께 판매한다면 그 주된 활동에 따라 분류
⑨ '공공행정 및 국방, 사회보장사무' 이외의 다른 산업 활동을 수행하는 정부기관은 그 활동의 성질에 따라 분류되어야 한다.

5 분류구조 및 부호체계

(1) 분류구조는 대분류(Sections, 알파벳 문자 사용), 중분류(Divisions, 두 자리 숫자사용), 소분류(Groups, 3째 자리 숫자 사용), 세분류(Classes, 4째 자리 숫자 사용), 세세분류(Sub-Classes, 5째 자리 숫자 사용)의 5단계 분류체계이다.

1 2 3 4 5

중분류 소분류 세분류 세세분류

대분류는 A~Q까지 17개 항목, 중분류는 01~99의 두 자리 숫자인데 단순 일련번호가 아니고 5배수 방식에 의하여 우선 17개 대분류 부문에 분할하여 60개 중분류 항목을 순차적으로 분류(즉 대분류와 중분류는 독립된 것이 아니고 중분류 두 자리는 대분류의 구분을 포함). 소, 세, 세세분류는 10진법을 사용.

(2) 부호처리를 할 경우에는 아라비아 숫자만을 사용한다. 따라서 전체 5자리 숫자이다. 필요에 따라 앞에서 두 자리나 세 자리를 쓴다. (즉 대분류기호는 사용하지 않음)

(3) 중분류 부호의 앞자리는 0~9이다. 예컨대 '1 농업'이 아닌 '01 농업'이다.

(4) 소분류 이하에서, 특정분류단계를 더 이상 분류하지 않거나, 세분된 항목을 중간집계할 때 "0"을 사용한다. 예를 들면 '05 어업'으로 소분류는 050이다. 예를 들면 2691~2699를 집계한 것을 2690으로 표시할 수 있다. 또한 기타 항목은 "9"를 사용한다. (아래 항의 예 참조)

(5) UN의 권고 체계를 기본체계로 하고, 세분류(4째 자리)까지는 원칙적으로 국제분류와 일치하도록 하였으나, 국내 여건 상 일부 단일 항목 또는 기타 항목을 분할하여 독자적으로 세분류 항목을 설정한 경우도 있다

예) 권 고 안	한 국 분 류
1544 국수 및 유사식품 제조업	1544 국수 및 유사식품 제조업
1549 달리 분류되지 않은 식료품 제조업	1545 조미료 및 식품 첨가물 제조업
	1548 식료품 임가공업
	1549 달리분류되지않은 식료품 제조업

(6) 세세분류(5째 자리) 단위는 국내산업 실태를 고려하여 통계적 요청 또는 일반 행정 목적상의 요청에 부합토록 독자적으로 세분하여 설정하였다.

표 1. 한국표준산업분류 – 중분류

A 농업, 수렵업 및 임업(01-02) [Agriculture and Forestry]
01 농업
02 임업

B 어업 (05) [Fishing]
05 어업

C 광업 (10-12) [Mining and Quarrying]
10 석탄, 원유 및 우라늄 광업
11 금속 광업
12 비금속광물 광업; 연료용제외

D 제조업 (15-37) [Manufacturing]
15 음·식료품 제조업
16 담배 제조업
17 섬유제품 제조업; 봉제의복 제외
18 봉제의복 및 모피제품 제조업
19 가죽, 가방 및 신발 제조업
20 목재 및 나무제품 제조업; 가구 제외
21 펄프, 종이 및 종이제품 제조업
22 출판, 인쇄 및 기록매체 복제업
23 코크스, 석유 정제품 및 핵연료 제조업
24 화합물 및 화학제품 제조업
25 고무 및 플라스틱제품 제조업
26 비금속 광물제품 제조업
27 제1차 금속산업
28 조립금속제품 제조업; 기계 및 가구제외
29 기타 기계 및 장비 제조업
30 컴퓨터 및 사무용 기기 제조업
31 기타 전기기계 및 전기 변환장치 제조업
32 전자부품, 영상, 음향 및 통신장비 제조업
33 의료, 정밀, 광학기기 및 시계 제조업
34 자동차 및 트레일러 제조업
35 기타 운송장비 제조업
36 가구 및 기타 제품 제조업
37 재생용 가공원료 생산업

E 전기, 가스 및 수도사업 (40-41)
[Electricity, Gas and Water Supply]
40 전기, 가스 및 증기업
41 수도사업

F 건설업 (45-46) [Construction]
45 종합 건설업
46 전문직별 건설업

G 도매 및 소매업 (50-52) [Whole Sale and Retail trade]
50 자동차 판매 및 차량연료 소매업
51 도매 및 상품 중개업
52 소매업; 자동차 제외

H 숙박 및 음식점업 (55) [Hotels and Restaurants]
55 숙박 및 음식점업

I 운수업 (60-63) [Transport]
60 육상운송 및 파이프라인 운송업
61 수상운송업
62 항공 운송업
63 여행알선, 창고 및 운송관련 서비스업

J 통신업(64) [Post and Telecommunications]
64 통신업

K 금융 및 보험업 (65-67) [Financial institutions and Insurance]
65 금융업
66 보험 및 연금업
67 금융 및 보험관련 서비스업

L 부동산 및 임대업 (70-71) [Real estate and Renting and Leasing]
70 부동산업
71 기계장비 및 소비용품 임대업

M 사업서비스업(72-75) [Business activities]
72 정보처리 및 기타 컴퓨터 운영 관련업
73 연구 및 개발업
74 전문, 과학 및 기술 서비스업
75 사업지원 서비스업

N 공공행정, 국방 및 사회보장행정 (76)
[Public administraition and Defence compulsory Social security]
76 공공행정, 국방 및 사회보장행정

O 교육 서비스업 (80) [Education]
80 교육 서비스업

P 보건 및 사회복지사업 (85-86) [Health Work and Social work]
85 보건업
86 사회복지사업

Q 오락, 문화 및 운동관련 서비스업 Recreational,
cultural and sporting activities] (87-88)
87 영화, 방송 및 공연산업
88 기타 오락, 문화 및 운동관련 산업

R 기타 공공, 수리 및 개인 서비스업
[Other community, repair and personal service activities] (90-93)
90 하수처리, 폐기물처리 및 청소관련 서비스업
91 회원단체
92 수리업
93 기타 서비스업

S 가사 서비스업 (95) [private households with employed persons]
95 가사 서비스업

T 국제 및 외국기관 (99) [Extra-territorial Organizations and bodies]
99 국제 및 외국기관

6 산업분류의 활용

산업분류는 산업영역을 구분하는데 활용된다. 모든 산업통계작성 및 산업분석을 위한 기본 틀을 제공한다.

- 산업구조 파악과 산업 연관분석
- 산업의 성장, 생산성, 경쟁력 분석 등을 통한 산업 및 고용정책 수립의 기초자료
- 국민소득추계를 위한 기초자료

모든 산업관련 용어에 대한 개념의 명확화, 구체화한다.

표준산업분류는 40여개의 각종 경제관련 법령에서 산업영역을 구분하는데 준용한다. 예를 들어 다음과 같다.

- '공업배치 및 공장설립에 관한 법률' : 제조업의 범위
- '소득세법' : 사업의 범위
- '중소기업기본법' : 중소기업의 범위(상시근로자수, 자산총액기준)
- '폐기물관리법' : 폐기물발생억제지침 준수 의무대상의 범위

연 습 문 제

1. 우리나라 표준산업분류의 최근 개정 연월일을 조사하시오.

2. 한국의 표준산업분류란 무엇이며 목적은 무엇인지 간단히 설명하시오.

3. 다음 중 통계적 분류단위에서 '단일 장소에서 단일 경제활동에 종사하는 기업체의 최소단위이며, 경영 잉여를 산출하는데 필요한 통계를 유효하게 작성할 수 있는 분석단위로 사용되는 단위분류는?

① 기업체단위 ② 사업체단위

③ 활동유형단위 ④ 동질생산단위

답 4

4. 분류구조 및 부호체계 설명이 틀린 것은?

① 분류구조는 대분류, 중분류, 소분류, 세분류, 세세분류의 5단계 분류체계이다.

② 부호처리를 할 경우에는 아라비아 숫자만 사용토록한다.

③ 중분류를 나타내는 숫자 부호체계의 처음 단위는 과거 체계와 달리 0에서 시작하여 4에서 끝나도록 하였다.

④ 소분류이하에서 특정분류단계를 더 이상 분류하지 않을 때 0을 사용한다.

답 3

5. 산업분류의 기준이 아닌 것은?

① 특징 ② 용도 ③ 투입요소 ④ 기술의 유사성 ⑤ GNP의 크기

답 5

6. 아래 내용에서 빈칸에 들어가는 년도는?

"( )년에 광공업편, ( )년에 비제조업편의 한국표준산업분류 제정"

① 1965,1966 ② 1963,1964

③ 1962,1963 ④ 1961,1962

답 2

7. 소분류 이하에서 기타 항목을 의미하는 숫자는?

① 0　　② 1

③ 2　　④ 3

답 1

8. 당신이 하는 사업이나 다니는 회사가 어떤 산업분류에 해당하는지 조사하시오. 사업자 등록증이나 세무신고서를 참고한다. 업종, 업태와 산업분류와는 어떤 관계가 있는가.

9. 표준산업의 통계단위로써 각각의 예를 들어보라

한국의 표준직업

1 직업분류의 개념

직업의 국어사전 풀이는 '생계를 위하여 일상적으로 하는 일'이라고 하였다. 일반으로 제도적인 용어로 직업은 '개인에 의하여 수행되었거나 수행되도록 설정된 일련의 직무'이다. 직업의 준말은 '업'이라고 한다.

경제활동을 위해 개인이 하는 일을 일의 형태에 따라 체계적으로 유형화한 것이 직업분류이며, 우리나라 직업구조 및 실태에 맞도록 표준화한 것이 한국표준직업분류(KSCO; Korean Standard Classification of Occupations)이다. "수행된 일의 형태"는 직업을 정의하고 분류하는데 사용되는 기본원칙이다.

한국의 표준직업분류는 국제노동기구(ILO: International Labor Organization)의 국제표준직업분류(ISCO)의 권고에 따라 설정되고 있다.

직업분류의 목적은 행정자료 및 인구총조사 등 고용관련 통계조사를 통하여 얻어진 직업정보를 분류하고 집계하기 위한 것이다. 직업관련 통계를 작성하는 모든 기관이 통일적으로 사용하여 통계자료의 정확성과 비교성을 확보할 수 있다. 직업정보에 관한 국내통계를 국제적으로 비교, 이용할 수 있다. 다음 자료로도 활용 된다.

- 취업알선을 위한 구인, 구직 안내 기준
- 직종별 급여 및 수당지급 결정기준
- 직종별 특정 질병의 이환율, 사망률과 생명표 작성 기준
- 산재보험률, 생명보험률, 산재보상액, 교통사고 보상액 등의 결정 기준

2 직업분류 변화

표준직업은 2007년까지 6회 개정되었는데 개정 내용을 보면 직업의 변화를 읽을 수 있다.

참고

중요한 변화 - 1992년 제4차 개정의 요점

1. 4단계 분류에서 5단계로 분류체계로 증설(세세분류 신설)
2. 직업을 "한사람에 의하여 수행되었거나 수행되도록 설정된 일련의 직무"라고 정의. 직무능력수준을 국제표준교육분류(ISCED)의 교육수준에 준하여 4단계로 구분(직업에 대한 개념정의 및 분류기준 구체화)
3. 기능인력을 숙련도에 따라 '기능원'과 '장치조작원'으로 대분류 구분
4. 농업부문을 '출하목적' 여부에 따라 중분류에서 2가지로 구분
5. 여성의 사회참여 증가를 반영하여 비서, 경리, 보모, 모델과 같은 직종을 세분하거나 신설
6. 한국사회에 광범위하게 존재하는 비공식부문을 반영한 소분류를 신설
7. '전문, 기술 및 관련직 종사자'의 대분류를 '전문가'와 '기술공'으로 구분
8. 관리자와 자영자로 구분되어 있던 것을 '관리자'로 통합하고, 관리자 내에 법인관리자와 종합관리자로 구분
9. 컴퓨터 시스템 설계가 및 분석가, 컴퓨터 프로그래머, 컴퓨터 보조원과 같은 '새로운' 직업
10. 사무직, 판매직, 서비스직, 농어업 종사자에 세분되어 있는 '단순 노무자'를 하나의 대분류인 '단순노무직 근로자'로 통합

2000년 제5차 개정의 요점

1. '서비스 및 판매근로자'를 '서비스종사자'와 '판매종사자'로 분리
2. '기능원'을 '장치, 기계조작원 및 조립원'으로 재분류(산업의 자동화, 기계화 반영)
3. '전문가 및 준전문가' 내의 중분류를 4개에서 9개로 확대(신기술의 발달 및 산업구조의 고도화를 반영)
   '컴퓨터 전문가'를 '컴퓨터 관련 전문가'로 명칭 변경 및 중분류로 상향조정(정보통신산업의 새로운 직업군 반영),
   '건축가 및 기술자', '사업전문가'를 중분류로 상향조정.
   '기술공 및 준전문가' 내의 '기술공'을 소분류로 상향조정
   '금융, 판매 및 사업서비스 준전문가'에 '선물거래중개인', '물류관리사'와 같은 새로운 직업

4. '일반사무직원'을 중분류에서 '일반사무'와 '사무지원종사자'로 구분
5. '대인서비스, 조리 및 음식, 여행 및 운송, 보안, 도소매, 통신판매, 모델 및 홍보' 등으로 중분류 세분 및 소분류 조정(다양한 서비스 및 판매관련 직업 반영)
6. 현실과 맞지 않는 직업 명칭을 통용되는 명칭으로 변경. 쇠퇴하고 있거나 존재하지 않는 직업을 통합 또는 삭제

2007년 10월 제 6차 개정

1. 대분류에서 '전문가'와 '준전문가' 통합
2. 중분류이하, 직능유형 중심으로 분류하고, 노동시장 추세와 고용자수 감안하여 조정

3 직업분류의 구조 및 부호체계

2007년을 기준으로 할 때, 부호는 5자리로써 10개의 대분류, 52개의 중분류, 149개의 소분류, 426개의 세분류, 1206개의 세세분류의 계층 구조로 이루어진 분류체계로 구성되어 있다.

세세분류 내에 총 12,000개의 직업이 포함되어 있는데, 이 중 6000개는 직업명으로, 3500개는 관련 직업으로, 2500개는 유사직업으로 정의되어 있다.

1	2	3	4	5
대분류	중분류	소분류	세분류	세세분류

4 직무와 직업의 정의

직업분류에서 직무(Job)와 직업(Occupation)은 가장 기본적인 단위라 할 수 있다. 직무란 '생산 활동에 종사하는 개별 종사자에 의하여 계속적으로 수행되었거나 또는 수행되도록 설정, 교육, 훈련된 업무'로 직업분류의 가장 기본적인 개념이며, 직업은 '유사한 직무의 집합(일련의 직무)'으로 정의된다.

유사한 직무란 '동일한 형태의 일'을 말하며, 일의 계속성이란 일시적인 것을 제외한 다음에 해당하는 것을 말한다.

- 매일, 매주, 매월 등 주기적으로 행하는 것
- 계절적으로 행해지는 것
- 명확한 주기는 없으나 계속적으로 행해지는 것
- 현재 하고 있는 일을 계속적으로 행할 의지와 가능성이 있는 것

그러나 다음과 같은 활동은 직업으로 보지 않는다.

- 이자, 주식배당, 임대료(전세금, 월세금)등과 같은 재산 수입
- 연금법, 생활보호법, 국민연금법 및 고용보험법 등의 사회보장에 의한 수입
- 경마, 경륜 등에 의한 배당금 수입
- 예적금 인출, 보험금 수취, 차용 또는 토지나 금융자산을 매각한 수입
- 자기 집에서 가사 활동
- 정규 교육기관에 재학하고 있는 경우
- 시민봉사활동 등에 의한 무급 봉사적인 일에 종사하는 경우
- 법률위반 행위나 법률에 의한 강제노동을 하는 경우, 즉 강도, 절도, 매춘, 밀수 및 수형자의 활동 등

5 분류기준

직업분류체계는 직무(수행된 일)의 형태를 기본으로 하여 직능(직무수행능력)을 근거로 분류된다. 대분류는 군인의 경우를 제외하고 직능수준으로 적용된다.

직능은 특정임무를 수행할 수 있는 능력으로 이것은 특정한 직업에 종사하는 종사자 간의 숙련도 차이를 의미하는 것은 아니다. 한편 직능(Skill)과 자격(Qualification)은 아래와 같이 구분된다.

- 직능 : 교육, 훈련, 경험 또는 선천적 능력과 사회적, 문화적 환경을 통하여 얻어진다.
- 자격 : 시험합격 등과 같은 공식적인 기준을 충족함으로서 부여된다.

ISCO에서 정의한 직무능력수준은 정규교육을 통해서만 얻을 수 있는 것은 아니며, 비정규적인 훈련과 경험을 통해서도 얻게 된다. 따라서 분류에서 사용되는 기본 개념은 정규교육 수준에 의해 분류되는 것이 아니라 직무를 수행하는

데 필요한 특정업무의 수행능력이다. 이러한 기본개념에 의하여 설정된 분류체계는 국제적 특성을 고려하여 4개의 직무능력수준으로 구분하고 직무능력이 정규교육(또는 훈련)을 통하여서 얻어지는 것이라 할 때 국제표준교육분류(ISCED)상의 교육과정 수준에 의하여 다음과 같이 정의하였다.

(1) 제1직능 수준

일반적으로 5, 6, 7세에 시작하여 6년 정도 시행되는 교육으로서 ISCED의 제1수준의 교육과정(초등과정수준) 정도의 정규교육 또는 훈련을 필요로 한다. 이러한 수준의 직업 종사자는 최소한의 문자이해와 수리적 사고능력이 요구되는 간단한 직무교육으로 누구나 수행할 수 있다.

(2) 제2직능 수준

일반적으로 11, 12세에 시작하여 3년 정도 계속되는 교육, 또는 14, 15세에 시작하여 3년 정도 계속되는 교육으로서 ISCED의 제2, 3수준의 교육과정(중등교육과정 수준) 정도의 정규교육 또는 훈련을 필요로 한다. 이러한 수준의 직업 종사자는 일정한 직무훈련과 실습과정이 요구되며, 훈련실습시간은 정규훈련을 보완하거나 정규훈련의 일부 또는 전부를 대체할 수 있다.

(3) 제3직능 수준

일반적으로 17, 18세에 시작하여 2, 3년 정도 계속되는 교육으로서 ISCED의 제5수준의 교육과정(기술전문교육과정 수준) 정도의 정규교육 또는 훈련을 필요로 하며, 이러한 교육과정의 수료로 초급대학 학위와 동등한 학위가 수여되는 것은 아니다. 이러한 수준의 직업에 종사하는 자는 일정한 보충적 직무훈련 및 실습과정이 요구될 수 있으며, 정규훈련과정 일부를 대체할 수도 있다. 또한 유사한 직무를 수행함으로서 경험을 습득하여 이에 해당하는 수준에 이를 수도 있다.

(4) 제4직능 수준

일반적으로 17, 18세에 시작하여 4년 또는 그 이상 계속하여 학사, 석사나 그와 동등한 학위가 수여되는 교육으로서 ISCED의 제6, 7수준의 교육과정(대학 및 대학원 교육과정 수준) 정도의 정규교육 또는 훈련을 필요로 한다. 이러한 수준의 직업 종사자는 일정한 보충적 직무훈련 및 실습이 요구된다. 또한 유사한 직무를 수행함으로서 경험을 습득하여 이에 해당하는 수준에 이를 수도 있다.

참고

분류원칙

1. 포괄적인 업무에 대한 분류

동일 직업에 포함되는 직무범위 상의 차이는 대체적으로 사업체의 규모에 따라 결정된다. 예를 들면 소규모 사업체에서는 음식조리와 제공이 하나의 단일 직무로 되어 문서접수원의 임무로 결합될 수 있는 반면 대규모 기업체에서는 이들은 별도로 분리된 임무로 구성될 수 있다. 직업분류는 국내외적으로 가장 보편적인 업무 및 임무의 결합상태에 근거하여 직업 및 직업군을 결정한다. 따라서 어떤 직업의 경우에 있어서는 그 업무 및 임무의 범위가 분류에 명시된 내용과 일치하지 않을 수도 있다. 이러한 경우 다음과 같은 분류원칙을 적용한다.

① 수적우위 원칙 : 수행되는 직무내용과 관련 분류항목에 명시된 직무내용을 비교 평가하여 관련 직무 내용상의 상관성이 가장 많은 항목에 분류한다.
② 최상급 직능수준 우선원칙 : 수행된 직무가 통상적으로 상이한 수준의 훈련과 경험을 통해서 얻어지는 직무능력을 필요로 한다면 직업은 가장 높은 수준의 직무능력을 필요로 하는 일에 따라서 분류한다.
③ 생산업무 우선원칙 : 재화의 생산과 공급이 같이 이루어지는 경우, 생산단계에 관련된 업무를 우선 분류하여야 한다. 예를 들면 빵을 굽는 제빵공이 빵을 제조하고 이를 판매하였다면 판매원으로 분류되지 않고 제빵원으로 분류한다.

2. 다수직업 근로자의 분류

한 사람이 전혀 상관성이 없는 두 가지 이상의 직업에 종사할 경우 그 직업을 결정하는 일반적 원칙은 다음과 같다.

① 취업시간이 많은 직업을 택한다.
② 위의 경우를 분별하기 어려운 경우는 수입이 많은 직업을 택한다.
③ 위의 두 가지 경우가 분명치 못할 경우에는 조사 시 최근의 직업을 택한다.

표 1. 한국의 표준직업분류

중분류	ISCO-08 대비
1 관리자 11 공공 및 기업 고위직 12 행정 및 경영지원 관리직 13 전문서비스 관리직 14 건설·전기 및 생산 관련 관리직 15 판매 및 고객서비스 관리직	1 관리자, 고위임원 및 의회의원 11 의회의원 및 고위임원 12 기업경영 관리자 13 생산 및 전문서비스 관리자 14 고객, 판매 및 관련 서비스 관리자
2 전문가 및 관련 종사자 21 과학 전문가 및 관련직 22 정보통신 전문가 및 기술직 23 공학 전문가 및 기술직 24 보건·사회복지 및 종교 관련직 25 교육 전문가 및 관련직 26 법률 및 행정 전문직 27 경영·금융 전문가 및 관련직 28 문화·예술·스포츠 전문가 및 관련직	2 전문가 21 과학 및 공학 전문가 22 보건 전문가 23 교육 전문가 24 사업, 법률, 사회, 문화 전문가 25 정보통신 기술 전문가 - - - - - - - - - - - 3 기술공 및 준전문가 31 과학 및 공학 준전문가 32 보건관련 준전문가 33 금융, 경영 준전문가 34 교육, 경찰, 법률, 사회 관련 준전문가 35 정보통신 기술공
3 사무 종사자 31 경영 및 회계 관련 사무직 32 금융 및 보험 사무직 33 법률 및 감사 사무직 39 상담·안내·통계 및 기타 사무직	4 사무 종사자 41 사무 종사자 42 고객서비스 사무종사자
4 서비스 종사자 41 경찰·소방 및 보안 관련 서비스직 42 이미용·예식 및 의료보조 서비스직 43 운송 및 여가 서비스직 44 조리 및 음식 서비스직	5 서비스 및 판매 종사자 51 대인 및 보호서비스 종사자
5 판매 종사자 51 영업직 52 매장 판매직 53 방문·노점 및 통신판매 관련직	5 서비스 및 판매 종사자 52 판매 종사자
6 농림어업 숙련 종사자 61 농·축산 숙련직 62 임업 숙련직 63 어업 숙련직	6 숙련 농어업 종사자 61 출하목적 숙련 농업 및 어업 종사자 62 자급농업, 어업, 임업종사자
7 기능원 및 관련 기능 종사자 71 식품 가공관련 기능직 72 섬유·의복 및 가죽관련 기능직 73 목재·가구·악기 및 간판관련 기능직 74 금속성형 관련 기능직 75 운송 및 기계관련 기능직 76 전기 및 전자관련 기능직 77 건설 및 채굴관련 기능직 78 영상 및 통신 장비관련 기능직 79 기타 기능 관련직	7 기능원 및 관련 기능 종사자 71 추출 및 건설기능 종사자 72 금속, 기계 및 관련 기능 종사자 73 정밀, 수공예, 인쇄 및 관련기능 종사자 74 전기공학 기능 종사자 75 음식가공, 목공, 방직, 공예관련 기능 종사자
8 장치·기계 조작 및 조립 종사자 81 식품가공관련 기계조작직 82 섬유 및 신발 관련 기계조작직 83 화학관련 기계조작직 84 금속 및 비금속 관련 기계조작직 85 기계제조 및 관련 기계조작직 86 전기 및 전자 관련 기계조작직 87 운전 및 운송 관련직 88 상·하수도 및 재활용 처리관련 기계조작직 89 목재·인쇄 및 기타 기계조작직	8 장치·기계 조작 및 조립 종사자 81 고정장치 및 관련 조작 종사자 82 조립 종사자 83 운전원 및 이동장치 조작공
9 단순노무 종사자 91 건설 및 광업 관련 단순노무직 92 운송관련 단순노무직 93 제조관련 단순노무직 94 청소 및 경비 관련 단순 노무직 95 가사·음식 및 판매 관련 단순노무직 99 농림어업 및 기타 서비스 단순 노무직	9 단순노무 종사자 91 청소원 및 조력원 92 농업,어업 및 임업 노동자 93 광업, 건설업, 제조업 및 운송업 노동자 94 음식조리 보조자 95 거리 판매 및 서비스종사자 96 쓰레기 종사자 및 기타 단순 서비스 종사자
A 군인 A1 군인	0 군인 01 장교 02 사병

연 습 문 제

1. 우리 나라 직업분류의 최근 제정일과 최근 개정 연월일을 조사하시오. 최근 개정판은 ISCO 몇 년판을 바탕으로 한 것인가.

2. 한국표준직업분류에 대한 설명이다. 옳은 것을 고르시오.

① 직업번호의 숫자는 직업이 생긴 순서대로 부여한 것이다.
② 41221과 같은 5자리로 구성되어 있다.
③ 직업번호의 부여임무는 노동부에서 수행한다.
④ 대분류 첫 번째 글자는 반드시 숫자여야 한다.
⑤ 직업분류 번호가 큰 숫자를 일반인들은 선호한다.

3. 한국표준직업분류에서 직업으로 보지 않는 8가지 활동에 포함되지 않은 것은?

① 정규 교육기관에서 재학하고 있는 경우
② 시민봉사활동 등에 의한 무급 봉사적인 일에 종사하는 경우
③ 다른 집에서 가사활동
④ 법률위반 행위에 의한 강제노동
⑤ 경마, 경륜 등에 의한 배당금 부입이 있는 경우

4. 우리 친구 대명이는 공군사관학교를 졸업하여 우리나라 최초의 여자 전투기 조종사가 되었다. 대명이의 직업은 한국표준직업분류에서 대분류 번호 몇 번에 속하는가?

5. 한국표준직업분류의 대분류 번호와 내용의 연결이 바른것은? .

① 1 - 전문가 및 준전문가
② 2 - 사무종사자
③ 4 - 서비스종사자
④ 6 - 장치, 기계조작 및 조립 종사자
⑤ 9 - 군인

6. 한국표준직업분류의 업무를 수행하고 있는 부처의 URL로 옳은 것은 고르시오. 각각 어느 기관의 사이트인지 적으시오.

① http://www.cwd.go.kr ② http://www.nso.go.kr
③ http://www.moe.go.kr ④ http://www.molab.go.kr
⑤ http://www.maf.go.kr

7. 당신이 수행하는 업무를 표준직업분류로 구분하시오. 당신의 주변사람에 대해서도 조사하시오.

8. 새로운 직업으로 등장할 것으로 예상되는 것을 찾아 분석하고 보고서로 제출하라.

9. 직업 분류의 체계는 무엇과 무엇을 근거로 정의되는가?

10. 다음 중 맞는 설명은?

① 제2 직능수준은 17, 18세에 시작하여 4년 정도 계속되는 교육으로 ISCED 상의 제5수준이다.
② 전문가는 제 4 직능수준이 필요하다.
③ 사무원은 제 3 직능수준이 필요하다.
④ 제1 직능수준은 ISCED의 제2, 3, 4 수준의 교육과정 정도의 정규교육 혹은 훈련을 필요로 하는 직무능력으로 정의된다.

답 2

11. 다음 설명 중 틀린 것은?

① 직무 수행능력은 특정 직업에 종사하는 종사자 간의 숙련도의 차이를 의미한다.
② 직능은 교육, 훈련, 경험을 통해 얻어진다.
③ 자격은 일련의 공식적인 기준을 충족함으로써 얻어진다.
④ 직능 수준은 지식 및 이해의 정도, 수완과 경험의 정도와 관련된 개념이다.

답 1

12. 다음 중 전문가에 속하지 않는 직업은?

① 네트워크 관리자 ② 목사
③ 물리치료사 ④ 방송 PD
⑤ 내레이터 모델

답 5

13. 신종 직업으로서 영업소나 상가의 이름을 지어주는 직업이 있다. 그 직업은 대분류 중 어디에 속하는가?

① 관리자
② 전문가 및 준전문가
③ 서비스종사자
④ 판매종사자
⑤ 단순 노무 종사자

답 2

14. 테러리스트도 직업이라고 할 수 있는가? 없는가? 당신이 판단한 이유는?

15. 직업분류체계에서 직무의 개념과 직무능력의 개념을 구체적으로 서술하시오.

16. 한국의 표준직업분류에서 준전문가에 속하지 않는 것은?

① 과학관련 기술종사자
② 농업숙련 종사자
③ 교육 준전문가
④ 경영 및 재정 전문가

답 2

17. 대분류의 전문가에 속하지 않는 것은?

① 라디오 TV아나운서
② 디자이너
③ 검사관
④ 영양사

답 3

18. ISCO에서 정의한 직무능력 수준은 정규교육을 통해서만 얻을 수 있는 것은 아니며 비정규적 훈련과 경험을 통하여도 얻게 된다. 수 년 전의 학력 위조 사건의 원인과, 잘잘못, 대책을 논하라.

참고

대분류별 개요

1. 관리자

의회의원처럼 공동체를 대리하여 법률이나 규칙을 제정하고, 정부를 대표, 대리하며 정부 및 공공이나 이익단체의 정책을 결정하고 이를 지휘·조정한다. 정부, 기업, 단체 또는 그 내부 부서의 정책과 활동을 기획, 지휘 및 조정하는 직무를 수행한다. 현업을 겸할 경우에는 직무시간의 80% 이상을 다른 사람의 직무를 분석, 평가, 결정하거나 지시하고 조정하는데 사용하는 경우에만 관리자 직군으로 분류한다. 여기에 포함되는 대부분의 직업은 '제4수준'과 '제3수준'의 직무능력을 필요로 한다.

2. 전문가 및 관련 종사자

주로 자료의 분석과 관련된 직종으로 물리, 생명과학 및 사회과학 분야에서 높은 수준의 전문적 지식과 경험을 기초로 과학적 개념과 이론을 응용하여 해당 분야를 연구, 개발 및 개선하고 집행한다. 전문지식을 이용하여 의료 진료활동과 각급학교 학생을 지도하고 예술적인 창작활동이나 스포츠 활동 등을 수행한다. 또한 전문가의 지휘 하에 조사, 연구 및 의료, 경영에 관련된 기술적인 업무를 수행한다. 이 대분류에 포함되는 대부분의 직업은 '제4수준'과 '제3수준'의 직무능력을 필요로 한다.

3. 사무 종사자

관리자, 전문가 및 관련 종사자를 보조하여 경영방침에 의해 사업계획을 입안하고 계획에 따라 업무를 추진하며, 당해 작업에 관련된 정보(Data)의 기록, 보관, 계산 및 검색 등의 업무를 수행한다. 또한 금전취급 활동, 법률 및 감사, 상담, 안내 및 접수와 관련하여 사무적인 업무를 주로 수행한다. 이 대분류에 포함되는 대부분의 직업은 '제2수준'의 직무능력을 필요로 한다.

4. 서비스 종사자

공공안전이나 신변보호, 의료보조, 이·미용, 혼례 및 장례, 운송, 여가, 조리와 관련된 공공 및 대인 서비스를 제공하는 업무를 주로 수행한다. 이 대분류에 포함되는 대부분의 직업은 '제2수준'의 직무능력을 필요로 한다.

5. 판매 종사자

영업활동을 통해 상품이나 서비스를 판매하거나 인터넷 등 통신을 이용하거나, 상점이나 거리 및 공공장소에서 상품을 판매 또는 임대한다. 상품을 광고하거나 상품의 품질과 기능을 홍보하며, 매장에서 계산을 하거나 요금정산 등의 활동을 수행한다. 이 대분류에 포함되는 대부분의 직업은 '제2수준'의 직무능력을 필요로 한다.

6. 농림어업 숙련 종사자

자기 계획과 판단에 따라 농산물, 임산물 및 수산물의 생산에 필요한 지식과 경험을 기초로 작물을 재배·수확하고 동물을 번식·사육하며, 산림을 경작, 보존 및 개발하고, 물고기 및 기타 수생 동·식물을 번식 및 양식하는 직무를 수행한다. 이 대분류에 포함되는 대부분의 직업은 '제2수준'의 직무능력을 필요로 한다.

7. 기능원 및 관련 기능 종사자

광업, 제조업, 건설업 분야에서 관련된 지식과 기술을 응용하여 금속을 성형하고 각종 기계를 설치 및 정비한다. 또한 섬유, 수공예 제품과 목재, 금속 및 기타 제품을 가공한다. 작업은 손과 수공구를 주로 사용하며 기계를 사용하더라도 기계의 성능보다 사람의 기능이 갖는 역할이 중요하다. 자동화된 기계의 발전에 따라 직무영역이 축소되는 추세인데, 생산과정의 모든 공정과 사용되는 재료나 최종 제품에 관련된 내용을 알 수 있어야 한다. 이 대분류에 포함되는 대부분의 직업은 제2수준의 직무능력을 필요로 한다.

8. 장치·기계조작 및 조립종사자

기계를 조작하여 제품을 생산하거나 대규모적이고 때로는 고도의 자동화된 산업용 기계 및 장비를 조작하고 부품을 가지고 제품을 조립하는 업무로 구성된다. 작업은 기계조작 뿐만 아니라 컴퓨터에 의한 기계제어 등 기술적 혁신에 적응할 수 있는 능력을 포함하여 기계 및 장비에 대한 경험과 이해가 요구되며, 기계의 성능이 생산성을 좌우한다. 또한 여기에는 운송장비의 운전업무도 포함된다. 이 대분류에 포함되는 대부분의 직업은 '제2수준'의 직무능력을 필요로 한다.

9. 단순노무 종사자

주로 간단한 수공구의 사용과 단순하고 일상적이며, 어떤 경우에는 상당한 육체적 노력이 요구되고, 거의 제한된 창의와 판단만을 필요로 하는 업무를 수행한다. 몇 시간 혹은 몇 십 분의 직무훈련(on the job training)으로 업무수행이 충분히 가능한 직업이 대부분이며, 일반적으로 '제1수준'의 직무능력을 필요로 한다. 직능수준이 낮으므로 단순 노무직 내부에서의 직업 이동은 상대적으로 매우 용이한 편이라고 할 수 있다.

10. 군인

의무로 복무를 수행하는 사병, 단기부사관, 장교를 제외하고, 현재 군인 신분을 유지하고 있는 직업 군인을 말한다. 직업정보 취득의 제약 등 특수 분야이므로 직무를 기준으로 분류하는 것이 아니라, 의무복무 여부와 계급을 중심으로 분류된다. 국방과 관련된 정부기업에 고용된 민간인, 국가의 요청에 따라 단기간 군사훈련 또는 재훈련을 위해 일시적으로 소집된 자 및 예비군은 제외된다. 대분류의 범위를 정하는 '직능수준'에 관한 사항은 적용되지 않았다.

Chapter 3

표준상품분류

1 상품의 분류

상품분류는 산업재산권 출원의 편리성을 높이고, 각종 등록상 식별을 용이하게 하기 위한 것이다. 상표법에서 상품의 분류가 있다. 상표법의 담당 부처는 특허청이다. 상표법은 산업재산권 중의 상표등록과 밀접한 관련이 있다. 상품분류에는 서비스업류를 포함한다.

국제상품분류(NICE, International Trademark Classification)은 1957년 포장등록을 실행하기 위한 상품 및 서비스의 국제분류에 관한 니스협정에 의한 것으로 현재 가입 국가 수는 약 60여 국가이다. 관장 기구는 세계지식재산권기구이다.

한국은 WTO체제의 출범에 따른 체계의 정비, 산업재산권 출원의 편리성을 제고하기 위하여, 98년 이전의 65개 상품분류(상품 53개류, 서비스 12개류)로부터 98년 42개류(상품류 34개류, 서비스류 8개류)로 되었다.

니스분류는 2002년 제8판으로 대폭 변경이 되었고 이에 따른 한국 법제 정비가 이루어졌다.

전자출판, 컴퓨터게임, 온라인 광고, 인터넷접속서비스 등 정보통신 관련 34개의 새로운 상품 및 서비스가 국제표준명칭으로 확정, 분류되었고 기타 산업분야에서도 208개의 신상품, 서비스가 확정 분류되었다. 특히 기존 컴퓨터관련 서비스항목들이 분류되었던 42류가 43, 44, 45류로 분할된 것도 향후 정보통신 기업의 브랜드관리 면에서 예의 주시할 필요가 있다.

상표법에 의한 한국상품분류 표는 앞의 상표권 부분 표 10에 나와 있으므로 여기서는 생략한다.

2 유통표준코드와 바코드 시스템

가. GS1 코드체계

유통표준코드는 '상품'에 대한 표준코드체계이다. 2003년 5월, 유엔은 유럽과 미주지역의 양대 상품 표준화 기구인 EAN과 UCC를 통합한 '글로벌원(GS1; Global standard 1)'을 국제상품분류코드체계(UNSPSC) 관리기구로 출범시켰다. 유엔개발계획이 권고한 UNSPSC는 전자상거래의 상품과 서비스 분류체계이다.

한국은 과거 기구와 업무의 조정, 통폐합을 거쳐 대한상공회의소 유통물류진흥원(구, 유통정보센터)에서 통합관리하게 되었다. 웹사이트는 www.gs1kr.org와 gs1kr.korcham.net이다.

과거에 KAN(Korean article number)이라는 한국상품유통용 번호가 있었는데 EAN 체계와 동일하므로 일찍이 폐지되었다.

EAN의 국제기구는 국제상품코드관리협회(International Article Association EAN, EAN International)이다. 원래는 유럽상품코드를 나타내는 의미로 사용되었으나 현재는 EAN이 발전되어 세계적인 국제상품코드를 뜻한다. 각국 코드관리기구와 밀접한 관계이지만, 자국 내의 활동에는 위임 원칙이다. 대표적인 EAN-13은 국가코드 2~3자리를 포함하여 13자리 흑백 바코드로 구성된다.

EAN 시스템은 GS1 시스템으로 전환되었다. 예컨대 EAN의 국가번호 2~3자리는 GS1에서 공히 3자리로 되었다.

(1) 바코드 종류

① 수퍼나 대형할인마트 등 일반 유통매장에서 판독될 경우에는 EAN-13 바코드를 사용한다.

② 바코드에 추가정보(일련번호, 유통기한, 단위 등)를 나타내어야 할 경우에는 GS1-128 또는 DataBar, DataMatrix 바코드를 사용한다.

③ 대형물류센터에 물류단위(박스)로 납품할 경우 ITF-14(물류바코드) 사용을 고려할 수 있다. 박스 단위에 EAN-13 또는 ITF-14를 적용할 것인가에 대한 결정은 납품처의 요구에 따라 달라질 수 있다.

(2) 바코드 크기

EAN 13 바코드는 표준 크기 37.3×26.3mm로부터 최대 200% 확대하여 출력할 수 있으며 최소 80%까지 축소가 가능하다.

EAN 13 바코드를 축소할 때는 특히 바코드의 높이에 주의해야 한다. 전체 배율을 무시하고 인위적으로 높이만 줄여 출력할 경우, 바코드는 판독되지 않는다.

만약 EAN 13 바코드가 소매단위(일반 유통업체 등) 뿐만 아니라 물류단위(물류센터 등)로 판독되어야 할 때에는 150 ~ 200% 범위 내에서 인쇄하여 사용한다.

물류바코드인 ITF-14와, 바코드에 추가정보를 입력할 수 있는 GS1-128 바코드 역시 표준사이즈가 고정되어 있다.

ITF-14는 표준사이즈 159×41mm를 기준으로 50~200%까지 축소, 확대하여 사용할 수 있다.

(3) 바코드 번호(바코드 숫자) 표기

바코드 하단에 표기된 번호(아라비아 숫자)는 바코드가 판독되지 않을 경우를 대비하여 적혀있는 중요한 정보다. 숫자의 크기는 고정되지 않으나, 명확히 인식될 수 있는 크기로 표현되어야 한다. 위치는 어떤 바코드를 사용하느냐에 따라 다르다. EAN-13 이나 ITF-14의 경우에는 하단에 표기된다. 숫자 사이에 여백을 두어도 된다.

(4) EAN-13 및 GS1-13

구조와 코드 생성과정은 그림 1과 같다.

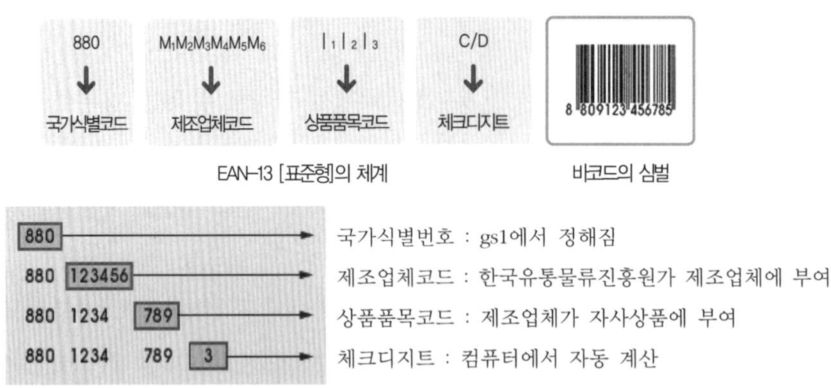

그림 1. EAN-13 구조

① 국가식별코드: 국가를 식별하기 위한 숫자로 GS1은 3자리로 구성된다. EAN 체계에서 82년 이전 EAN 가입 국가는 2자리이며, 82년 이후에 가입한 국가는 3자리가 부여되었다. 전통적인 EAN체계의 국가식별코드는 2~3자리이지만 그 후 EAN/UCC 그리고 GS1체계는 3자리 체계로 EAN의 국가번호를 포함한다. 한국은 880이다.

표 1. GS1 바코드의 국가번호

000-019 GS1 US 020-029 Restricted distribution (MO defined) 030-039 GS1 US 040-049 Restricted distribution (MO defined) 050-059 Coupons 060-139 GS1 US 200-299 Restricted distribution (MO defined) 300-379 GS1 France 380 GS1 Bulgaria 383 GS1 Slovenija 385 GS1 Croatia 387 GS1 BIH (Bosnia-Herzegovina) 400-440 GS1 Germany 450-459 GS1 Japan 460-469 GS1 Russia 470 GS1 Kyrgyzstan 471 GS1 Taiwan 474 GS1 Estonia 475 GS1 Latvia 476 GS1 Azerbaijan 477 GS1 Lithuania 478 GS1 Uzbekistan 479 GS1 Sri Lanka 480 GS1 Philippines 481 GS1 Belarus 482 GS1 Ukraine 484 GS1 Moldova 485 GS1 Armenia 486 GS1 Georgia 487 GS1 Kazakstan 489 GS1 Hong Kong 490-499 GS1 Japan	500-509 GS1 UK 520 GS1 Greece 528 GS1 Lebanon 529 GS1 Cyprus 530 GS1 Albania 531 GS1 MAC (FYR Macedonia) 535 GS1 Malta 539 GS1 Ireland 540-549 GS1 Belgium & Luxembourg 560 GS1 Portugal 569 GS1 Iceland 570-579 GS1 Denmark 590 GS1 Poland 594 GS1 Romania 599 GS1 Hungary 600-601 GS1 South Africa 603 GS1 Ghana 608 GS1 Bahrain 609 GS1 Mauritius 611 GS1 Morocco 613 GS1 Algeria 616 GS1 Kenya 618 GS1 Ivory Coast 619 GS1 Tunisia 621 GS1 Syria 622 GS1 Egypt 624 GS1 Libya 625 GS1 Jordan 626 GS1 Iran 627 GS1 Kuwait 628 GS1 Saudi Arabia 629 GS1 Emirates 640-649 GS1 Finland 690-695 GS1 China	700-709 GS1 Norway 729 GS1 Israel 730-739 GS1 Sweden 740 GS1 Guatemala 741 GS1 El Salvador 742 GS1 Honduras 743 GS1 Nicaragua 744 GS1 Costa Rica 745 GS1 Panama 746 GS1 Republica Dominicana 750 GS1 Mexico 754-755 GS1 Canada 759 GS1 Venezuela 760-769 GS1 Schweiz, Suisse, Svizzera 770 GS1 Colombia 773 GS1 Uruguay 775 GS1 Peru 777 GS1 Bolivia 779 GS1 Argentina 780 GS1 Chile 784 GS1 Paraguay 786 GS1 Ecuador 789-790 GS1 Brasil	800-839 GS1 Italy 840-849 GS1 Spain 850 GS1 Cuba 858 GS1 Slovakia 859 GS1 Czech 860 GS1 YU (Serbia & Montenegro) 865 GS1 Mongolia 867 GS1 North Korea 868-869 GS1 Turkey 870-879 GS1 Netherlands 880 GS1 South Korea 884 GS1 Cambodia 885 GS1 Thailand 888 GS1 Singapore 890 GS1 India 893 GS1 Vietnam 899 GS1 Indonesia 900-919 GS1 Austria 930-939 GS1 Australia 940-949 GS1 New Zealand 950 GS1 Global Office 955 GS1 Malaysia 958 GS1 Macau 977 Serial publications (ISSN) 978-979 Bookland (ISBN) 980 Refund receipts 981-982 Common Currency Coupons 990-999 Coupons Note: Prefixes not assigned yet are reserved for future use.

② 제조업체코드: 상품의 제조업체를 나타내는 코드로 최대 6자리이다. 국제표준바코드를 사용하기 위해서는 국가별 관리기구, 한국의 경우 유통물류진흥원으로부터 업체코드를 발급받아야 한다. 현재 전 세계 1백만 사 이상이 GS1 바코드가 적용된 상품을 유통시키고 있다. 경우에 따라 국가번호까지 포함한 자리를 제조업체코드라고 부르기도 한다.

③ 상품품목코드: 각각의 단품을 나타내는 코드로, 제조업체코드를 발급받은 업체는 유통업체에 납품할 상품의 개별단위로 상품코드를 설정해야 한다.

④ 체크 디지트: 스캐너에 의한 판독 오류를 방지하기 위해 만들어진 코드로 modulo 10 방식에 의해 계산된다.

아주 작은 품목에 사용하는 바코드로서 GS1-8 또는 EAN-8 단축형이 있다. 국가식별번호를 포함한 제조업체코드는 6자리를 차지하고 상품품목코드는 1자라로서 총 10품목에 부여할 수 있다.

(5) ITF-14, GS1-14, EAN-14

ITF는 Interleaved Two of Five의 약자이다. 업체 간 거래단위인 물류단위, 주로 골판지박스에 사용되는 국제표준물류 바코드로서 생산공장, 물류센터, 유통센터 등의 입출하 시점에 판독되는 표준코드이다.

그림 2. EAN-14

표준물류바코드 활용 이점은 다음과 같다.

- 물류센터 내 검품, 거래처별·제품별 소팅, 로케이션관리의 자동화
- 물류센터 내 실시간에 재고파악을 통한 재고관리의 효율화
- 생산에서 배송까지 제품이동의 신속 정확화, 수주-납품까지 리드타임 단축
- 물류단위 중심의 EDI 거래촉진

(6) GS1-128 및 EAN-128

EAN-128은 물류관리용 보충정보 바코드로 AI(응용식별코드)와 AI 뒤에 오는 데이터필드를 바코드 형태로 나타내는 것이다. EAN, UCC(Uniform Code Council), AIM(Automatic Identification Manufacture)의 세 기관이 공동협력하여 고안하였다.

그림 3. EAN-128

GS1-128의 등장배경으로, GS1-8, GS1-13, GS1-14 등은 단품 또는 박스단위에 인쇄되는 범용성 식별코드이므로, 물류단위(박스, 파렛트, 콘테이너 등)에 다양한 정보를 표준화하고자 한 것이다.

바코드숫자의 표기 시, 식별자(AI)는 괄호를 사용하여 다른 숫자와 구별한다. 그러나 괄호 자체는 바코드에 인코딩 되는 것은 아니다.

수록 정보는 다음과 같은 것이 있다.

① 식별번호: 상품식별, 물류단위식별, 변형된 제품식별, 제품모델번호, 카탈로그식별, 회수자산식별

② 추적번호 및 일자표시: 상품·물류단위에 대한 추적 / 배치·로트번호 / 일련번호, 유효기간·생산일자·포장일자·최대사용일자

③ 척도단위: 창고공간관리시스템/수송서비스에 대한 물류측정단위, 상품내용물이 주문자 또는 상품특성에 따라 변하는 경우

④ 로케이션관리: 배송처, 청구처, 구매처, 원산지

⑤ 기타: 롤제품, 쿠폰, 기업내부 활용 등

활용 이점은 ① 개방화된 표준: 코드를 인쇄한 기업에 관계없이 어느 국가, 어느 장소, 어떤 기업에서도 사용가능한 개방화된 표준 ② 안정적인 표준: 기업들이 필요로 하는 새로운 정보가 발생할 경우, AI를 새로 정의하여 사용할 수 있으며, 이때 기존의 시스템에 대한 변경이 전혀 불필요한 점이다.

(7) 국제거래단품식별코드(global trade item number; GTIN)

거래단품, 즉 공급체인 상에서 가격이 매겨지거나 주문 단위가 되는 상품(소비자에게 판매되는 모든 낱개 상품 뿐 아니라 묶음 상품, 기업 간 주문 단위로 이용되는 골판지 상자 단위도 거래단품의 범주에 포함)의 식별을 위한 코드이다.

종류에는 GTIN-8, GTIN-13, GTIN-14가 있으며, 전산 처리할 경우에는 모두 14자리로 입력해야 하므로 각 코드의 앞에 '0'을 채워 14자리로 만든 후 데이터베이스에 입력한다. 국가번호 이후에 대해서 각국의 관리기구에서 관리한다.

(8) UPC(Universal product code)

미국 등 북미지역에서 사용되는 산업표준코드. 국제표준이며 표준형은 12자

리, 단축형은 8자리로 구성된다. EAN은 이를 기반으로 개발되었다. 따라서 구조는 비슷하나 코드 부여가 다를 뿐이다.

만국상품코드라고 부르지만 실제는 북미지역에서만 통용되었다. 2004년까지 사용했으나, 현재는 GS1 코드가 국제표준으로 선정되어 북미지역수출 시에도 사용할 수 있게 되어 UPC 코드는 더 이상 사용하지 않는다.

(9) 코리안넷

표준바코드 (EAN-13, EAN-8, EAN-14)가 부착된 상품의 상세정보를 표준화시켜 데이터베이스에 등록하고, 이를 제조, 물류, 유통업체가 인터넷 및 EDI를 통해 실시간으로 활용할 수 있도록 지원하는 전자카탈로그서비스로 대한상공회의소 유통물류진흥원에서 제공하는 서비스이다. 사이트는 www.koreannet.or.kr이다.

코리안넷은 국내외 1500여 곳의 수입·제조업체가 생산하는 120만개 상품 정보가 등록돼 있다. 코리안넷은 동일한 상품임에도 불구하고 제조업체가 유통업체에 따라 이중 삼중으로 상품정보 입력작업을 해야 했던 과거 유통 관행 상의 문제를 해결하는 역할을 담당한다.

제조업체는 코리안넷에 신규 또는 변경 상품정보에 대한 내역을 1 회 등록함으로써 각 유통업체 별로 대응할 필요가 없으며, 유통업체 또한 수작업으로 직접 정보입력을 하는 절차를 생략하고 수시로 신규 또는 변경 상품에 대한 정보를 열람하거나 내부 시스템에 등록하여 활용할 수 있다.

코리안넷을 통하여 제조업체와 유통업체 모두 정확하고 표준화된 상품정보의 검색 및 교환 서비스를 제공받을 수 있다. 누구나 활용할 수 있는 정확한 상품 정보 제공으로 B2B 활성화, 상품진열관리 및 물류효율 개선 등 SCM 효율화에 크게 기여하고 있다.

나. RFID와 EPC

EPC(Electronic Product Code) 네트워크는 RFID 기반의 세계적 상품 식별 네트워크이다. 국제표준에 따라 구축된 개별 기업의 RFID 시스템들이 인터넷을 통해 서로 연결된 것이다.

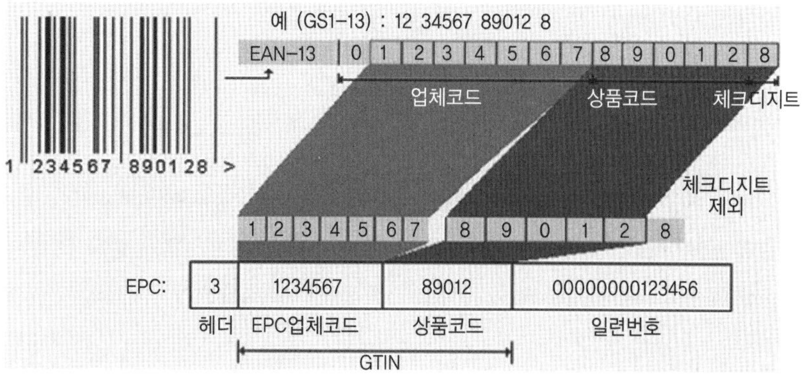

그림 4. EPC

MIT 대학의 오토아이디(Auto ID) 센터가 개발한 RFID 시스템을 근간으로 하고 있으며, EAN과 UCC가 공동 출자해 설립한 EPC 글로벌이 이를 보급하고 있다. 기존 바코드 (GTIN)에 일련번호를 덧붙여 EPC코드로 사용할 수 있도록 고안되어 있다.

다. 정부물품분류번호

(1) 한국의 정부물품분류번호

물품관리법에 의거한, 조달청 소관 정부물품분류번호체계이다. 코드체계의 유래는 미국 연방보급분류체계로부터 이며 기본 체계 구조는 같다. 그러나 그 코드의 고유성은 미국과 독립적이다.

구조는 군번호(Group Number) 2자리, 급번호(Class Number) 2자리, 품명번호(Item identification number) 3자리, 규격번호4자리로 구성되며, 군급, 품명번호는 조달청이 정하고 규격번호는 각 중앙관서가 정한다.

1234 - 123 - 1234
군,급 품명 규격번호

정부물품번호와 나라장터(www.g2b.go.kr) : 조달청의 G2B 전자조달시스템으로 정부(조달청), 지자체 행정정보시스템, 교육행정정보시스템 등 기관별로 부여하였는데 나라장터에서 2006년 통합화를 하였다. 종전 11자리의 번호체계를

전자상거래가 가능한 16자리로 바꾸었다.

(2) 미국연방보급분류체계(연방재고번호, FSN, Federal stock number)

미국연방보급분류체계(FSC, Federal supply classification)는 기능별 분류를 원칙으로 하고 용도별 분류를 가미한다. FSC는 코드체계를 말하기도 하지만 협의로는 군급번호 4자리를 말하기도 한다.

용도별이라는 의미는 다음과 같다. 예컨대 6240급에서, 네온램프(기능별), 백열전구(기능별), 나트륨램프(기능별), 형광램프(기능별), 크세논램프(기능별), 수은램프(기능별), 교환대용전구(용도별), 건전지용램프(용도별)과 같다.

말하자면 '000용 램프'라고 말할 수 있으면 용도별 분류이다. 수은램프가 '수은용 램프'라고 말할 수 없다는 것은 이것이 기능별 분류라는 것을 알려 준다.

(3) NSN(국가재고번호, 나토재고번호)

미연방재고번호체계가 나토에 적용되어 'NATO stock number'로 되었고, 이것이 발전되어 National Stock Number(NSN) 체계로 되었다.

정부기관에 조달되는 모든 표준 품목들에는 그 품목에만 고유한 국가재고번호(NSN)가 할당된다. 콩에서부터 항공기용 탄환까지 모든 품목은 국가재고번호(NSN)를 갖는다.

국가재고번호는 미국 연방재고번호체계와 상관이 있다. 후자에 국가번호 2자리가 더 포함된 것이 국가재고번호이다.

국가재고번호는 7개의 부분으로 나누어지며 총 20자리의 수로 구성되어 있으나, 앞의 3 자리의 접두사와 뒤의 4 자리의 접미사는 보통 이 번호를 언급 할 때 사용하지는 않는다.

01 N 5210 - 01 - 362 - 4621 42 S1

인식부호 물자관리부호 군급 - NATO근원번호(국가번호) - 품목번호 특수물자부호/물자관리단체부호 활동부호

보통 사용 5210 - 01 - 362 v 4621

군급(FSC,4) 국가번호(2) 품명(3) 규격식별번호(4)

품목의 형태는 미국 연방물자분류(FSC) 기준에 따라 정해진다. NATO근원부호란 획득을 위해 알아야 할 국가를 나타내준다. 예를 들면 미국은 00 및 01이며, 한국은 37을 부여받았다(과거에 97을 썼었다). 참고로 11은 나토표준, 12는 독일 등이다.

이 번호체계의 한국의 소관부서는 국방부 조달본부이다. 1983년 NATO 부호국에 국방부 조달본부가 한국 목록전담부서로 가입된 것이다. 모든 한국군에의 납품 품목은 조달본부에서 목록화 작업을 통해 한국 관련 NSN을 부여하고 있다.

라. 무역상품분류코드(HS, Harmonized Commodity Description and Coding System)

HS 코드는 '관세 및 통계 통합품목분류' 라고 한다. HS는 조화제도(Harmonized System)란 뜻이다.

상품의 원료, 성질별 분류로서 행정규제에 적합한 코드로서, WCO(국제관세기구)에서 제정하였다. 세계 177개국 이상의 국가에서 관세율 및 무역통계를 산출하는 기준으로서 이용되고 있으며 98% 이상의 수출입 품목이 HS코드로 분류되어 있다. 21부 97류로 구성된다.

한국형은 HSK(한국통일상품분류)라고 하며 한국무역협회 www.kita.or.kr에서 관리한다. KOTRA, 중소기업진흥공단 등에서 사용한다.

관세율 기준을 통일시키고 불필요한 문서교환을 없앰으로 무역에서 발생하는 부대비용의 감소를 시키고, 각 정부 국제기구에서 내국세 산출, 무역정책 수립, 수출입 제한 물품의 감독관리, 원산지관리, 운송관련법, 가격조적, 수출입물동량과 할당량의 조절, 시장조사 및 분석 등의 목적으로 널리 쓰이고 있다. 관세, 무역통계, 운송, 보험 등과 같이 다양한 목적에 공통적으로 사용할 수 있다.

분류기준은 상품이 갖는 물리적 특성 및 내재된 특성(원재료 또는 기초물질, 가공정도, 용도 또는 기능)과 산업원천(경제활동)이 고려되었다. 제조 단계나 용도, 원산지에 따라 분류 하지 않고, 경제 영역에 따라 분류. 무역량이 중요한 기준이 된다.

단점으로 유형 제품에 대하여서만 코드화 되어있지 서비스 및 무형 서비스 업종에 대하여 서는 코드화 되어있지 않다.

마. 국제표준상품코드(UNSPSC; Universal Standard Products and Services Classification)

유엔 표준 제품 및 서비스 분류 체계라고도 한다. 물품식별체계(dictionary)가 아니라 물품분류체계(taxonomy)이다. 그러나 최하의 단위에서는 상품의 식별에 대한 이슈가 매우 중요하며, GTIN(Global Trade Item Number)과 같은 표준을 통해 식별되고 심별화가 가능하다.

무형의 서비스 업종까지 코드화 되어있는 분류체계이다. 현재 물품분류체계 중에서 전세계적으로 가장 대표적이다. 우리나라에서는 유통물류진흥원이 전담하고 있다.

1999년 UN과 D&B(Dun & Bradstreet)가 공동으로 개발하였다. 각각 사용하던 UNCCS(UN Common Coding System) 코드와 SPSC(Standard Products and Services Classification) 코드를 통합 개발하였다.

분류기준은 1차 기준 우선이나, 1차에 따라 분류가 불가능할 경우 2, 3차 기준을 순차적으로 적용한다. ① 1차 분류 기준 : 기능 및 사용목적, ② 2차 분류 기준 : 생산공정, ③ 3차 분류 기준 : 원재료

HS와 이용 목적에 따라 상호 전환이 필요하다. 우리나라의 표준무역분류는 통계청 소관으로서 HS와의 연계표 역시 통계청에 수록되어 있다.

구조는 세그먼트(구분) - 패밀리(군) - 클래스(급) - 커머디티(상품)의 4단계 각 2자리, 총 8자리 숫자 코드와, 영문 코드명으로 구성된다. 비즈니스 역할 2자리가 부가될 수 있다.

표 1. UNSPSC의 구조

단계	코드번호	영문코드명	한글코드명
세그먼트(구분) (1단계)	25	Commercial and Military and Private Vehicles and their Accessories and Components	상용차, 군용차, 승용차, 관련 액세서리 및 부품
패밀리(군) (2단계)	2510	Motor vehicles	자동차
클래스(급) (3단계)	251015	Passenger motor vehicles	승용차
커머디티(상품) (4단계)	25101501	Minibuses	미니버스
비즈니스 역할 (Business Function)	2510150110		미니버스 (임대 또는 임차)

바. QR 코드와 이차원 바코드

QR은 'Quick Response'의 약어로, 1994년 일본 덴소웨이브사가 개발한 이차원 바코드이다.

미국 심볼사의 PDF417, UPS사의 맥시 코드, 영국 CI매트릭스사의 데이터 매트릭스 등과 같은 이차원 바코드이다. 일차원 바코드는 한 방향으로만 정보를 갖지만, 이차원 바코드는 흰색과 검정색을 가로 세로 패턴으로 엮어서 정보를 담기 때문에 더 많은 양을 담을 수 있으며 숫자뿐만 아니라 알파벳 등의 문자 데이터도 포함시킬 수 있다.

타사의 이차원 바코드가 일차원 바코드를 단순히 적층, 중복한 타입인 데 비해, QR코드는 보다 정보 밀도를 높인 매트릭스 방식이다. 따라서 작은 공간에도 저장 가능한 정보량이 2~3배 가량 많고, 고속 인식이 가능하다. QR코드는 숫자만 사용할 경우 최대 7,089자, 영숫자는 최대 4,296자, 문자는 최대 2,953바이트까지 담을 수 있다. 또한 3kb 정도의 동영상 및 음성도 바이너리 데이터로 저장할 수 있다. 오류복원 기능을 통하여 코드의 일부가 더러워지거나 손상되어도 데이터를 복원할 수 있으며, 코드 안에 3개의 위치찾기 심볼이 있어 배경모양이나 방향의 영향을 받지 않고 안정적인 인식이 가능하다. QR코드는 코드화하고자 하는 데이터의 분할표현이 가능해 1개의 데이터를 여러 QR코드로 나누어 저장하는 것도 가능하다.

그림 5. QR코드

개발 초기에 QR코드는 자동차 부품공장 및 배송센터 등에서의 사용을 목적으로 개발된 것이었으나 현재는 생산, 물류, 판매, 모바일쿠폰, 광고, 마케팅 등 모든 산업의 다양한 분야에까지 활용되고 있다. 최근 보급되는 카메라부착 휴대

폰은 대부분 QR코드 인식이 가능하다. 예를 들어 잡지 광고에 삽입된 코드를 카메라 폰으로 찍으면 코드를 인식하고 웹사이트로 연결하여 더 자세한 정보를 보여준다든가 QR코드를 명함에 인쇄하여 개인정보 입력을 쉽게 한다든지 다양한 활용 방법이 발달 하였다. QR코드는 국가 표준 및 국제 표준이 규격화되어 있으며(2000년 6월 ISO/IEC 18004), 덴소웨이브사는 표준화된 QR코드에 대해 보유한 특허의 권리를 행사하지 않겠다고 선언했기 때문에 누구나 자유롭게 사용가능하다.

연 습 문 제

1. 다음 중 상품의 제조업체를 나타내는 코드로 4 자리를 사용하며 각각의 단품을 나타내는 코드로 총 10만 품목에 부여할 수 있는 코드체계는?

① EAN-13 표준형 A ② EAN-8 단축형
③ EAN-13 표준형 B ④ EAN-14

답 1

2. 다음은 무엇에 대한 설명인가

미 연방재고번호체계가 나토에 적용되기 위해 변경되었으며 그후 이 체계로 발전하였다. 군급(4) 국가번호(2) 품명(3) 규격번호(4)로 나타내며 한국은 37이 부여되었다.

① KAN ② FSC ③ NSN ④ ISBN

답 3

3. 원생산국의 재고번호 미부여품목 중 국내에서 사용되는 품목에 대하여 전산관리 목적으로 부연한 번호를 무엇이라 하는가.

4. 바코드 표준형의 자리수는 ( ) 이다.

3. 우리나라 상표법에 의한 한국상품분류체계에 따르면 크게 상품류 ( )개류, 서비스업류 ( )개류가 있다.

4. 국가재고번호(NSN) 체계는 다음과 같은 구조를 가지고 있다. 괄호안에 알맞는 자리수를 써라.

군급( ) - 국가번호( ) - 품명( ) - 규격식별번호( )

5. 표준무역분류에 대해 간단히 설명하라.

6. GS-1이란 무엇이며 그 유래는 어떻게 되는가.

7. EPC란 무엇인가.

8. UNSPSC란 무엇인가.

9. QR코드를 간단히 설명하라.

PART 3

산업, 직업, 상품의 분류

벤처기업의 범위

1 벤처기업의 정의

근세시대에 유럽에서 식민지 개척사업은 다른 산업과 연계성이 높은 고부가가치 산업이었다. 전제군주들은 국적을 넘어 능력있는 탐험가를 찾았고, 모험정신과 일확천금을 노린 탐험가들 역시 배와 선원, 식량 등을 지원해 줄 자본가들을 찾고 있었다. 이러한 군주의 투자와 탐험가의 개척이 벤처의 기원이라고도 한다. 예컨대 스페인의 여왕 이사벨라 1세는 황금의 땅 인도를 손에 넣고 싶어서 이탈리아의 콜롬부스에게 대규모 항해자금을 지원하게 되는데, 사실 인도의 획득은 확실한 것은 아니었다. 이때의 계약은 이렇다. 콜롬버스가 대륙을 발견하면 그 지역 생산물의 10%를 그와 자손이 갖도록 하는 것이었다. 그리하여 콜롬버스는 황금이 있다는 인도대륙 항로개척에 나섰다가 뜻하지 않게 아메리카라는 신대륙을 발견하게 된 것이었다. 이것은 벤처산업의 특성과 비교하면, 이사벨라 여왕은 벤처캐피탈(자본가)의 역할을, 콜롬버스는 벤처창업가(기업가)의 역할을 한 것이며 원래 목적인 인도개척은 아니지만 신대륙 발견과 그 후 스페인이 아메리카 대륙의 종주국이 되는 커다란 성과를 얻는 것이 벤처의 기대 성과와 같은 것이다.

벤처란 인간의 지식과 아이디어를 가치 있는 제품과 아이디어로 변환시켜주는 가장 효율적인 비즈니스의 형태이자 미래지향적인 기업조직형태이다. 벤처활동을 통해 개인적으로는 자신의 꿈과 야망을 실현시키고 국가적으로 경제적 부가가치를 창출시킬 수 있다. 벤처기업은 21세기 지식산업의 첨병역할을 담당할 것이며 한국경제의 구조 고도화를 위해 핵심적 기능을 수행할 것이다. 또한 그들에 의해 실천되고 있는 독특한 경영방식(벤처경영)은 국제 경쟁력 있는 한국적 경영방식을 구축하는데 기여할 것이다.

일반적으로 신사업자, 기술집약형 기업 등으로 표현하여 국가마다 달리 정의해오고 있다. 미국에서는 '중소기업투자법'에서 "위험성이 크나 성공할 경우 높은 수익이 예상되는 신생기업(New business with high risk - high return)", "첨단중소기업(High-Tecnology Small Firm)" 등의 용어가 사용되고 있다. 일본에서는 '중소기업의 창조적 사업활동 촉진에 관한 임시조치법'에서 "중소기업으로서 R&D 투자비율이 매출액의 3% 이상인 기업, 창업 후 5년 미만인 기업"으로 분류하고 있다. 또한 OECD에서는 "R&D 집중도가 높은 기업" 또는 "기술혁신이나 기술적 우월성이 성공의 주요 요인인 기업"으로 정의하고 있다.

정리하면, 벤처기업이란 일반적으로 "첨단기술이나 노하우를 기반으로 새로운 시장을 개척하는 중소규모의 기업으로, 위험성이 크나 성공할 경우 높은 수익이 기대되는 모험기업(Venture Business)"으로 요약할 수 있다.

우리나라는 관련법령으로 벤처기업육성에 관한 특별조치법(개정 2010.5.), 동법의 시행령(대통령령), 동법의 시행규칙(지식경제부령), 벤처기업 확인요령(중소기업청 고시) 등이 있다.

이들 법령은 기존 기업의 벤처기업으로의 전환과 벤처기업의 창업을 촉진하여 우리 산업의 구조조정을 원활히 하고 경쟁력을 높이는 데에 기여하는 것을 목적으로 하고 있다.

법적으로 개념의 정의는 명확히 없고 구체적 요건을 정의하고 있다. 중소기업기본법에 따른 "중소기업"으로서 표 1의 각 항목의 하나에 해당해야 한다. 구분 란의 명칭은 제도 상 명시된 것은 아니며, 편의상 붙인 것이다.

표 1. 벤처기업의 정의 요약

구 분	기 준
벤처캐피탈 투자기업	기업의 자본금 중 투자금액(다음 중 하나)의 합계가 차지하는 비율이 일정 기준 이상인 기업 (1) 중소기업창업 지원법에 따른 중소기업창업투자회사 (2) 중소기업창업 지원법에 따른 중소기업창업투자조합 (3) 여신전문금융업법에 따른 신기술사업금융업자 (4) 여신전문금융업법에 따른 신기술사업투자조합 (5) 한국벤처투자조합 (6) 중소기업과 벤처기업의 성장·발전을 위한 투자 촉진 전담회사 (7) 중소기업에 대한 기술평가 및 투자를 하는 금융기관
연구개발 투자기업	기술개발촉진법에 따른 기업부설연구소를 보유한 기업으로, 연간 연구개발비와 연간 총매출액에 대한 연구개발비의 합계가 차지하는 비율이 각각 일정 기준 이상이고, 정해진 기관으로부터 사업성이 우수한 것으로 평가받은 기업
특허기술 개발기업	다음 요건을 '모두' 갖춘 기업(창업 기업에 대하여는 (3)의 요건만 적용) (1) 기술신용보증기금이 보증을 하거나, 중소기업진흥공단 등 정해진 기관이 개발기술의 사업화나 창업을 촉진하기 위하여 무담보로 자금을 대출할 것 (2) 보증 또는 대출금액과 그 보증 또는 대출금액이 기업의 총자산에서 차지하는 비율이 각각 일정 기준 이상일 것 (3) 보증 또는 대출기관으로부터 기술성이 우수한 것으로 평가를 받을 것
※ 산업의 구조조정을 원활히 하고 경쟁력을 높이기 위하여 중소기업청에서 정하는 업종의 기업은 벤처기업에 포함하지 않음	

주요한 용어의 정의는 다음과 같다.

- **벤처기업집적시설:** 벤처기업 및 법정하는 지원시설을 집중적으로 입주하게 함으로써 벤처기업의 영업활동을 활성화하기 위하여 지정된 건축물
- **실험실공장:** 벤처기업의 창업을 촉진하기 위하여 대학이나 연구기관이 보유하고 있는 연구시설에 '산업집적활성화 및 공장설립에 관한 법률'에 따른 도시형공장에 해당하는 업종의 생산시설을 갖춘 사업장
- **벤처기업육성촉진지구:** 벤처기업의 밀집도가 다른 지역보다 높은 지역으로 집단화·협업화를 통한 벤처기업의 영업활동을 활성화하기 위하여 지정된 지역

- **전략적제휴**: 벤처기업이 생산성 향상과 경쟁력 강화 등을 목적으로 기술·시설·정보·인력 또는 자본 등의 분야에서 다른 기업의 주주 또는 다른 벤처기업과 협력관계를 형성하는 것
- **신기술창업전문회사**: 대학이나 연구기관이 보유하고 있는 기술의 사업화와 이를 통한 창업 촉진을 주된 업무로 하는 회사로서 등록된 회사
- **신기술창업집적지역**: 대학이나 연구기관이 보유하고 있는 교지나 부지로서 '중소기업창업 지원법'에 따른 창업자와 벤처기업 등에 사업화 공간을 제공하기 위하여 지정된 지역

2 벤처기업 여부의 확인

가. 벤처기업의 해당 여부에 대한 확인

① 벤처기업으로서 특별법에 따른 지원을 받으려는 기업은 벤처기업 해당 여부에 관하여 기술신용보증기금 등 '벤처기업확인기관'에 확인을 요청한다.

벤처기업확인기관
1. 기술신용보증기금
2. 중소기업진흥공단
3. 한국벤처캐피탈협회

② 벤처기업확인기관은 확인 요청을 받으면 정해진 기간 내에 확인하여 그 결과를 요청인에게 알려야 한다. 이 경우 그 기업이 벤처기업에 해당될 때에는 유효기간(2년)의 벤처기업확인서를 발급하여야 한다.

③ 벤처기업확인기관은 벤처기업 확인의 투명성을 확보하기 위하여 확인된 벤처기업에 관한 정보를 15일 내에 공개해야 한다.

1. 일반정보 2. 재무정보: 대차대조표와 손익계산서 3. 투자 관련 정보 4. 보증 또는 대출 관련 정보

다만, 다음 각 호의 정보는 공개하여서는 아니 된다.

1. 부정경쟁방지 및 영업비밀보호에 관한 법률에 따른 영업비밀

2. 대표자의 주민등록번호 등 개인에 관한 사항

④ 확인 절차 등에 관하여 필요한 사항은 법령으로 정한다.

나. 벤처기업 확인의 취소

① 거짓이나 그 밖의 부정한 방법으로 벤처기업임을 확인받은 경우(필히 취소)
② 벤처기업의 요건을 갖추지 아니하게 된 경우
③ 휴업·폐업 또는 파산 등으로 정해진 기간(3개월) 동안 기업활동을 하지 아니하는 경우
④ 대표자·최대주주 또는 최대출자사원 등이 기업재산을 유용하거나 은닉하는 등 기업경영과 관련하여 주주·사원 또는 이해관계인에게 피해를 입힌 경우 등

벤처기업확인기관은 벤처기업의 확인을 취소하려면 청문을 실시한다.

참고

아래 내역은 참고용이다. 세부의 정확한 내용은 조사하기 바란다. 벤처기업의 난맥상으로 전보다 기준이 강화되었다.

(1) 벤처캐피탈 투자기업
창업 후 7년 이내, 벤처캐피탈 투자총액이 다음과 같은 경우
① 자본금의 20% 이상인 기업(신주, 무담보전환사채, 무담보 신주인수권부 사채 포함)
② 주식(신주에 한함)에 한정되는 경우는 자본금의 10% 이상인 기업

(2) 연구개발 투자기업
전년도 총매출액대비 연구개발비가 5 % 이상인 기업. 새로 창업된 기업은, 직전 2개 분기를 기준.
연구개발비는 한국산업기술진흥협회에 신고된 기업부설연구소를 통해 지출된 비용에 한한다.
총매출액 기준: 9,600만원 이상. 산정기간이 2~4분기 미만인 경우는 4,800만원 이상.

(3) 신기술 개발 기업
(가) 특허권·실용신안권에 의한 경우
특허권·실용신안권(출원중인 것은 심사청구 및 공개된 것. 실시권은 불

인정)에 의해 생산된 제품의 전년도 매출액이 총매출액의 50%이상이거나, 수출액의 25%이상인 기업. 새로 창업된 기업은 직전 2분기를 산정한다. 총매출액 기준: 9,600만원 이상. 산정기간이 2~4분기 미만인 경우는 4,800만원 이상.

(나) 개별법에 의한 신기술 사업에 기초한 경우

생산된 제품의 전년도 매출액이 총매출액의 50%이상이거나, 수출액이 총매출액의 25%이상인 기업. 전년도 기간이 안 되는 경우, 직전 2분기의 실적으로 산정.

신기술사업의 유효기간은 기술개발완료일 또는 인증일로부터 5년 이내의 사업에 한하여 인정. 우수신기술 이용사업은 인증일로부터 3년 이내 만 인정. 개별법의 예는 다음과 같다.

① 지식경제부: 산업원천기술개발사업, 기업기반기술개발사업, 자본재시제품개발사업, 에너지기술개발사업, 대체에너지 기술개발사업, 첨단기술제품개발 사업, 청정생산기술개발사업, 외국인투자촉진법에 의한 조세감면대상의 고도기술사업

② 기술표준원: 우수신기술인증사업(NT), 기계류·부품·소재의 품질인증사업(EM)

③ 중소기업청: 기술혁신개발사업

④ 소프트웨어개발사업, 컴퓨터프로그램저작권사업

⑤ 교육과학기술부: 국산신기술 제품개발 이용사업, 신기술이용사업(KT), 특정연구개발사업, 중점연구개발사업, 원자력연구개발사업, 기초과학연구사업

⑥ 문화관광부: 영상·음반·비디오물·게임물 산업 또는 관광산업 중 창작 신기술 또는 신기법을 이용하거나 지식집약도가 높은 사업. 그 예는 다음과 같다.

- 창업투자회사(조합), 신기술사업금융업자(조합) 또는 한국벤처투자조합으로부터 사업비용의 20%이상을 출자
- 다음 중 매출실적 증가율이 300% 이상인 사업(사업기간이 2년 미만인 경우는 직전 2분기)
- 컴퓨터그래픽 합성 등 디지털 기술을 이용하거나 새롭고 독창적인 지식을 이용한 영화·방송프로그램·음반·비디오 또는 게임물 제작
- 3D기법을 이용한 애니메이션 제작(단순 하청제작은 제외)
- 게임소프트웨어(컴퓨터프로그램보호법의 규정에 의해 등록된 것)
- 테마파크, 국제회의 등 외국인 관광객을 유치할 목적으로 독특한 여행상품을 기획하는 사업

⑦ 환경부: 환경기술연구개발사업

⑧ 국토해양부: 건설신기술이용사업

⑨ 농림수산식품부: 농림수산특정연구사업

⑩ 보건복지가족부: 보건의료기술연구개발사업

(다) 공공연구기관, 한국기술거래소를 통하여 기술 이전 받은 경우
기술 이전은 양도·양수된 것이어야 하며, 생산된 제품의 직전 4분기 매출액이 총매출액의 50%이상이거나 수출액이 총매출액의 25% 이상인 기업
창업 1년 내의 기업은 직전 2분기의 매출액 또는 수출액을 기준

(4) 기술평가기업

① 창업 중인 기업으로서 평가기관의 기술성 또는 사업화 능력이 우수하다고 평가된 기업

② 자체 개발한 기술을 사업화하는 기업으로서 평가기관의 기술성 또는 사업화 능력이 우수하다고 평가된 기업

③ 신기술 개발기업의 기준에 미달하는 기업 또는 디자인권 보유기업

④ 평가기관의 기술성 또는 사업화 능력이 우수하다고 평가된 기업

⑤ 벤처기업 평가기관으로부터 기술성 또는 사업성을 평가받아 벤처기업임을 확인 받고자하는 경우

⑥ 특허기술 또는 신기술개발사업 기준 미달기업 및 디자인권 보유기업

⑦ 창업 중인 기업(예비창업자)

3 벤처기업의 의의와 실태*

가. 벤처기업의 정의에 관한 다양한 주장들

(1) 벤처기업은 성장의욕이 강하고 위험을 두려워하지 않고 모험심이 강한 기업가에 의해 경영되는 기업으로서 상품의 독창성과 사업의 독립성을 지니고 있을 뿐만 아니라 국제성도 지니고 있는 것이다.

(2) 위험성이 크나 성공할 경우 높은 기대수익이 예상되는 신기술 또는 아이디어를 독립기반 위에서 영위하는 신생기업이다

(3) 상품, 기술, 서비스 혹은 그 공급의 시스템이나 마케팅의 방법 등에 있어서 기존의 기업에서는 볼 수 없는 혁신성을 지니고, 새로운 시장을 개척하거나 기성시장을 활성화하고 있는 젊은 중소영세기업이다.

(4) 벤처기업은 다음과 같은 특징을 지닌 기업이다

즉, 젊은 기업으로서 새로운 기술 또는 경영기법으로 리스크는 크지만 급성장의 가능성이 있는 새로운 시장의 개척 또는 대기업의 틈새에 도전하는 기업가 정신이 왕성한 기업군이다.

(5) 벤처기업의 이미지는 다음의 5대 항목으로 집약된다.
즉, 규모기준(중소기업일 것), 독립성기준(대기업에 의하여 실질적으로 지배되고 있지 않을 것), 혁신성기준(새로운 기술이나 새로운 경영 노하우를 무기로 하여 신규로 시장을 개척해 가는 기업일 것), 사업개시기준(젊은 기업일 것), 기업가 정신 기준(선택한 사업기회에 생명과 재산을 투입하는 등 기업가 정신에 왕성할 것)이다.

나. 벤처기업의 의의

벤처기업은 무엇보다 새로운 기술, 첨단기술을 바탕으로 국민경제에 활력을 부여하고 미래지향적인 산업구조로의 이행을 주도하는 선도자적 역할을 수행한다는 점에서 큰 의의를 갖고 있다고 할 수 있다. 여기서 벤처기업이 국민경제에서 수행하는 역할 및 그 의의를 살펴보면 다음과 같다.

첫째, 벤처기업은 세계의 산업구조가 소비패턴의 변화, 첨단기술의 발전 등으로 컴퓨터, 정보통신, 신소재, 유전공학 등 첨단산업부문의 발전과 더불어 종전의 양 중심의 생산체제에서 질 중심으로, 거대화에서 소형화로, 소품종 대량생산에서 다품종 소량생산 등으로 이행함에 있어 기술기반의 강화에 중요한 역할을 수행하게 된다.

둘째, 기술집약적인 벤처기업은 특정 산업분야의 태동기에서 제품혁신을 주도하고 있으며, 이 과정에서 기존 중소기업의 모방적인 기술개발과는 달리 창조적인 기술개발을 이룩함으로써 기술혁신의 선도적 역할을 수행하게 된다.

셋째, 벤처기업은 대기업의 경우와는 달리 다양화되고 세분화된 기술영역에서 독자적으로 사업화하는 경향이 많기 때문에, 다양한 분야에서 새로운 영역을 확보하면서 대기업과 상호보완적인 관계를 형성하는 등 산업구조의 건실화·고도화에 기여하게 된다.

넷째, 벤처기업은 일반 중소기업이 기존 산업의 고부가가치화에 어려움을 겪는 것과는 달리 신기술을 기반으로 새로운 산업분야에 진출하게 됨에 따라 중소기업의 활성화, 신규 고용의 창출, 수입대체 및 수출촉진을 통한 국제수지 개선에 기여하게 된다.

다섯째, 그동안 우리경제의 발전과정에서도 보여준 바와 같이 대기업 위주의 성장·발전은 집중화의 성격을 갖게 되어 생산거점이 지방에 위치하더라도 중앙에 예속되는 경향이 있으나, 벤처기업은 지역에 뿌리를 두는 경우 지역소재 연구소, 대학과의 상호작용을 통해 지역경제를 활성화하고 지역의 기술혁신을 촉진시키는 역할 등을 수행하게 된다.

이와 같이 벤처기업은 신기술 및 신규고용의 창출, 산업구조 변화에의 대응, 기업가정신의 고양, 그리고 지역경제의 활성화 등을 통해 대기업에서 기대하기 어려운 많은 경제·사회적 역할을 수행할 것이 기대된다. 따라서 향후 우리 경제에 새로운 활력을 불어넣고, 미래지향적인 산업구조로의 전환을 도모해 나가기 위해서는 중소·벤처기업이 성장할 수 있는 여건을 적극적으로 확충해 나갈 필요가 있다 하겠다. 특히 지방자치시대에 지역산업의 기반강화를 통해 지역의 자립성장 기틀을 마련하기 위해서는 기술·지식집약적인 중소·벤처기업 육성이 중요할 것으로 보인다.

벤처기업 육성 기반 구축

1 벤처캐피탈 – 자금공급의 원활화

벤처캐피탈(모험자본)이란 고도의 기술력과 장래성은 있으나 자본과 경영능력이 취약한 기업에 창업초기단계부터 자본과 경영능력을 지원하여 투자기업을 육성한후 투자자본을 회수하는 자금공급기관을 말한다.

벤처캐피탈은 융자를 위주로 하는 기존의 금융기관과 자금의 지원방식, 투자금의 회수방법, 성과보수, 리스크 등에서 현격한 차이가 있다.

- 기존 금융기관이 일정한 담보를 조건으로 융자형태의 자금을 지원하고 있는 반면, 벤처캐피탈은 유형의 담보를 요구하는 것이 아니라, 투자기업의 기술력·성장성을 평가하여 무담보 주식투자를 원칙으로 한다.
- 성과보수면에 있어서 일반 금융기관은 투자기업의 경영성과에 관계없이 대출시점에서 정한 일정금리를 얻는 대신 벤처캐피탈은 투자업체의 성공여부에 따라 많게 는 투자금의 수배, 수십배의 이익을 얻을 수 있는 반면 실패하는 경우 투자금을 전혀 회수할 수 없는 리스크를 가진다.

표 1. 벤처캐피탈과 일반 금융기관의 비교

구 분	지원형태	담보	투자금 회수방법	성과 보수	리스크
벤처캐피탈	투자	없음	상장 후 지분매각	투자기업의 경영성과에 따라 큰 차이	많음
일반 금융기관	융자	있음	일정기간 후 원금 회수	일정 금리	없음

가. 벤처기업에 대한 기금의 투자

(1) 기금관리주체는 일정 비율 이내의 자금을 그 기금운용계획에 따라 벤처기업에 투자하거나 중소기업창업투자조합·신기술사업투자조합 또는 한국벤처투자조합에 출자할 수 있다.

1. 공공자금관리기금	26. 신용보증기금
2. 대외경제협력기금	27. 주택금융신용보증기금
3. 외국환평형기금	28. 산업기반신용보증기금
4. 남북협력기금	29. 예금보험기금
5. 군인연금기금	30. 사립학교교직원연금관리기금
6. 군인복지기금	31. 사학진흥기금
7. 청소년육성기금	32. 국민체육진흥기금
8. 관광진흥개발기금	33. 문화예술진흥기금
9. 농산물가격안정기금	34. 축산발전기금
10. 농지관리기금	35. 수출보험기금
11. 양곡증권정리기금	36. 주변지역지원사업기금
12. 국민주택기금	37. 특정물질사용합리화기금
13. 국민건강증진기금	38. 근로자복지진흥기금
14. 고용보험기금	39. 공무원연금기금
15. 장애인고용촉진 및 직업재활기금	40. 방송문화진흥기금
16. 산업재해보상보험 및 예방기금	41. 중소기업창업 및 진흥기금
17. 정보화촉진기금	42. 중소기업공제사업기금
18. 여성발전기금	43. 편의시설촉진기금
19. 과학기술진흥기금	44. 부실채권정리기금
20. 원자력연구개발기금	45. 임금채권보장기금
21. 보훈기금	46. 한강수계관리기금
22. 순국선열애국지사사업기금	47. 수산발전기금
23. 기술신용보증기금	48. 방송발전기금
24. 농림수산업자신용보증기금	49. 전력산업기반기금
25. 농어가목돈마련저축장려기금	50. 응급의료기금

(2) 기금관리주체가 기금운용계획의 범위에서 행하는 벤처기업에 대한 투자나 중소기업창업투자조합·신기술사업투자조합 또는 한국벤처투자조합에 대한 출자에 관하여는 관련 인가·허가·승인 등을 받은 것으로 본다.

(3) 보험회사는 금융위원회가 정하는 범위에서 벤처기업에 투자하거나 중소기업창업투자조합 또는 신기술사업투자조합에 출자할 수 있다.(보험법의 규정에도 불구하고 특별조항)

(4) 지방중소기업육성관련기금을 관리하는 자는 지방 중소기업·벤처기업을 육성하기 위하여 다음 각 호의 조합에 출자할 수 있다.

① 중소기업창업투자조합

② 신기술사업투자조합

③ 중소기업투자모태조합

④ 한국벤처투자조합

나. 중소기업투자 모태조합

중소기업과 벤처기업에 대한 투자를 목적으로 설립된 조합 또는 회사에 출자하는 조합을 '중소기업투자 모태조합'이라 한다.

(1) '투자관리전문기관'은 '중소기업창업 및 진흥기금' 등으로부터 출자를 받아 중소기업투자 모태조합을 결성할 수 있다. (중소기업진흥에 관한 법률의 규정에도 불구하고 특별조항)

(2) 투자관리전문기관은 모태조합의 자산을 다음의 조합이나 회사에 출자하여 자산을 관리, 운용한다.

① 중소기업창업투자조합

② 한국벤처투자조합

③ 기업구조조정조합 및 기업구조개선 사모투자전문회사

④ 사모투자전문회사

⑤ 신기술사업투자조합

(3) 모태조합의 존속기간은 30년 이내의 범위에서 정한다.

다. 한국벤처투자조합

(1) 다음의 하나는 모태조합으로부터 출자를 받아 중소기업과 벤처기업에 대한 투

자와 투자조합에 대한 출자 등을 목적으로 '한국벤처투자조합'을 결성할 수 있다.

① 중소기업창업투자회사
② 신기술사업금융업자
③ 다음 요건을 갖추고 있는 유한회사
- 출자금 총액이 조합 결성금액의 1% 이상
- 일정한 기준에 맞는 전문인력을 보유: 중소기업창업투자회사 등 중소기업청장이 인정하는 기관에서 투자와 관련된 업무에 5년 이상 종사한 경력이 있는 사람 1명 및 3년 이상 종사한 경력이 있는 사람 2명 이상을 말한다.

④ 다음 각 요건을 갖추고 있는 외국투자회사
- 국내지점과 전문인력 등 중소기업창업투자회사에 준하는 물적·인적 요건을 갖추고 있음
- 국제적 신인도가 높고 사업계획이 타당

결성계획서는 다음과 같다.

1. 사업 개요 2. 출자금 총액, 출자 1좌의 금액, 출자의 시기 및 방법 3. 유한책임조합원의 모집계획 4. 한국벤처투자조합의 자산운용계획 및 배분계획 5. 한국벤처투자조합의 투자심사업무를 전담하는 전문인력의 인적사항

(2) **구성원:** 무한책임조합원(업무집행조합원)과 유한책임조합원

- 업무집행조합원 요건: 기금관리주체, 공제 사업을 경영하는 법인, 기타
- 유한책임조합원: 외국인, 기금관리주체, 국가 또는 지방자치단체

(3) 공모한국벤처투자조합을 결성하는 경우 업무집행조합원은 1인

(4) 결성 요건과 신고 사항, 기타 운영 사항은 아래와 같다.

요건(모두 갖출 것)

1. 출자금 총액이 30억원 이상일 것. 다만, 조합 규약에서 정하는 바에 따라 나누어 출자하는 경우에는 최초 출자금이 10억원 이상이어야 한다.
2. 출자 1좌의 금액이 100만원 이상일 것
3. 유한책임조합원의 수가 49명 이하일 것
4. 법 제4조의3제2항에 따른 업무집행조합원(이하 "업무집행조합원"이라 한다)의 출자지분이 출자금 총액의 100분의 1 이상일 것
5. 존속기간이 5년 이상일 것

업무집행조합원은 한국벤처투자조합의 결성을 마치면 다음 서류를 첨부하여 신고서를 조합원총회의 개최일부터 7일 이내에 중소기업청에게 제출.

1. 한국벤처투자조합의 규약
2. 조합원 명부
3. 조합원의 출자금액과 출자이행을 증명하는 서류
4. 한국벤처투자조합의 투자심사업무를 전담하는 전문인력의 인적사항

업무집행조합원은 신고사항 중 다음 내용이 변경되면 7일 이내에 변경신고서를 중소기업청에게 제출

1. 한국벤처투자조합의 명칭과 사무소의 소재지
2. 업무집행조합원의 명칭 및 주소
3. 조합원별 출자금액 및 출자좌수
4. 해당 조합의 존속기간
5. 한국벤처투자조합의 투자심사업무를 전담하는 전문인력의 인적사항

(5) 자금 사용

① 중소기업과 벤처기업에 대한 투자

② 중소기업창업 지원법에 따른 해외투자

③ 중소기업창업투자조합이나 신기술사업투자조합에 대한 출자(주된 목적)

④ 그 밖에 중소기업과 벤처기업의 경쟁력을 강화하기 위하여 중소기업청이 인정하는 사업

(6) 업무집행조합원은 선량한 관리자로서 출자자의 이익을 위하여 한국벤처투자조합의 자산을 관리하여야 한다. 조합은 업무집행조합원에게 투자수익에 따른 성과보수를 지급할 수 있다.

(7) 금지 행위

① 자기나 제삼자의 이익을 위하여 조합의 재산을 사용하는 행위

② 자금차입·지급보증 또는 담보를 제공하는 행위

③ 상호출자제한기업집단에 속하는 회사에 투자하는 행위

④ 금융기관의 주식을 취득하거나 소유하는 행위

⑤ 중소기업창업 지원법에 따른 창업보육센터 등의 업무용 부동산 외의 '비업무용부동산'을 취득하거나 소유하는 행위. 담보권의 실행으로 비업무용 부동산을 취득하는 경우에는 허용되지만, 1년 내에 처분해야 함

⑥ 기타 설립목적을 해치는 것

- 다음 해당하는 자와 거래하는 행위
  - 업무집행조합원이 결성한 한국벤처투자조합. 다만, 업무집행조합원이 한국벤처투자조합의 해산이나 그 밖에 중소기업청이 인정하는 불가피한 사유로 인하여 거래하는 경우는 제외한다.
  - 업무집행조합원의 특수관계인
  - 업무집행조합원의 주요주주(주식의 10 %이상 소유하거나 주요 경영사항에 대하여 사실상 지배력을 행사하고 있는 주주) 및 그 특수관계인
  - 업무집행조합원이 결성한 한국벤처투자조합의 주요 출자자(5 % 이상의 출자지분을 소유한 출자자) 및 그 특수관계인. 단, ① 한국벤처투자조합 주요출자자의 특수관계인인 중소기업창업투자회사나 중소기업창업투자조합으로부터 주식 등의 자산을 매수하는 경우, ② 한국벤처투자조합의 주요출자자인 모태조합 또는 기금을 관리·운용하는 자의 특수관계인인 다른 중소기업창업투자조합이나 한국벤처투자조합과 거래하는 경우는 제외한다.
- 업무집행조합원이 결성한 한국벤처투자조합이 '한국벤처투자조합, 중소기업창업투자조합, 신기술사업투자조합, 기업구조조정조합 또는 기업구조개선 사모투자전문회사, 사모투자전문회사'과 거래하는 행위. 다만, 해당 업무집행조합원이 업무집행조합원 또는 업무집행사원인 조합이나 회사와 거래하는 경우만 해당한다.
- 한국벤처투자조합의 명의로 제3자를 위하여 주식을 취득하거나 자금을 중개하는 행위

- 투자에 관한 계약서에 적힌 사항 외에 별도의 조건을 설정하여 투자하는 행위
- 해당 업무집행조합원이 결성한 한국벤처투자조합이 투자한 업체로부터 차입이나 자산 매각 등 투자에 따르는 정상적인 거래관계 외의 거래를 통하여 자금을 받는 행위

(8) 업무집행조합원은 다음 경우가 아니면 투자조합을 탈퇴할 수 없다.

① 중소기업창업투자회사나 신기술사업금융업자의 등록이 취소되거나 말소된 경우
② 업무집행조합원이 파산한 경우
③ 조합원 전원의 동의가 있는 경우

(9) 한국벤처투자조합의 해산은 ① 존속기간의 만료 ② 유한책임조합원 전원의 탈퇴 ③ 업무집행조합원 전원의 탈퇴(유한책임조합원 전원의 동의로 업무집행조합원을 가입시켜 조합을 계속할 수 있다) ④ 기타의 경우이다. 해산 시는 업무집행조합원이 청산인이 되고, 채무 변제 의무가 있다.

(10) 공모한국벤처투자조합에 관한 특례

자본시장과 금융투자업에 관한 규제를 공모한국벤처투자조합 및 업무집행조합원에 대하여는 적용하지 않는다.

중소기업청은 공모한국벤처투자조합의 등록을 금융위원회와 협의하여야 한다. 금융위원회는 공익 또는 조합원을 보호하기 위하여 공모한국벤처투자조합에 대하여 자료의 제출이나 보고를 명할 수 있고, 금융감독원으로 하여금 업무 검사하게 할 수 있다. 금융위원회는 공모한국벤처투자조합의 위반 사항이 있을 경우 행정처분을 요구할 수 있다.

라. 전담회사

(1) 정부는 중소기업과 벤처기업의 성장·발전을 위한 투자 촉진 등을 목적으로 하는 전담회사를 설립할 수 있다.

(2) 중소기업창업 및 진흥기금은 전담회사에 출자할 수 있다. 국가나 지방자치단체는 전담회사에 대하여 세제상의 지원을 할 수 있다.

(3) 전담회사는 다음 업무를 운영한다.

① 중소기업과 벤처기업에 대한 투자를 목적으로 설립된 조합 등에 대한 출자

② 중 소기업과 벤처기업에 대한 투자

③ 해외벤처투자자금의 유치 지원

④ 중소기업창업투자회사의 육성

⑤ 위 규정에 부수되는 사업으로서 정부에서 위탁하는 사업

(4) 전담회사는 사업수행을 위하여 필요하면 정부, 정부가 설치한 기금 또는 국내외 금융기관으로부터 자금을 차입할 수 있다.

(5) 전담회사는 자본금과 적립금총액의 10배의 범위에서 사채를 발행할 수 있다.

마. 우선적 신용보증의 실시

기술신용보증기금은 벤처기업과 신기술창업전문회사에 우선적으로 신용보증을 한다.

바. 산업재산권 출자 특례

① 벤처기업에 대한 현물출자 대상에는 특허권·실용신안권·디자인권, 이에 기술과 그 사용에 관한 권리(산업재산권 등)를 포함한다.

② 기술평가기관이 산업재산권등의 가격을 평가한 경우 그 평가 내용은 상법에 따라 공인된 감정인이 감정한 것으로 본다.

기술평가기관
1. 한국산업기술진흥원
2. 기술신용보증기금
3. 한국산업기술평가관리원
4. 한국환경공단(환경기술에 대한 기술평가만 해당)
5. 기술표준원
6. 한국과학기술연구원과 한국과학기술정보연구원
7. 정보통신산업진흥원

사. 외국인의 출자에 대한 특례

(1) 외국인이 행하는 중소기업창업투자조합이나 한국벤처투자조합에 대한 출자는 외국인투자로 본다.

(2) 외국인의 주식취득 제한에 대한 특례

외국인 또는 외국법인에 의한 벤처기업의 주식 취득은 제한 규정을 적용하지 아니한다. 하지만 벤처기업의 정관으로 정하는 바에 따라 제한할 수 있다.

아. 신기술창업전문회사

(1) 다음의 대학이나 연구기관은 신기술창업전문회사(전문회사)를 설립할 수 있다.

① 대학(산학협력단을 포함)

② 국공립연구기관

③ 정부출연연구기관

④ 그 밖에 과학이나 산업기술 분야의 연구기관으로서 '전문생산기술연구소', '비영리법인 과학, 산업기술 분야 연구기관'

(2) 전문회사를 설립하는 경우 대학이나 연구기관은 중소기업청에게 등록하여야 한다. 전문회사의 요건은 다음과 같다.

① 주식회사일 것

② 임원의 제한: 금치산자 또는 한정치산자 등, 법적으로 자격이 상실되거나 정지된 사람

③ 보유인력과 보유시설이 아래 정해진 기준 이상

- 표 2의 경영 분야나 기술 분야에 해당하는 1명 이상의 상근 전문인력

(3) 전문회사의 업무

① 대학·연구기관 또는 전문회사가 보유한 기술의 사업화

② 위 기술의 사업화를 위한 자회사의 설립. 다만, 대학은 자회사를 설립할 수 없다.

③ 창업보육센터의 설립·운영

표 2. 보유인력의 조건

경영 분야	기술 분야
1. 경영학 분야의 박사학위 소지자 2. 대학에서 경영학을 강의하는 전임강사 이상의 교원 3. 전문대학에서 경영학을 강의하는 조교수 이상의 교원 4. 변호사 5. 공인회계사 6. 등록한 경영지도사 7. 위와 동등한 경력이 있다고 중소기업청이 인정하는 사람	1. 자연과학 분야의 박사학위 소지자 2. 대학에서 자연과학 분야를 강의하는 전임강사 이상의 교원 3. 전문대학에서 자연과학 분야를 강의하는 조교수 이상의 교원 4. 변리사 5. 등록한 기술지도사 6. 다음 연구기관에서 5년 이상 연구를 한 경력이 있는 사람 가. 정부출연연구기관 중 기초기술 분야, 산업기술 분야, 공공기술 분야의 정부출연연구기관 나. 특정연구기관 다. 국공립연구기관 7. 위와 동등한 경력이 있다고 중소기업청이 인정하는 사람

- 전문회사의 업무를 수행하기 위한 독립된 전용공간

④ 중소기업창업투자조합·신기술사업투자조합 또는 한국벤처투자조합에 대한 출자

⑤ 전문회사가 보유한 기술의 산업체 등으로의 이전

⑥ 대학·연구기관이 보유한 기술의 산업체 등으로의 이전 알선

⑦ 대학·연구기관의 교원·연구원 등이 설립한 회사에 대한 경영·기술 지원

⑧ 앞 항목들에 부수되는 사업으로 중소기업청장이 정하는 사업

(4) 전문회사의 운영

① 대학이나 연구기관은 해당 기관이 설립한 전문회사의 발행주식 총수의 20% 이상을 보유하여야 한다.

② 대학이나 연구기관은 전문회사를 설립할 때나 그 전문회사가 신주를 발행할 때에 산업재산권등의 현물이나 현금을 출자할 수 있다. 다만,

대학이 현금만을 출자하여 전문회사를 설립할 경우에는 전문회사에 보유기술을 이전하여야 한다.

③ 전문회사는 그 사업을 수행하기 위하여 필요하면 정부, 정부가 설치하는 기금, 국내외 금융기관, 외국정부 또는 국제기구로부터 자금을 차입할 수 있다.

(5) 기금의 우선지원

중소기업창업 및 진흥기금은 전문회사에 우선적으로 지원할 수 있다.

(6) 전문회사 등에 대한 특례

① 대학이나 연구기관의 교원·연구원 또는 직원이 전문회사의 대표나 임직원으로 근무하기 위하여 휴직·겸직 또는 겸임

② 대학이나 연구기관이 현물을 전문회사에 출자할 경우 산업재산권 등에 대한 가격의 평가와 감정은 준용한다.

③ 공익법인 연구기관이 전문회사를 등록한 경우에는 30일 이내에 주무관청에 신고. 신고를 한 경우에는 주무관청의 승인을 받은 것으로 본다.

④ 대학이나 연구기관은 전문회사에 대하여 산업재산권등의 이용을 허락할 때 기술의 이전 및 사업화 촉진에 관한 법률에도 불구하고 전용실시권을 부여할 수 있다.

(7) 전문회사의 행위제한

① 전문회사는 다음 행위를 하여서는 아니 된다.

- 유사수신행위로 출자자나 투자자를 모집하는 행위
- 해당 전문회사가 설립한 자회사와의 '채무 보증, 담보보증' 행위
- 그 밖에 설립목적을 해치는 일정 정하는 행위

② 전문회사는 주주총회의 특별결의에 의하여만 자회사를 설립할 수 있다.

③ 대학이나 연구기관은 전문회사에 대한 투자나 출자로 발생한 배당금·수익금과 잉여금을 대학이나 연구기관의 고유목적사업이나 연구개발 및 산학협력 활동 등 다음 용도로 사용하여야 한다.

- 대학이나 연구기관의 고유목적사업

- 연구개발 및 산학협력 활동에 필요한 경비
- 해당 전문회사에 대한 재투자
- 기술개발과 사업화에 이바지한 인력과 부서에 대한 보상금

(8) 전문회사 등록 취소

① 거짓이나 그 밖의 부정한 방법으로 등록한 경우(필히 취소)

② '전문회사의 행위제한'의 행위를 한 경우

③ '등록요건'에 맞지 않게 된 경우

자. 중소기업창업투자조합의 운영 특례

업무집행조합원은 중소기업창업투자조합과의 계약에 따라 그 업무의 전부 또는 일부를 그 중소기업창업투자조합의 유한책임조합원에게 위탁할 수 있다.

차. 개인투자조합

(1) 벤처기업과 창업자에 투자할 목적으로 개인들이 출자하여 결성하는 조합. 지원을 받으려면 중소기업청에 등록하여야 한다.

① 요건은 다음과 같다.

- 출자금 총액이 2억원 이상
- 출자 1좌의 금액이 100만원 이상
- 조합원 수가 49명 이하
- 업무집행조합원의 출자지분이 출자금 총액의 5 % 이상
- 존속기간이 5년 이상

② 개인투자조합은 업무집행조합원 1명과 그 외의 조합원으로 구성한다. 업무집행조합원은 금융거래 등 상거래를 할 때 정당한 사유 없이 약정기일을 3개월 이상 지난 채무가 1천만원을 초과하여서는 아니 된다.

③ 업무집행조합원은 개인투자조합의 업무를 집행할 때 자금차입·지급보증 또는 담보를 제공하는 행위를 하여서는 아니 되며, 그 개인투자조합의 규약에서 달리 정하는 경우 외에는 탈퇴하거나 그 지위를 양도하여서는 아니 된다.

④ 해산: 다음 중 하나에 해당하는 사유가 있을 때에는 해산한다.

- 존속기간의 만료
- 조합원 전원의 탈퇴
- 그 밖에 정해진 사유

해산하는 경우에는 그 업무집행조합원이 청산인이 된다. 규약으로 정하는 바에 따라 업무집행조합원 외의 자를 청산인으로 선임할 수 있다.

⑤ 개인이 조합을 결성하고자 하는 경우에는 '사모'의 방법으로만 조합가입을 권유하여야 한다.

(2) 개인투자조합의 운영

① 조합자산을 운용할 때 벤처기업이나 창업자에 투자되지 아니한 조합자산에 대하여 금융기관에 예치하거나 국공채를 매입하는 방법으로 운용하도록 유도할 수 있다.

② 매 사업연도가 지난 후 3개월 이내에 결산서에 공인회계사의 감사의견서를 첨부하여 중소기업청에 제출. 투자실적의 변동이 없는 경우에는 고시로 정하는 자료로 이를 갈음할 수 있다.

(3) 다음 중 하나에 해당하면 등록을 취소할 수 있다.

- 거짓이나 그 밖의 부정한 방법으로 등록한 경우(필히 취소)
- 유사수신행위로 조합원을 모집한 경우
- 단서를 위반한 경우
- 자금차입·지급보증 또는 담보제공 금지의무를 위반한 경우
- 등록 요건에 맞지 않게 된 경우

2 조세에 대한 특례

(1) 국가나 지방자치단체는 벤처기업을 육성하기 위하여 소득세·법인세·취득세·재산세 및 등록세 등을 감면할 수 있다.

(2) 개인이나 개인투자조합이 벤처기업에 투자할 경우에는 소득세 등을 감면

할 수 있다. 이 경우 구체적인 투자대상 및 감면 절차 등은 아래와 같다.

① 창업 후 7년 이내인 벤처기업 또는 벤처기업으로 전환한 지 7년 이내인 기업에 대한 투자

② 소득세 등을 감면받으려는 개인, 개인투자조합의 업무집행조합원은 중소기업청장에게 투자실적의 확인을 요청

③ 중소기업청장은 투자실적확인서를 발급.

④ 중소기업청장은 투자실적을 확인받은 개인이나 개인투자조합이 그 투자지분을 투자일부터 5년 이내에 회수하거나 양도한 사실을 확인하면 지체 없이 그 사실을 소득세 등의 원천징수의무자, 납세조합 또는 세무서장에게 알려야 한다.

(3) 다음 각 호의 경우에는 조세에 관한 법률로 정하는 바에 따라 세제지원을 할 수 있다. 이 경우 세제지원 대상의 확인 등에 필요한 사항은 다음과 같다.

① 주식회사인 벤처기업과 다른 주식회사의 주주 또는 주식회사인 다른 벤처기업이 주식교환을 하는 경우

② 주식회사인 벤처기업과 다른 주식회사가 합병을 하는 경우

(4) 수도권 창업벤처기업 조세감면

수도권내의 벤처기업전용단지 및 집적시설에서 창업하는 벤처기업에 대해서 5년간 법인세 50%감면한다. 벤처빌딩에 입주했다 하더라도 정해진 벤처기업, 즉 도시형 첨단업종만을 규정한다.

수도권지역에 있는 벤처빌딩 입주 벤처기업에 대해선 지방세 5배 중과를 면제한다. (즉 취득세·등록세·재산세 5배 중과 규정이 적용되지 않음)

(5) 수도권 외 지역의 창업벤처기업

창업 벤처기업일 경우 소득이 발생하는 연도부터 5년간 법인세·소득세 50%를 감면

3 중소기업창업투자회사*

가. 중소기업창업투자회사란

중소기업 창업투자는 벤처기업 뿐 아니라 일반 중소기업의 창업투자이지만 연관이 많으므로 여기서 설명한다.

중소기업창업투자회사는 창업된 지 14년 이내의 중소기업에 주식의 인수, 전환사채 또는 신주인수권부사채의 인수, 약정투자, 기업인수투자 등의 형태로 장기자금을 지원한다. 10년 이내의 개인사업자도 대상이 된다. 투자업체에 대하여는 기업의 일시적인 소요자금을 충당하기 위한 자금대여의 형태로 후속지원을 병행하고 있다. 또한 이러한 자금의 지원 외에 필요한 경우 경영지도, 기술지원 등 전문적인 지원체계를 마련하고 있다.

이와 같은 창투사의 지원실적 규모와 같은 평면적인 내용 외에 국내 벤처캐피탈이 가지는 또 다른 중요한 역할은 지원내용이 대부분 창업초기단계부터 이루어져 중소기업의 창업을 활성화할 뿐 만 아니라 기계, 전자, 화학, 정보산업 등 고부가가치의 기술집약형 중소기업에 집중투자 됨으로써 고용증대효과는 물론 우리가 추구하는 산업구조의 고도화에 벤처캐피탈이 일익을 담당하고 있다는 것이다.

- 창업투자회사들은 그동안 2,800여 중소기업에 3조4천억원의 자금을 투자하였으며 현재 1조5천억원이 투자잔액으로 있다.
- 실제로 우리나라 주식장외시장에 등록된 351개 업체중 77개 업체가 벤처캐피탈 투자업체이며 이 비중은 코스닥 출범이후 급속히 늘어나고 있다.
- 은행 등 기존 금융기관의 재원규모와 비교할 때 대단히 효율적인 자금배분이 벤처캐피탈에 의해 이루어지고 있는 것으로 보인다.

벤처캐피탈 투자이후 상장된 업체는 메디슨, 미래산업, 세원정공, 선진금속 등 10여개사이고 가까운 장래에 상장을 추진 중인 업체는 각 벤처캐피탈 회사별로 평균 2개사 이상으로 모두 100여개 업체가 있다.

- 벤처캐피탈은 이와 같이 발전가능성 있는 중소기업을 발굴, 투자하여 다년간 그 성장을 지원해 오고 있다.

나. 창업투자회사(조합)의 벤처기업에 대한 지원방법*

창업투자회사는 벤처기업에 대해 여러 가지 방법으로 투자함으로써 자금을 조달해 줄 뿐 아니라 투자한 기업에 대해서는 신용으로 운영자금을 지원해주고 있다.

창투사는 자금지원 뿐 아니라 창업희망자에게 업종에 대한 정보와 창업절차를 안내해 주기도 하고 기술개발과 마케팅에 대한 조언도 해주는 등 벤처기업이 상장기업으로 성장하기까지 재무·회계·마케팅에서의 후속지원을 해주는 동반자적 관계를 유지한다.

창업투자회사의 투자지원방식: 유망한 기술이나 사업아이디어를 가지고 창업을 하고 싶은 사람이나 사업장과 설비를 확충하고 싶거나 경영관리에 도움이 필요한 사업가는 아래의 방법으로 창업투자회사의 투자지원을 받을 수 있다.

① **주식의 인수:** 투자한 기업의 총자본금의 50% 이내 기업이 가지는 기술의 내용·사업전망에 따라 인수조건은 다양해진다.

② **전환사채의 인수:** 투자후 일정기간이 경과한 후 주식으로 전환할 수 있는 회사채를 말한다.

③ **약정투자:** 투자기업과의 약정에 의해 자금을 지원하고 그 후에 기업의 매출액이나 이익금의 변화에 따라 수수료를 받게 되는 투자방법이다.

⑤ **자금대여:** 투자기업의 운영자금을 신용으로 지원함으로써 기업의 성장을 지원한다.

⑥ **프로젝트투자:** 영상 및 음반물의 제작, 기술개발 등과 같이 특정사업의 수행을 위하여 계약을 통해 소요자금을 지원하고 수익을 배분 하는 방법

창투사(조합포함)로부터 일정금액이나 지분이상을 투자받은 기업은 벤처기업으로 인정되어 정부로부터 여러 가지 지원과 혜택을 받을 수 있다. 벤처기업은 창투사가 10% 이상 지분을 인수한 기업 또는 자본금의 20% 이상에 해당하는 무담보전환사채 등을 인수한 기업을 말한다.

후속지원은 다음과 같은 것이 있다.

① 투자업체에 대한 보증

② 창업상담 및 경영지도(재무·회계), 기술 및 마케팅 지도 등

투자제한업종은 다음과 같다.

① 숙박 및 음식점업 (관광호텔은 투자대상에 포함)

② 부동산업

③ 무도장운영업

④ 골프장운영업

⑤ 도박장운영업

⑥ 미용업, 점술업, 욕탕업등 기타서비스업 (한국표준산업분류 930)

다. 벤처캐피탈에 투자하려면*

벤처캐피탈(창업투자회사)은 주로 투자조합을 구성하여 일반인으로부터 자금을 모집한 후, 이 자금으로 벤처기업에 대한 투자를 하며 그 성과를 분배한다.

벤처기업에 대한 투자와 이로 인한 높은 수익을 기대하는 사람들은 창업투자회사가 구성하는 투자조합 결성에 참여하면 된다.

창업투자회사들은 투자조합출자자들을 신문 등의 광고를 통해 수시로 모집한다. 각 창업투자회사가 결성/운영하는 투자조합은 장기간 여유자금을 출자하여 높은 수익을 얻을 수 있는 새로운 투자수단으로, 조합자금을 기술집약형 유망 중소기업에 투자하여 최대의 수익을 조합원에게 분배하며 손실발생시 정부지분 및 창업투자회사 출자분에서 우선 충당하므로 안정성이 보장될 뿐 아니라 세제혜택, 자금출처조사 배제 등 정책적 배려가 주어지므로 앞으로 가장 각광받는 재산증식수단이 된다.

- 정부는 조합 출자액의 20%범위에서 출자한다.
- 개인출자자는 출자액의 20%에 상당하는 금액을 출자일이 속하는 과세연도부터 출자 후 2년이 되는 날이 속하는 과세연도까지 출자자가 선택하는 1과세연도의 종합소득금액에서 공제한다.
- 창업자에 출자함으로써 취득한 주식양도 시 양도차익에 대해 비과세한다.
- 조합소득에 대한 소득세는 조합이 조합원에게 소득지급 시 원천징수 및 분리과세 한다.
- 투자조합 출자금에 대해서는 부담금 없이 자금출처조사를 배제한다.

중소기업창업투자조합은 중소기업창업지원을 위한 또 하나의 중요한 투자재원이 되고 있다.

- 외국인, 기관투자가 및 시중의 유휴자본을 생산자금화 함으로써 자금의 흐

름을 건전하게 함

- 정부의 창업지원기금을 효율적인 방법으로 운용, 그 기금의 목적을 최대한 달성하기 위해 결성되는 중소기업창업투자조합은 창투사의 자본금만으로 인한 자금조달의 한계를 극복하는 벤처캐피탈의 전통적 투자재원의 조달수단이다.
- 투자자들에게는 높은 수익을 제공하고 중소기업에는 양질의 장기생산자금을 지원 할 수 있다는 점에서 국민경제의 발전에 크게 기여하고 있다.

라. 벤처캐피탈의 투자를 받으려면

벤처캐피탈의 투자지원을 받으려는 벤처기업경영자 또는 창업자는 우선 사업계획서를 제출한다. 이때 사업계획서는 각종 수치가 정확하고도 적절하게 표시되어야 창투사의 신뢰를 얻을 수 있다. 여기에다 영위하는 사업이 특수성과 기술우위성이 있어야 하고 기대수익율이 높아야 유리하다. 벤처기업의 특성은 대기업과 경쟁할 수 있는 기술의 우위를 가지고 있거나 대기업이 진술할 수 없는 틈새시장을 목표로 하는데 있기 때문이다. 또한 자신의 기술에 대한 자신감과 추진력, 나아가서 벤처기업경영자로서의 열정·역량 등을 잘 알릴 수 있어야 창투사의 투자를 받을 수 있는 만큼 벤처기업 경영자의 자질을 창투사에 정확히 알려야 한다.

벤처캐피탈은 기술력에서 우위를 가진 벤처기업을 발굴하고 투자하며, 자금 및 경영·기술 등의 지원을 통해 성장을 도우며 증권시장에의 상장까지 함께 노력한다.

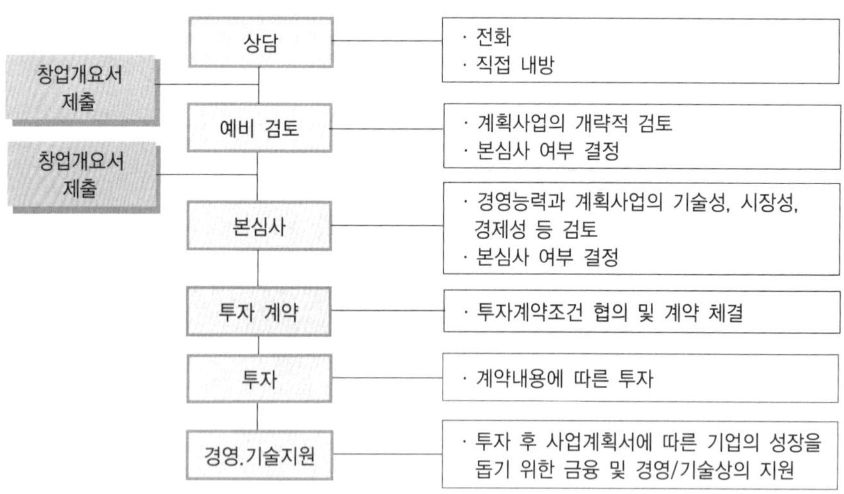

그림 1. 투자절차

참고: 관련기관
중소기업청 벤처진흥과(대전)
한국벤처캐피탈협회(서울)
중소기업진흥공단
중소기업협동중앙회

4 기업활동과 인력 공급의 원활화

가. 기업활동 원활화

(1) 벤처기업의 주식교환

주식회사인 벤처기업은 전략적 제휴를 위하여 자기주식을 다른 주식회사의 주요 주주 또는 주식회사인 다른 벤처기업의 주식과 교환할 수 있다. 주식교환에 필요한 주식에 대하여는 자기의 계산으로 자기주식을 취득하여야 한다. 그 취득금액은 이익배당이 가능한 한도 이내이어야 한다.

(2) 반대주주의 주식매수청구권

주식교환을 반대하는 주주는 자기가 보유한 주식의 매수를 청구할 수 있다. 벤처기업은 매수 청구를 받으면 그 주식을 매수하여야 한다.

(3) 합병 절차의 간소화 등

주식회사인 벤처기업이 다른 주식회사와 합병을 하는 절차가 간소하다. 반대하는 주주는 자기 소유의 주식의 매수를 청구한다.

(4) 신주발행에 의한 주식 교환 등

주식회사인 벤처기업은 전략적제휴를 위하여 신주를 발행하여 다른 주식회사의 주요주주의 주식이나 주식회사인 다른 벤처기업의 주식과 교환할 수 있다. 다른 주식회사의 주요주주나 주식회사인 다른 벤처기업은 신주를 배정받음으로써 그 벤처기업의 주주가 된다.

다른 주식회사의 주식의 주식가격 평가할 수 있는 공인평가기관

> 공인평가기관
>
> 1. 투자매매업자와 투자중개업자(증권의 인수·중개·주선 또는 대리업무의 인가를 받은 자만 해당)
> 2. 신용평가업무 및 그에 부수하는 업무에 대한 허가를 받은 자
> 3. 회계법인으로서 소속 공인회계사가 100명 이상인 회계법인
> 4. 한국산업기술진흥원
> 5. 기술신용보증기금

(5) 신주발행 주식교환 시 주식매수청구권

주식교환에 반대하는 주주는 앞과 마찬가지로 주식매수를 청구할 수 있다.

(6) 주식교환의 특례

교환하는 주식의 수가 발행주식 총수의 50%를 초과하지 아니하면 주주총회의 승인은 이사회의 승인으로 갈음할 수 있다. 주식교환계약서에 이러한 뜻을 적어야 하고, 일ㄹ 주주에 알려야 한다.

발행주식 총수의 20% 이상을 소유한 주주가 주식교환에 반대할 경우에는 특례의 주식교환을 할 수 없다.

(7) 주식교환의 의미

주식교환을 통해 벤처기업 주식회사가 다른 모기업의 자회사가 될 수 있다.

(8) 다른 주식회사의 영업양수의 특례

주식회사인 벤처기업이 영업의 전부 또는 일부를 다른 주식회사(상장 법인 제외)에 양도하는 경우, 그 양도가액이 다른 주식회사의 순자산액의 10%를 초과하지 아니하면 다른 주식회사의 주주총회의 승인은 이사회의 승인으로 갈음할 수 있다. 양도·양수계약서에는 다른 주식회사의 주주총회의 승인을 받지 아

니하고 벤처기업의 영업의 전부 또는 일부를 양수할 수 있다는 뜻을 적어야 하고, 다른 주식회사는 이를 공고하거나 주주에게 알려야 한다.

다른 주식회사의 발행주식 총수의 20% 이상에 해당하는 주식을 소유한 주주가 공고나 통지가 있었던 날부터 2주 이내에 서면으로 영업양수를 반대하는 의사를 알린 경우에는 특례에 따른 영업양수를 할 수 없다.

(9) 벤처기업 소규모합병의 특례

주식회사인 벤처기업이 다른 주식회사와 합병을 하는 경우 합병으로 인하여 발행하는 신주의 총수가 그 주식회사의 발행주식총수의 10% 이하인 때에는 그 존속 회사의 주주총회의 승인은 이를 이사회의 승인으로 갈음할 수 있다. 다만, 합병으로 인하여 소멸하는 회사의 주주에게 지급할 금액을 정한 경우에 그 금액이 존속 회사의 순자산액의 5%를 초과하는 때에는 그러하지 아니하다.

합병에 반대하는 주주의 주식매수청구권은 인정하지 아니한다.

(10) 벤처기업 간이합병의 특례

주식회사인 벤처기업이 다른 주식회사와 합병을 하는 경우 존속하는 회사가 소멸회사의 발행주식총수 중 의결권 있는 주식의 90% 이상을 보유하는 경우에는 그 소멸하는 회사의 주주총회의 승인은 이사회의 승인으로 갈음할 수 있다.

합병에 반대하는 주주의 주식매수청구권에 관하여는 상법에 따른다.

(11) 간이영업양도

주식회사인 벤처기업이 영업의 전부 또는 일부를 다른 주식회사에 양도하는 경우 영업을 양도하는 회사의 총주주의 동의가 있거나 영업을 양도하는 회사의 발행주식총수 중 의결권 있는 주식의 90% 이상을 다른 주식회사가 보유하는 경우에는 영업을 양도하는 회사의 주주총회의 승인은 이사회의 승인으로 갈음할 수 있다. 양도·양수계약서에 양도하는 회사의 주주총회의 승인을 받지 아니하고 영업의 전부 또는 일부를 양도할 수 있다는 뜻을 적어야 하고, 이들 계약내용을 공고하거나 주주에게 알려야 한다.

영업양도에 반대 주주는 자기 보유의 주식의 매수를 청구할 수 있다.

(12) 창업자 준용규정

창업자에 관하여 준용할 경우 벤처기업은 창업자로 본다.

나. 중소벤처기업 인수합병 지원센터

(1) 중소벤처기업 인수합병 지원센터는 중소벤처기업의 인수합병을 효율적으로 지원하기 위한 기관이다.(중소기업청 지정)

(2) 지원센터의 업무는 다음과 같다.

① 중소벤처기업의 인수합병계획의 수립 지원

② 중소벤처기업의 인수합병을 위한 기업정보의 수집·제공 및 컨설팅 지원

③ 중소벤처기업의 기업가치평가모델의 개발 및 보급

④ 중소벤처기업의 인수합병에 필요한 자금의 연계지원

⑤ 중소벤처기업의 인수합병 전문가 양성 및 교육

⑥ 기타 중소벤처기업의 인수합병 촉진을 위하여 정하는 사항

(3) 중소기업청은 지원센터의 운영에 드는 경비의 전부 또는 일부를 지원한다.

(4) 지원센터의 지정기준, 지정절차 및 운영 등에 필요한 사항은 다음과 같다.

① 법인일 것

② 업무 내용에 중소벤처기업 인수합병에 관한 업무가 포함되어 있을 것

③ 중소벤처기업의 인수합병을 지원할 수 있는 전담조직을 갖추고 있을 것

④ 다음 어느 하나에 해당하는 전문인력을 3명 이상 보유할 것

- 공인회계사, 변호사, 세무사로서 기업의 인수합병 업무에 3년 이상 종사한 경력이 있는 사람
- 경영지도사로서 기업의 인수합병 업무에 3년 이상 종사한 경력이 있는 사람
- 금융기관 또는 기업구조조정전문회사에서 기업의 인수합병 업무에 3년 이상 종사한 경력이 있는 사람
- 위와 동등한 자격이 있다고 중소기업청장이 인정하는 사람

(5) 지원센터의 지정취소

① 거짓이나 그 밖의 부정한 방법으로 지정을 받은 경우(필히 취소)

② 지정기준에 미달하게 되는 경우

③ 지정받은 업무를 정당한 사유 없이 1개월 이상 수행하지 아니한 경우

다. 인력공급의 원활화

(1) 교육공무원등의 창업 시 휴직 허용

다음과 같은 교육공무원 등은 창업을 하거나 벤처기업의 임원으로 근무하기 위하여 휴직할 수 있다.

① 대학(산업대학 전문대학 포함)의 교원(부설연구소의 연구원을 포함)

② 국공립연구기관의 연구원(한국과학기술원, 광주과학기술원 포함)

휴직 기간은 3년(창업 준비기간 6개월을 포함) 이내로 한다. 다만, 소속 기관장이 필요하다고 인정하면 3년 이내에서 휴직 기간을 연장할 수 있다. 대학교원의 휴직 기간은 임용기간 중의 잔여기간을 초과할 수 있다.

대학이나 국공립연구기관에 그 휴직자의 수에 해당하는 교원이나 연구원의 정원이 따로 있는 것으로 본다.

(2) 교육공무원 등의 겸임이나 겸직에 관한 특례

교육공무원 또는 정부출연연구기관(국방분야의 연구기관은 제외)의 연구원은 그 소속 기관장의 허가를 받아 벤처기업의 대표자나 임직원을 겸임하거나 겸직할 수 있다. 다만, 공무원에 대한 허가는 직무상의 능률을 저해할 우려가 없는 경우에만 할 수 있다.

① 정부출연연구기관

② 한국원자력의학원

③ 한국원자력안전기술원

④ 한국과학기술기획평가원

소속 기관장의 허가를 받은 경우에는 교육공무원법과 협동연구개발 촉진법에 따른 겸임 및 겸직허가를 받은 것으로 본다.

라. 벤처기업의 주식매수선택권

주식회사인 벤처기업은 상법의 규정에도 불구하고 해당 기업의 설립 또는 기술·경영의 혁신 등에 기여하였거나 기여할 능력을 갖춘 자에게 특별히 유리한 가격으로 신주를 매수할 수 있는 권리나 그 밖에 법령이 정하는 바에 따라 해당 기업의 주식을 매수할 수 있는 권리(주식매수선택권, 스톡옵션)를 부여할 수 있다.

① 벤처기업의 임직원(최대주주 및 그 특수관계인, 주요주주 및 그 특수관계인은 제외)

② 기술이나 경영능력을 갖춘 자(아래와 같은 예)

1. 교육공무원 등의 창업 시 휴직 허용자
2. 겸임 겸직 허용 연구기관의 연구원
3. 개업 변호사
4. 개업 공인회계사
5. 개업 변리사
6. 경영지도사 또는 기술지도사
7. 개업 세무사
8. 비영리법인으로서 과학 또는 산업기술 분야 연구기관의 연구원
9. 자본금의 30% 이상을 출자하고 최다출자자로 있는 외국법인의 임직원
10. 자본금 또는 출자총액의 30% 이상을 출자하고 최다출자자로 있는 법인의 기술혁신을 위한 연구개발활동을 하는 외국 연구소의 연구원

③ 대학 또는 아래 연구기관

1. 국공립 연구기관(한국과학기술원, 광주과학기술원 포함)
2. 정부출연연구기관, 한국원자력의학원, 한국원자력안전기술원, 한국과학기술기획평가원
3. 전문생산기술연구소
4. 비영리법인 과학, 산업기술 분야 연구기관

주식 총수의 20% 이내를 임직원 외의 자에게 주식매수선택권으로 부여하는 경우에는 주주총회의 특별결의로 벤처기업의 이사회에서 정하게 할 수 있다. 이 결의는 중소기업청에 그 내용을 신고하여야 한다.

주식매수선택권을 부여받은 자에게 내줄 목적으로 자기주식을 취득하는 경우에는 발행주식 총수의 10%를 초과할 수 있다.

마. 벤처기업에 대한 정보 제공

정부는 벤처기업의 창업 및 영업활동과 관련된 투자·자금·인력·기술·판로 및 입지 등에 관한 정보를 제공하거나 그 밖에 벤처기업의 정보화를 촉진하기 위한 지원을 할 수 있다.

중소기업청은 중앙행정기관장, 지방자치단체장 또는 공공기관장에게 위 정보 제공에 필요한 자료를 요청할 수 있다.

중소기업청은 벤처기업에 대한 개인이나 개인투자조합의 투자를 촉진하기 위하여 지식경제부령으로 정하는 바에 따라 벤처기업의 투자가치에 관한 정보 등 필요한 정보를 이들에게 제공할 수 있다.

바. 벤처기업인 유한회사에 대한 특례

벤처기업인 유한회사의 사원의 총수는 상법에도 불구하고 50인 이상 300인 이하로 할 수 있다.

벤처기업인 유한회사를 설립하려는 자는 설립등기의 신청서에 벤처기업확인서를 첨부하여야 한다.

유한회사인 벤처기업은 상법에도 불구하고 사원총회의 결의로 이익배당에 관한 기준을 따로 정할 수 있다.

사. 유한회사 벤처기업 출자에 대한 특례

유한회사인 벤처기업의 출자를 인수한 중소기업창업투자회사·중소기업창업투자조합·신기술사업금융업자·신기술사업투자조합 또는 개인투자조합은 상법에도 불구하고 그 벤처기업의 정관으로 정하는 바에 따라 그 지분의 전부 또는 일부를 타인에게 양도할 수 있다.

아. 산업재산권 사용에 관한 특례

대학이나 연구기관은 휴직이나 겸직을 승인받은 교원·연구원에게 직무발명에 따른 산업재산권등의 이용을 허락할 때 전용실시권을 부여할 수 있다.

5 입지 공급의 원활화

가. 신기술창업집적지역

(1) 신기술창업집적지역의 지정

대학이나 연구기관장은 해당 기관이 소유한 교지나 부지의 일정 지역에 대하여 창업자·벤처기업 등의 생산시설 및 그 지원시설을 집단적으로 설치하는 신기술창업집적지역의 지정을 중소기업청에 요청할 수 있다.

중소기업청은 집적지역의 지정을 요청받으면 요건을 검토하여 집적지역으로 지정할 수 있다. 그 면적이 일정 면적(10,000 제곱미터) 이상이면 집적지역이 속하는 시·도지사와 협의하여야 한다.

(2) 집적지역의 지정 요건

① 해당 기관이 보유한 교지나 부지의 연면적에 대한 지정 면적의 비율이 일정 비율(30%)을 초과하지 아니할 것
연면적(전용면적) 1,200 제곱미터 이상인 경우
건축물의 일부를 지정받으려는 경우에는 각 층 연면적의 50% 이상을 지정 대상에 포함하여야 함
② 지정 면적이 3000 제곱미터 이상일 것
③ 집적지역개발계획이 실현 가능할 것

(3) 집적지역에 대한 특례 등

집적지역은 지정 제외지역 외의 지역에 지정할 수 있다.

보전관리지역, 농림지역, 자연환경보전지역 제1종 전용주거지역, 제2종 전용주거지역, 유통상업지역, 보전녹지지역

집적지역에서 창업자나 벤처기업은 구조안전에 지장이 없는 범위에서 정해진 도시형공장과 이와 관련된 업무시설을 해당 대학이나 연구기관의 장의 승인을

받아 설치할 수 있다. 이 경우 공장설립등의 승인이나 제조시설설치승인을 받은 것으로 본다.

지정 면적이 일정 면적 이상이고 도시지역에 지정된 경우에는 도시첨단산업단지로 본다.

중소기업청은 집적지역의 관리권자가 되고, 대학이나 연구기관은 집적지역의 관리기관이 된다.

대학이나 연구기관은 여러 법(예, 국유재산법, 공유재산 및 물품 관리법, 고등교육법, 사립학교법)에도 불구하고 창업자·벤처기업·지원시설을 설치·운영하려는 자가 집적지역에 건물, 공장용 건축물, 기타 영구시설물을 축조하려는 경우에는 집적지역의 일부를 임대할 수 있다. 임대계약 기간이 끝나면 시설물을 기부하거나 원상으로 회복하여 되돌려 주어야 한다.

> **참고**
>
> **국토의 계획 및 이용에 관한 법률에 따른 용도 지역**
>
> 1. 도시지역: 가. 주거지역, 나. 상업지역, 다. 공업지역, 라. 녹지지역
> 2. 관리지역: 가. 보전관리지역, 나. 생산관리지역, 다. 계획관리지역
> 3. 농림지역
> 4. 자연환경보전지역

(4) 집적지역의 지정취소

지정된 집적지역이 ① 사업 지연, 관리 부실 등의 사유로 지정목적을 달성할 수 없는 경우, ② 지정 요건을 충족하지 못한 경우 그 지정을 취소할 수 있다.

나. 실험실공장

다음의 해당자는 소속 기관장의 승인을 받아 실험실공장을 설치할 수 있다. 공장설립 등의 승인 또는 제조시설설치승인을 받은 것으로 본다.

① 대학의 교원 및 학생

② 국공립연구기관이나 정부출연연구기관의 연구원

③ 과학이나 산업기술 분야의 연구기관으로서 정해진 기관의 연구원

- 전문생산기술연구소
- 대덕연구개발특구 등 연구개발특구에 입주한 기관

실험실공장은 생산시설용으로 쓰이는 바닥면적의 합계가 3000 제곱미터를 초과할 수 없다.

실험실공장의 총면적은 해당 대학이나 연구기관의 건축물 연면적의 1/2을 초과할 수 없다.

대학이나 연구기관장은 실험실공장을 설치한 자가 퇴직, 졸업하더라도 2년 범위에서 실험실공장을 사용하게 할 수 있다.

다. 창업보육센터에 입주한 벤처기업과 창업자

대학이나 연구기관 안에 설치·운영 중인 창업보육센터로서, 중소기업청 지정, 중앙행정기관/지방자치단체 인정하는 창업보육센터에 입주한 벤처기업이나 창업자는 센터장의 승인을 받아 도시형공장을 설치할 수 있다. 공장설립의 승인이나 제조시설설치승인을 받은 것으로 본다.

라. 벤처기업육성촉진지구

(1) 지정

시·도는 벤처기업의 육성에 필요하면 일정지역에 대하여 벤처기업육성촉진지구의 지정을 중소기업청에게 요청하고, 중소기업청은 이를 지정한다. 촉진지구육성계획이 실현될 가능성이 없는 경우, 사업 지연, 관리 부실 등의 사유로 지정목적을 달성할 수 없는 경우 그 그 지정을 해제할 수 있다.

(2) 촉진지구에 대한 지원

중소기업청은 촉진지구의 활성화를 위하여 지방중소기업육성관련기금의 조성을 지원할 때 촉진지구를 지정받은 지방자치단체를 우대하여 지원할 수 있다.

국가나 지방자치단체는 촉진지구에 있거나 촉진지구로 이전하는 벤처기업에 자금이나 그 밖에 필요한 사항을 우선하여 지원할 수 있다.

국가나 지방자치단체는 촉진지구에 설치되는 벤처기업집적시설의 설치·운영자 및 창업보육센터사업자에게 그 소요자금의 전부 또는 일부를 지원하거나 우대하여 지원할 수 있다.

마. 벤처기업집적시설 지정요건

벤처기업집적시설의 정의는 앞과 같다. 흔히 벤처빌딩이라고 한다.

벤처기업집적시설을 설치하거나 기존의 건축물을 벤처기업집적시설로 사용할 수 있으며, 시·도로부터 지정을 받을 수 있다. 요건은 다음과 같다.

(1) 벤처기업 등 아래와 같은 일정 기업이 입주하게 하되, 입주한 기업 중에서 벤처기업이 4개 이상(수도권 외의 지역은 3개 이상)일 것

① 벤처기업으로 확인받은 기업

② 지식기반산업을 경영하는 중소기업

③ 지식산업 또는 정보통신산업을 경영하는 중소기업

(2) 연면적의 70%(수도권 외의 지역은 50%) 이상을 위의 기업이 사용하게 할 것

(3) 위에 해당하지 않는 지정 면적은 벤처기업집적시설 등 아래의 일정 시설을 사용할 것

1. 다음 지원시설
   - ① 중소기업창업투자회사
   - ② 중소기업상담회사
   - ③ 창업보육센터
   - ④ 금융기관
   - ⑤ 신기술사업금융업자
   - ⑥ 신용보증기금
   - ⑦ 기술신용보증기금
   - ⑧ 기업부설연구소
   - ⑨ 중소기업진흥공단
   - ⑩ 한국산업단지공단
   - ⑪ 기업구조조정전문회사
   - ⑫ 지역신용보증재단
   - ⑬ 투자매매업자와 투자중개업자
   - ⑭ 그 밖에 벤처기업을 지원하는 기관(중소기업청장 지정)
2. 공용회의실, 공동이용장비실 및 전시장 등 기업의 업무활동과 관련된 시설
3. 휴게실, 구내식당 및 체력단련실 등 기업의 종업원을 위한 후생복지시설

다음과 같은 경우 지정을 취소할 수 있다. 지정을 취소하려면 청문을 하여야 한다.

① 거짓이나 그 밖의 부정한 방법으로 지정받은 경우(필히 취소)

② 지정 요건에 맞지 아니하게 된 경우

바. 국공유 재산의 매각 등

국가나 지방자치단체는 벤처기업집적시설의 개발 또는 설치와 그 운영을 위하여 수의계약에 의하여 국유재산이나 공유재산을 벤처기업집적시설의 설치·운영자에게 매각하거나 임대할 수 있다.

임대료: 1% 이상을 곱한 금액, 월 단위로 나누어 낼 수 있다.

임대기간: 20년, 갱신 가능

국가나 지방자치단체는 국유인 일반재산 또는 공유인 잡종재산인 부동산을 벤처기업에 임대하는 조건으로 신탁업자에 신탁할 수 있다.

국가·지방자치단체 또는 사립학교의 학교법인은 벤처기업집적시설의 설치·운영자에게 국공유 토지나 대학 교지의 일부를 임대하여 건물이나 그 밖의 영구시설물을 축조하게 할 수 있다. 임대계약 기간이 끝나면 국가·지방자치단체 또는 사립학교법인에 기부하거나 원상으로 회복하여 되돌려 준다.

벤처기업집적시설의 설치·운영자는 축조한 시설물을 임대목적과 동일한 용도로 사용하려는 다른 자에게 사용·수익하게 할 수 있다.

사. 시설비용의 지원

국가나 지방자치단체는 집적지역의 조성 및 벤처기업집적시설의 설치에 필요한 시설비의 전부 또는 일부를 지원할 수 있다.

아. 건축금지 등에 대한 특례

벤처기업집적시설은 '전용주거지역, 제1종일반주거지역, 녹지지역' 외의 지역에 건축할 수 있다.

벤처기업집적시설에 입주한 자는 구조안전에 지장이 없는 범위(시·군·구에게 구조안전 확인요)에서 일정 공장(공장건축면적이 2000 제곱미터 이하인 도시형공장)을 설치할 수 있다. 공장설립의 승인이나 제조시설설치승인을 받은 것으로 본다.

자. 각종 부담금의 면제 등

벤처기업집적시설에 대하여는 다음 부담금을 면제한다.

① 개발부담금

② 대체산림자원조성비

③ 농지보전부담금

④ 대체초지조성비

⑤ 교통유발부담금

벤처기업집적시설의 건축은 미술장식을 설치하지 않을 수 있다.

6 벤처기업이었던 기업에 대한 특례

벤처기업이었던 기업이 벤처기업에 해당하지 아니하게 되는 경우 벤처기업이었던 당시 이루어진 다음 행위는 계속 유효하다.

① 산업재산권등의 출자 행위

② 외국인 또는 외국법인등이 해당 기업의 주식을 취득한 행위

③ 주식교환 등의 행위

④ 주식매수선택권을 부여한 행위

⑤ 사원을 50명 이상 300명 이하로 하여 설립한 행위

벤처기업집적시설에 입주하였을 경우, 계속하여 벤처기업집적시설에 입주할 수 있다.

벤처기업 사례*

1 일본의 벤처기업 육성정책

가. 중앙정부에 의한 육성정책

일본 정부는 벤처기업 육성을 위해 1995년「중소기업의 창조적 사업활동 촉진에 관한 임시조치법」을 제정하여, 신규성을 갖는 기술·노하우의 연구개발 및 그 성과의 사업화를 행하는 중소기업자에게 금융·세제 등의 지원을 실시할 수 있도록 하고 있다. 또한「중소기업투자육성회사법」의 특례를 마련하여 자본금 1억엔을 초과하는 기업에도 투자가 가능토록 함과 아울러, 벤처캐피탈 회사의 투자대상 기업에 대한 임원파견을 허용하고 있다.

이와 함께 중소기업신용보증법 및 중소기업근대화자금조성법의 특례를 마련하여 벤처기업에 대해서는 신용보증한도 확대 및 설비자금 등의 상각기간을 연장함과 아울러, 과세 특례제도를 신설하여 설비투자에 대한 조세 경감, 결손금의 이월기간 연장, 시험연구 관련 세제의 확충, 특별토지보유에 대한 비과세 등 지방세 감면 조치를 마련하고 있다.

특히 벤처기업가와 벤처캐피탈을 연계시키는 벤처프라자사업를 개설하여 운영할 수 있도록 함과 아울러, 1996년 6월에는 "소프토피아 저팬"이라는 인큐베이터(벤처빌딩)을 건설하여 멀티미디어 관련 벤처기업을 입주시킨 바 있다. 이 벤처빌딩에 입주한 기업에 대해서는 입주비용을 면제해 줌과 아울러 멀티미디어 관련기기의 활용, 지식재산권 신청 및 관리 지원, 경영 및 재무관련 상담 등의 지원업무를 실시하고 있다. 이와 함께 벤처기업센터(VEC)는 1995년부터 연구개발형 기업과 지식융합형 기업에 대해 채무보증액의 상한을 인상하여 지원할 수 있도록 하고 있다.

한편 통산성에서는 민간자금이 벤처기업의 창업 및 육성에 최대한 활용될 수 있도록 “벤처자금 환경개선안”을 마련하여 운영해 오고 있다.

나. 지방자치단체에 의한 지원정책

일본의 지방자치단체도 벤처기업 육성을 위해 다양한 시책을 전개해오고 있다. 지방자치단체가 실시하고 있는 시책은 대부분 중앙정부(중소기업청)가 실시하는 벤처기업 육성시책을 뒷받침하는 저리융자제도, 벤처재단 및 벤처캐피탈 회사 설립 등이 주류를 이루고 있으나, 자치단체별로 창업보육센터 설립 등 독자적인 대책도 마련하여 실시하고 있다.

우선 전국 37개 도도부현은 중앙정부가 추진하는 “창조적 중소기업 창출 지원사업”을 지원하기 위해 자치단체별로 설립중에 있는 벤처재단을 통해 무리자 융자를 실시하고 있다. 자치단체별 벤처재단은 직접투자, 민간 벤처캐피탈에 투자자금을 예탁하는 간접투자, 민간 벤처캐피탈이 인수한 전환사채의 채무보증 등의 업무를 실시하고 있다.

이와 함께 각 자치단체는 자치단체별로 첨단산업 영위기업을 육성을 위해 창업보육센터의 건설을 확대함과 아울러, 이곳에 벤처기업이 우선적으로 입주할 수 있도록 하여 경영·기술측면에서의 지원 및 인재육성사업 등 소프트한 측면에서의 지원을 실시하고 있다.

2 미국의 벤처기업 육성정책 사례

미국의 벤처기업 육성정책은 SBA(중소기업청)가 중심이 되어 추진해오고 있다. 미국의 경우 벤처기업 육성을 위한 주요 정책이 벤처기업 성장단계별로 체계화되어 있다는 점이 특징적이라 할 수 있다.

우선 미국에는 대기업, 대학 및 연구소 등에서 최고 수준의 기술 및 아이디어를 가진 사업가가 벤처기업을 설립하는 경우가 많으며, 이들이 스톡옵션제을 활용하여 우수한 인적자원을 확보하고, 과학단지 및 창업보육센터 등으로부터 기술·경영·노하우 등의 지원을 쉽게 받을 수 있는 사회적 지원체제가 정비되어 있다. 특히 상당수의 대학에는 지식재산권 보호나 관리를 목적으로 특허등록사업소가 개설되어 있으며, 창업자와 투자자간의 연계를 촉진하기 위한 벤처캐피탈 네트워크(Venture Capital Network)가 구축되어 있다.

벤처기업이 창업된 이후에는 성장단계에 따라 엔젤, 벤처캐피탈, 직접금융시장 등을 통해 적절한 자금을 활용할 수 있는 여건이 마련되어 있다. 특히 창업 초기에는 담보부족 등으로 어려움을 겪는 벤처기업에게 창업자금을 투자하는 수많은 엔젤(개인자산가)들이 충분한 기능을 수행하고 있다.

창업 초기단계를 지나게 되면 SBA의 허가를 받은 정부계 중소기업투자회사(SBIC)와 SBIR(첨단 중소기업 관련 중소기업에 대한 자금지원 프로그램), 민간 벤처캐피탈사 등으로부터 자금지원 및 투자가 이루어지고 있다. 특히 벤처캐피탈의 자금원으로 연·기금 등이 활용되고 있을 뿐만 아니라, 벤처캐피탈 회사는 투자와 함께 벤처기업이 성장해감에 따라 부족하게 되는 마케팅, 회계, 경영관리 분야의 인재를 임원파견 형식으로 지원하고 있다.

벤처기업이 어느 정도 성장궤도에 도달했다고 판단되면 증권회사, 회계사 등의 도움을 받아 직접금융시장인 NASDAQ에 등록하고 있다. 벤처기업의 경우는 이익이 없어도 NASDAQ에 공개할 수 있도록 되어 있다는 점이 특징적이다.

이상과 같이 미국에는 벤처기업이 창업 이전단계에서부터 체계적인 지원을 받을 수 있는 여건이 정비되어 있으며, 성장단계별로 적절한 지원수단이 마련되어 있어 벤처기업이 빠른 속도로 성장하고 있다고 할 수 있다.

3 벤처기업의 사례 및 우대적 대출*

- 벤처기업들이 응용해 만든 아이디어나 틈새상품들이 시장에서 인기를 끌고 있다. 많은 벤처기업들이 특허를 상품화하기보다, 이미 있는 기술로 아이디어 상품을 만들거나 틈새시장을 파고들어 성공하고 있는 것이다.

  ㈜영홍텔레콤은 최근 유무선 겸용 공중전화기를 개발, 현재 한 달에 1억원 이상의 매출을 올리고 있다. 이 회사 이재욱 상무는 “오래 전에 일반화된 무선전화기 원리를 공중전화기에 적용해 틈새시장을 파고든 것이 매출신장에 큰 도움이 되고 있다”고 말했다. 또 보편화된 기술인 미세전류 작동 회

로방식을 적용한 절전형 공중전 화기는 25개 회사의 60여개 모델이 경쟁을 벌이고 있는 민수용 공중전화기 시장에서 40% 정도를 점유하고 있다. 이 전화기는 지난 1년여 동안 국내에서만 5만대가 팔렸고 싱가포르와 칠레에 50만달 러어치를 수출했다.

- 벤처기업 '벤트리' 이행우(42) 사장의 꿈은 '세계 시장을 먹겠다'는 것이다. 무기는 유리에 김과 물방울이 서리지 않게 하는 등 세정 기능을 가진 초친수성 고분자 물질. 이미 나와 있는 비슷한 물질에 비해 효과가 오래가고 응용분야가 넓다고 한다. 그는 세계시장 장악을 위한 발걸음을 이미 시작했다. 지난 1월 미국의 플라스틱 제조업체인 벙커가 실시한 국제입찰에서 세계적인 화학회사인 다우코닝을 제치고 사업 파트너가 됐다. 또 미국의 한 다국적 기업과 '기술관련 기밀누설 방지협약'을 체결했다. 이 다국적 기업은 '벤트리'로부터 물질 개발기술을 일부 제공받아 어떤 상품에 응용할 수 있는 지를 현재 검토중이다. 중국에는 앞으로 2년동안 5000만달러 어치의 물질 수출계약을 맺었다. 중국측 회사는 원액을 받아 현지에서 물과 섞어 판매할 예정. 수출계약을 맺으면서 기술료로 150만달러를 받기로 했다. "코카콜라 처럼 원액을 수출할 생각입니다. 그렇게 하면 상품에 대한 자체 마케팅망 없이도 세계시장을 장악할 수 있지요." 이 물질 개발 아이디어는 미국 유학중에 얻었다. "자동차 유리에 김이 서리는 것을 보고 아예 서리지 않도록 하는 방법을 없을까하고 궁리했지요." 이 때가 87년쯤. 그러나 실제 개발에는 10년이 걸렸다. 그는 군제대후 대기업에 들어가 공장 근무를 자원했다. 물건 만드는 것을 보아야 영업을 잘 할 수있겠다는 생각 때문이었다. 공장 개발부에서 2년 넘게 보내고 서울 연구소에서 1년을 더 근무했다. "기업들은 당시에 개발력이 부족했고, 대학이나 연구소는 성과도 없으면서 큰소리만 치고 있었어요." 그는 그때 공부를 해야겠다고 생각하고 미국 유학을 떠났다. 86년 1월 일리노이대학에 들어가 석사학위를, 아이오와대학으로 옮겨 박사 학위를 받았다. IBM 연구원으로 잠깐 일한 뒤 91년 귀국해 한양화학 대덕연구소에 수석연구원으로 들어갔다. '벤트리' 창업 전에는 고려대 연구교수로 2년간 근무했다. '벤트리'를 창업한 것은 97년. 창투사에서 5억원을, 개인투자가들로부터 25억원을 투자받았다. 대학실험실에서 만든 시

제품을 가지고 두달반동안 개인투자가들을 찾아다니며 직접 유치했다. "대표이사 자리에는 길어야 내년말까지만 있을 계획입니다." 그는 경영인보다 연구원의 길을 가고 싶다고 했다.

- 정부의 중소-벤처기업 육성 방안에 발맞춰 시중은행들이 각종 중소기업 전용 대출상품들을 내놓고 기업 유치 작전을 벌이고 있다. 우량기업에 각종 금리혜택을 주는 방식이 대표적이지만, 기존거래가 없어도 대출을 해주는 대출서비스도 인기를 끌고 있다.

조흥은행은 사업성은 있으나 담보부족으로 금융지원이 필요한 중소기업을 상대로 무담보 신용대출을 원칙으로 하는 '중소기업지원 특별대출'을 1조원 한도내에서 시행중이다. 한국신용평가, 한국기업평가 등 외부 전문평가기관의 전문위원이 주축이 되어 여신심사를 하며 기존거래가 없어도 대출을 받을 수 있다.

국민은행은 우량 중소기업에게 최고 20억원까지 무보증 대출을 해주는 '무보증 여신한도 설정제'를 지난달부터 운용하고 있다. 대상은 전년도 매출액이 50억원 이상이고 기업신용등급이 'BBB' 이상인 중소기업.

기업은행은 프랜차이즈 전문 교육-평가기관인 한국능률협회 종합연구소가 선정한 우수 프랜차이저 가맹점에 가입하려는 창업 희망자에게 1인당 5000만원 한도 내에서 연간 7.5~8.5%의 저리로 창업자금을 대주고 있다. 다만 종합연구소의 추천이 필요하다.

한빛은행은 모든 중소기업을 상대로 연리 8.41~11.71%의 CD(양도성 예금증서) 유통수익률 연동대출을 실시하고 있다. 건당 1억원 한도내에서 91일물 CD 유통수익률에 연계해 3개월마다 금리를 재적용한다.

한미은행은 여성 중소기업 우대 대출제도를 마련, 시행중이다. 여성 중소기업만을 대상으로 2000억원을 특별배정, 다른 기업 보다 0.5% 포인트 낮은 금리를 적용하고, 다른 은행 송금수수료 등 여-수신 관련 수수료를 면제해주고 있다.

한미은행온 "여성 경영기업이 남성경영 기업 보다 부도율이 낮고 자기자본 비율이 높아 내실경영의 양상을 띠고 있는 점을 고려해 여성 경영기업을 우대하고 있다"고 말했다.

산업은행은 벤처기업과 중소-중견기업의 시설유지-보수-연구개발을 지원하기 위해 4500억원 규모의 '벤처-중소기업 특별펀드'를 운용한다. 기업들은 특별펀드의 자금을 대출해 달라고 지정해 신청해야 하는데, 금리가 일반대출 보다 최대 3% 포인트나 낮다는 장점을 갖고 있다.

농협은 보증서와 기타담보를 잡고 중소기업 운전자금을 업체당 최대 70억원 범위 내에서 1년 단위로 5년까지 대출해주고 있다. 연체가 없는 경우 1년 연장 때마다 이자를 0.25% 포인트씩 깍아준다.

이밖에 신한은행은 중소기업이 할인의뢰한 어음이 부도나더라도 어음금액 환매채무를 면제해주는 독특한 어음할인제도를 도입했다. 외환은행은 거래중인 중소기업중 우선 지원기업을 선정한 뒤 이 기업이 발행-배서한 어음은 무담보-무보증 할인하는 혜택을 주고 있다.

- 한국종합기술금융(KTB)이 미국 벤처기업 투자로 '떼돈'을 벌 것으로 보인다. 투자기업이 최근 나스닥시장에 등록된 후 주가가 급등했기 때문. KTB는 97년 5월부터 2년여 동안 102만달러를 들여 주당 평균 6.03달러에 '알티온 웹시스템즈' 주식 16만7000여주를 매입했다. '알티온 웹시스템즈'는 지난달 25일 나스닥에 등록됐고, 1일 현재 주가는 86달러를 기록했다. 이에 따라 KTB는 현재 투자금액의 15배 정도의 평가이익을 내고 있다.

  KTB 관계자는 "미국 법규상 나스닥 기업 투자지분은 등록후 6개월간 매각할 수 없어 내년 3월25일 이후 '알티온 웹시스템즈' 주식을 매각할 수 있다"면서 "그때 주가가 더 오르면 더 많은 이익을 낼 수도 있다"고 말했다.

  KTB는 또 올 5월과 8월 각각 나스닥에 상장된 '코퍼 마운틴'과 '네트로'에도 투자, 두 회사를 합쳐 1600만달러가 넘는 평가이익을 내고 있다. KTB는 지금까지 22개 해외 벤처기업에 1800여만달러를 투자, 1914만달러의 이익을 이미 올렸고 5000만달러가 넘는 평가이익을 내고 있다고 밝혔다.

중소기업의 창업

1 창업의 요소

기업의 창업이란 재화(제품) 또는 서비스를 생산·판매하는 하나의 시스템을 구축하는 일을 의미한다. 시스템이란 투입-변환-산출의 기본적인 구조(구조성 : structure)와 목적성(objective), 기능성(function), 전체성(whole)을 가져야 한다. 이러한 기업시스템을 구축하려면 여러 가지의 투입요소, 변환요소, 산출요소(기업시스템 구축요소)가 필요하다. 경영학자에서는 이러한 요소로 흔히 "4M" 즉 사람(man), 설비(machine), 재료(material), 돈(money)을 들고 있다. 원래 생산의 4M은 'man, machine, material, management'를 말한다. 좀 더 구체적으로는 사람, 돈, 공장부지, 건물, 기술, 원재료 등이 필요한데 창업을 체계적으로 이해하기 위해서는 이러한 창업과 관련된 모든 요소에 대한 분류 내지는 개념파악이 필요하다고 할 수 있다.

따라서 창업의 요소는 구체적으로 기업시스템을 구성하는 투입요소, 변환요소, 산출요소에 대한 고찰을 통해서 알 수 있다. 투입요소란 원재료, 설비 노동 등으로서 산출요소인 제품 또는 서비스를 생산하기 위한 요소를 말하며 변환요소란 투입요소를 산출요소로 변환시키는 기술, 노동, 기타 모든 활동을 말하는데 일반적으로 산출요소와 관계된 것을 "사업아이디어", 이 시스템의 모든 것(투입, 변환, 산출)을 주관하는 "사람" 그리고 투입요소의 구성에 필요한 "자금(돈)"을 창업의 3대요소라고 구분하고 있기도 하다.

표 1. 창업의 요소

4M	창업의 3대 요소
man machine material money	사업아이디어 ← 산출요소 사람 ← 기업시스템 주관 돈 ← 투입요소에 필요

2 창업과정

기업은 어떠한 과정을 거쳐 창업되는 것일까? 처음으로 기업을 창업하고자 하는 경우 창업희망자는 "창업의 요소"에 대한 충분한 조사 또는 연구활동을 통하여 투자를 하여도 될 만큼 충분한 투자수익을 얻을 수 있을 것인가를 결정한다. 그 다음에는 예상되는 위험이 가장 적고 또한 미래에 있어 건전하게 성장할 수 있으리라고 예측되는 사업을 창업하고 이를 조직화함으로써 기업이 이루어지게 된다. 따라서 여기에서는 창업 시에 일반적으로 거치게 되는 과정을 개략적으로 살펴보고자 한다.

가. 예상 제품과 시장 분석

시장조사를 통하여 향후 생산·판매하고자 하는 품질, 즉 효용과 시장성 및 그 제품을 소비하게 될 수요의 성격이 안정적인지 아닌지를 파악하고 잠재적인 수요의 규모와 예상되는 경쟁, 사용 가능한 제품판매경로 등을 파악한다.

나. 사업 및 경제현황의 분석과 예측

현재의 사업 및 경제환경과 이들의 향후추세는 기업에 상당한 영향을 미치므로 경제의 변동상황이 기업에 유리한가 또는 불리한가 하는 점을 창업단계에서 분석, 검토하여야 한다.

다. 주요활동목표 및 범위 결정

기업의 활동목표는 먼저 제조하고자 하는 제품의 품목수, 크기, 모델 및 향후 확장해야 할 추가적인 분야나 제품의 품질, 가격 등을 결정하는 제품계획을 통하여 결정되어야 한다.

라. 효율적 제품의 설계

제품은 일정한 품질 또는 가격범위 내에서 소비자에게 잘 수용될 수 있는 형태로 생산될 수 있도록 설계되어야 한다.

마. 기업규모 결정

판매예측을 통하여 파악한 제조·판매예상량을 바탕으로 기업의 규모를 결정한다. 이때에는 손익분기점분석(BEP analysis)등을 통해 어느 정도 적정한 규모를 정할 수 있다. 그러나 앞으로의 성장상황을 고려하여 어느 정도는 여유있게 기업규모를 잡는 것이 좋을 것이다.

바. 입지선정

장래의 제품시장에의 근접성, 원료의 수급, 노동력, 수송, 용수, 전력등 여러 가지 입지요인을 고려하여 가장 최선의 입지를 선정하여야 한다.

사. 부품의 제조 대 구매(make or buy) 비교 분석

여러 가지 부품 중에는 자체제작을 할 수도 있고, 외부로부터 구입할 수도 있다. 경제적인 분석(원가분석)을 통하여 결정한다. 일반적으로 표준화된 부품이나 비교적 적게 사용되는 것은 구입하는 것이 유리하다.

아. 공정, 설비, 건물 선정과 공장배치

물리적 시설은 제조공장과 생산성에 따라 결정되는데 예정생산량이 많을수록 보다 전문적이고 능률적인 설비를 선정해야 할 것이다. 또한 이들 시설은 가장 능률적인 생산을 할 수 있도록 배치되고 조정되어야 한다.

자. 소요자금규모, 조달계획 및 예상이익 결정

먼저 예상이익이 어느 정도나 될 것인가를 결정하고, 소요자금규모 및 조달계획을 결정한다, 소요자금은 기업의 활동범위가 확정되고 토지, 설비, 건물, 재고 등에 투입될 비용과 운영경비에 대한 수치자료가 마련되면 계산할 수 있고, 예상이익은 총투자소요액이 결정되고 수익과 비용의 자료가 구비되면 계산할 수 있다.

차. 조직 설계 및 인선

기업내부의 주요기능에 따라 조직구조(부, 과, 계)가 설계되어야 하며 그 구조는 조직도(organization chart)에 개괄적으로 표시된다. 그리고 주요직위에 적합한 사람을 선정한다.

카. 사업개시

이상의 준비가 완료되면, 즉 사업타당성 여부의 검토가 끝나면 실제로 공장부지를 구입하고 운영을 함은 물론 설비를 구입하고 배치하여 생산에 착수한다. 그런 후 생산품에 대한 판촉활동을 전개하고 재고를 관리하고 판매를 개시한다.

이상과 같은 과정을 거쳐 기업이 창업될 수 있으나 기업이 처음으로 창설이 될 때에는 그 규모에 있어서 대부분이 중소기업의 형태를 취하고 있으므로 여기서의 창업이라는 어휘도 이러한 일반적인 개념에 따라 중소기업의 창업이라는 의미로 이해하면 좋을 것이다.

- ㅇ 독립성: 독점규제 및 공정거래에 관한 법률에 의하여 대규모기업집단에 속하는 회사가 아닐 것

3 중소기업의 범위

가. 중소기업의 일반적 기준

중소기업자는 '중기업자'와 '소기업자'로 구분하여 일반적인 구분 기준외에 업종의 특성과 자산규모에 따라 업종별로 별도의 구분기준이 되어 있다.

일반적인 기준은 상시종업원수를 기준으로 표 30과 같다.

표 2. 중소기업의 기준

업종 구분	중 소 기 업	
	소 기 업	중 기 업
제조업광업운송업	50인 이하	51인 ~ 300인
건 설 업	30인 이하	31인 ~ 300인
상업기타 서비스업 50인 이하	10인 이하	11인 ~ 20인

업종별 별도기준은 종업원 수 및 자산총액을 기준으로 한다.

나. 중소기업 범위 설명

(1) 개요

중소기업 내지 중소기업자의 범위를 결정하는 기준에는 양적기준과 질적기준이 있을 수 있다. 양적기준으로는 상시종업원수, 자본액 또는 총자본액, 생산액, 매출액 등을 사용하고 있으며 질적기준으로는 소유형태 또는 경영형태, 독점의 정도, 집중도등의 지표가 일반적으로 사용되고 있다. 물론 이러한 기준은 국가마다 또는 시대에 따라 달리 사용될 수 있겠으나 현재는 대부분의 국가에서 양적기준을 사용하고 있다.

우리나라의 경우에는 상시 사용하는 종업원수를 기준으로 구분하는 것을 원칙으로 하면서 업종의 특성에 따라 자산규모에 의한 구분기준을 적용하여 획일적인 기준에 다소의 탄력성을 부여하고 있다. 그러나 현행 우리나라의 중소기업 관계를 규정하고 있는 법령 상호간에는 중소기업자의 범위를 약간씩 달리 규정하고 있다.

우리나라는 업종의 특성과 상시근로자수, 자산규모, 매출액 등을 참작 하여 소기업과 중기업으로 나눈다. 단, 규모의 확대 등으로 중소기업에서 커졌을 경우 그 사유가 발생한 연도의 "다음 연도부터 3년"간은 이를 중소기업으로 본다. 다만, 중소기업 외의 기업과의 합병, 기타 시행령이 정하는 사유로 중소기업에 해당하지 않게 된 경우에는 제외된다.

중소기업시책별 특성에 따라 특히 필요하다고 인정하는 때에는 중소기업협동조합법, 기타 법률에 따라, 중소기업협동조합, 기타 법인·단체 등을 중소기업자로 할 수 있다.

업종별 별도 기준에서, 상시근로자 수의 규정과 자산총액규정이 양쪽다 있을 경우, 모두 충족시켜야 한다.

예를 들어 종업원 수 기준틀에서 '26913 가정용 도자기 제조업'의 종업원 수 기준이 700명이고, 자산총액 기준표 에서 비금속 광목제품 제조업의 자산총액 기준이 500억원이라면, 26913업종은 종업원 수 700이하이고, 자산이 500억원 이하이어야(그리고 삼성과 같은 그룹사가 아니어야) 중소기업에 해당한다.

(2) 상시근로자

상시근로자란 기업에 계속하여 고용된 근로자로서 다음은 제외된다.

- 주주인 임원, 3개월 이내의 기간으로 고용된 근로자 및 일용근로자
- 기술개발 촉진법에 의한 기업부설연구소의 연구전담요원

(3) 상시근로자 인원수와 자산액의 판단 방법

(가) 상시근로자의 계산법: 전년도의 월말 평균 인원수이다. 즉, 매월 말일 인원을 합하여 12로 나눈 인원. 다만, 다음의 경우 각각 창업일·합병일 또는 공동사업장설립일이 속하는 달부터 매월 말일 상시근로자의 수를 합하여 해당 개월수로 나눈 인원수로 한다.

- 전년도 또는 당해연도 중에 창업한 기업
- 전년도 또는 당해연도 중에 2 이상의 기업이 합병하여 설립된 기업, 또는 2 이상의 기업의 합병 후 존속하는 법인 기업
- 전년도 또는 당해연도 중의 2 이상의 개인 기업이 합하여 설립된 공동사업장인 기업

(나) 업종별 자산총액의 규모기준은 직전 사업연도의 종료일 현재 기업 소유의 자산 정부가액의 합계액. 다만, 다음의 경우 각각 창업일·합병일 또는 공동사업장설립일 현재 기업이 소유하는 자산의 장부가액으로 한다.

- 당해 사업연도중에 창업한 기업
- 당해 사업연도중에 2 이상의 기업이 합병하여 설립된 기업 또는 2 이

상의 기업의 합병후 존속하는 법인인 기업

- 당해 사업연도중에 2 이상의 개인인 기업이 합하여 설립된 공동사업장인 기업

(다) “창업일”이란 법인 기업의 경우에는 법인설립등기일을, 개인 기업의 경우에는 소득세법에 의한 사업자등록을 한 날이고, “합병일”이란 합병으로 설립된 법인의 설립등기일 또는 합병 후 존속하는 법인의 변경등기일이며, “공동사업장설립일”이란 소득세법에 의하여 공동사업장등록을 한 날이다.

(라) 같은 사람이 제조업에 속하는 2개 이상의 서로 다른 사업을 겸하거나 제조업과 무역업을 겸하는 경우에는 사업별 수입금액 또는 유형고정자산(당해 사업에 직접 사용하는 유형고정자산)이 큰 사업을 주 사업으로 보며, 그외의 경우에는 사업별 수입금액이 큰 사업을 주된 사업으로 본다.

4 중소기업창업지원

가. 창업지원기구

(1) **중소기업창업투자회사:** 창업자에 대하여 투자하는 것을 주 업무로 하는 회사(중소기업청에 등록, 매년 회계결산서 제출해야 함)

① 창업자에 대한 투자
② 중소기업창업투자조합자금의 관리
③ 창업과 관련되는 상담·정보제공 및 창업자에 대한 사업의 알선
④ 창업자로부터 위탁받은 사업의 경영 및 기술향상을 위한 용역사업
⑤ 해외기술의 알선·보급 및 이를 촉진하기 위한 해외투자
⑥ 투자한 창업자에 대한 보증 및 자금의 알선
⑦ 창업자의 사업타당성 검토를 위한 조사용역사업
⑧ 창업보육센터의 설립·운영
⑨ 위 사업에 부수되는 사업

(2) **중소기업상담회사:** 중소기업에 대한 사업성 평가를 위한 용역사업을 업무로 하는 회사(중소기업청에 등록)

① 중소기업에 대한 사업성 평가를 위한 용역사업

② 중소기업에 대한 경영 및 기술향상을 위한 용역사업

③ 중소기업에 대한 사업의 알선

④ 중소기업에 대한 자금의 알선

⑤ 중소기업창업에 관한 절차의 대행과 관련되는 용역사업

⑥ 중소기업에 대한 해외투자 알선 및 해외기술도입의 알선·보급

⑦ 창업보육센터의 설립·운영

⑧ 창업과 관련되는 상담 및 정보제공

용역대금의 일부를 중소기업창업 및 진흥기금(중소기업진흥 및 제품구매촉진에 관한법률에 의거한 기금)에서 지원할 수 있다.

(3) **중소기업창업투자조합:** 창업자에 대하여 투자하고 그 성과를 배분할 목적으로 결성된 조합

투자회사가 자금을 관리하는 경우에는 당해 투자회사와 투자회사외의 자가 출자하는 중소기업창업투자조합을 결성하여야 한다.

투자회사는 투자조합에 출자되는 자금을 창업자에게 투자하고 출자자의 이익을 위하여 관리한다.

수익처분: 투자조합은 투자수익의 20%의 범위안에서 투자조합의 업무를 집행하는 투자회사에 그 수익을 배분할 수 있다. 투자회사는 배분액의 범위안에서 일정액을 당해 수익발생에 기여한 임직원에게 성과급으로 지급할 수 있다.

투자조합의 손실금 충당: 투자조합에 손실이 있는 때에는 중소기업창업및진흥기금이 투자조합에 출자한 범위안에서 그 손실금을 충당할 수 있다.

이 규정에 의하여 손실금을 충당한 후에도 잔여손실금이 있을 때에는 투자회사가 출자한 금액의 범위안에서 그 손실금을 우선 충당하여야 한다.

그래도 잔여손실금이 있을 때에는 두 항 외의 출자자의 출자액의 범위안에서 출자비율에 따라 그 손실금을 배분하여 충당한다.

투자회사의 차입

① 투자회사는 사업수행을 위하여 필요한 때에는 정부, 정부 기금, 국내외금융기관, 외국정부 또는 국제기구로부터 자금을 차입 할 수 있다.

② 투자회사는 사업수행에 필요한 재원을 충당하기 위하여 자본금과 적립금 총액의 5배의 범위 안에서 사채를 발행할 수 있다. 다만, 사채의 소멸시효는 원금은 5년, 이자는 2년으로 완성한다.

③ 외국인은 외국인투자 및 외자도입에 관한 법률이 정하는 바에 따라 투자조합에 대하여 출자할 수 있다.

(4) **창업보육센터:** 창업의 성공가능성을 높이기 위하여 창업자에게 시설 및 장소 등 각종 지원을 제공함을 주된 목적으로 하는 사업장을 말한다. 창업보육센터사업자로서 지원을 받고자 하는 자는 중소기업청장의 지정을 받아야 한다.

나. 창업 지원

(1) 중소기업청의 중소기업창업지원계획 수립과 고시

정부는 창업자 및 창업지원관련사업자에게 소요 자금을 투자, 융자, 기타의 지원한다.

중소기업청은 창업자에 대하여 관련분야의 전문 요원을 파견·지원하거나 고가장비의 공동사용 또는 희귀·소량기자재등의 공동구입등을 위하여 필요한 지원을 할 수 있다.

중소기업청장은 투자회사·상담회사 및 창업보육센터사업자가 창업자에 대한 효율적인 지원을 할 수 있도록 창업지원업무에 관한 기준을 정한다. 또한 창업지원심의회의를 설치, 운영한다.

① 창업지원에 관한 정책

② 창업절차의 간소화 방안

③ 중소기업청장이 심의요청한 창업관계민원사항

④ 기타 창업에 관련된 사항

(2) 사업계획의 승인: 시장, 군수, 구청장이 승인

(가) 기준공장면적률에 적합하도록 하여야 한다.

(나) 다른 규정과의 관계

창업자가 사업계획의 승인을 얻은 때에는 다음 신고·허가·해제·인가·면허·동의 또는 결정 등을 받은 것으로 본다.

① 공업배치 및 공장설립에 관한 법률 공장설립 승인
② 사방사업법, 벌채의 허가 및 동법 사방지지정의 해제
③ 공유수면관리법, 공유수면점용 및 사용의 허가
④ 공유수면매립법, 공유수면매립의 면허
⑤ 하천법, 하천공사시행의 허가, 및 하천 점용 허가
⑥ 산림법, 보전임지의 전용허가, 및 벌채 등의 허가와 신고
⑦ 사도법, 사도의 개설허가
⑧ 도시계획법, 토지의 분할 또는 형질변경의 허가, 도시계획의 변경결정, 실시계획의 인가
⑨ 국토이용관리법, 국토이용계획의 변경결정, 토지 등의 거래계약의 허가, 및 토지 거래계약의 신고
⑩ 농지법, 농지전용의 허가
⑪ 초지법, 초지의 전용허가
⑫ 매장및묘지등에관한법률 무연분묘개장의 허가
⑬ 낙농진흥법 낙농지대지정의 해제
⑭ 국유재산법 국유재산의 사용·수익허가 및 도로·하천·구거 및 제방의 용도폐지
⑮ 도로법 도로점용의 허가, 접도구역 안에서의 토지형질 변경 허가 및 연도구역 안에서의 공작물 신설 허가

사업계획승인을 얻은 공장에 대하여, 건축법에 의한 건축허가 또는 사용검사를 받은 때에는 다음의 허가·신고·검사 등을 받은 것으로 본다.

① 도로법 도로의 점용허가 및 접도구역과 연도구역안에서의 건축 물·공작물설치의 허가

② 하수도법 시설 또는 공작물설치의 허가 및 배수설비설치의 신고

③ 오수·분뇨및축산폐수의처리에관한법률 오수정화시설 또는 정화조의 설치신고 및 준공검사

④ 소방법 건축허가등의 동의, 제조소등의 설치의 허가, 제조소등의 완공검사, 신고 및 시공 및 완공검사

⑤ 대기환경보전법, 수질환경보전법 , 소음·진동규제법 및 오수·분뇨및축산폐수의처리에관한법률 배출시설의 허가와 대기환경보전법 단서, 수질환경보전법 자가방지시설 설계·시공의 승인

⑥ 대기환경보전법, 수질환경보전법, 소음·진동규제법 및 오수·분뇨및축산폐수의처리에관한법률 배출시설의 허가

⑦ 폐기물관리법 폐기물처리시설의 설치승인 또는 신 고(변경승인 또는 변경신고를 포함한다), 폐기물처리시설의 사용개시신고

⑧ 수도법 또는 전용수도설치의 인가 및 전용수도 설치에 관한 준공검사

⑨ 전기사업법 자가용 전기설비공사계획의 인가 및 신고

⑩ 대기환경보전법, 수질환경보전법 및 소음·진동규제법 배출시설 가동개시의 신고

⑪ 전기통신공사업법에 의한 구내통신선로설비공사의 준공검사

⑫ 총포·도검·화약류등단속법 화약류 간이저장소 설치의 허가 및 완성검사

⑬ 건축법 가설건축물 건축의 허가

위 두 가지 사항 각각이 시·군·구 외의 다른 행정기관의 권한에 속하는 경우에는 당해 시·군·구는 그 다른 행정기관과 협의를 거쳐야 하며 협의가 이루어지지 않은 경우에는 창업심의회의 심의를 거쳐 그 승인여부를 결정한다.

제조업 및 기타 업종의 창업에 관련하여 창업지원법에 규정한 것을 제외하고는 “중소기업진흥 및 제품구매촉진에 관한 법률” 및 “농어촌발전특별조치법”에서 정한다.

(3) 종합처리기구

민원인의 편의를 도모하기 위하여 시·도 또는 시·군·구의 창업에 관련된 민원을 종합적으로 접수하여 처리할 수 있는 기구(중소기업창업민원실)를 설치한다.

표 3. 중소기업 관련법

1. 중소기업청 소관
   - 소기업 및 소상공인지원을 위한 특별조치법
   - 중소기업기본법
   - 중소기업기술혁신 촉진법
   - 중소기업인력지원 특별법
   - 중소기업제품 구매촉진 및 판로지원에 관한 법률
   - 중소기업진흥에 관한 법률
   - 중소기업협동조합법
   - 중소기업 사업전환 촉진에 관한 특별법
   - 중소기업창업 지원법
   - 여성기업지원에 관한 법률
   - 지역신용보증재단법
   - 벤처기업육성에 관한 특별조치법
   - 중소기업특별위원회규정

2. 타부처
   - 대·중소기업 상생협력 촉진에 관한 법률
   - 지역균형개발 및 지방중소기업 육성에 관한 법률
   - 고용보험법
   - 과학기술혁신을 위한 특별법
   - 기술개발촉진법
   - 발명진흥법
   - 병역법
   - 산업기술기반조성에 관한 법률
   - 중소기업근로자복지진흥법
   - 품질경영촉진법
   - 환경기술개발 및 지원에 관한 법률
   - 환경친화적 산업구조로의 전환촉진에 관한 법률
   - 산업집적활성화 및 공장설립에 관한 법률
   - 출입국관리법

Chapter 5

기업의 형태와 특징

1 기업형태의 개념

기업형태는 다음과 같은 조건으로 구분할 수 있다

① 법률상의 형태 위주

② 참가요건에 따른 기업 지배조건

③ 실질 지배력 관심

기업형태의 중요성은 적절한 법률상의 요건, 경영에 영향, 다른 자와 거래, 지배력과 권리의무 등이다.

법률 상의 요건과 기업형태의 효과와 맞지 않는 경우도 있다. 예를 들어 외형은 주식회사인데 실질적으로 개인회사인 경우이다. 따라서 세제혜택 등으로 주식시장 상장을 장려한다.

2 기업 형태 종류

가. 법률적 형태

(1) 법인격(권리 의무의 주체) 여부 - 개인기업(상인) : 사회기업

(2) 기업가 책임 한계 - 유한책임 = 주식회사, 유한회사

무한책임 = 개인상인, 합명회사

유한 및 무한 = 합자회사, 익명조합

(3) 자본조달 방법, 지분양도성

주식회사: 주식발행 널리 조달, 양도제한 없음

유한회사, 합자 합명회사 : 지분 양도에 제한

나. 경제적 형태

(1) 출자, 책임부담 및 의사결정의 개인 또는 집단 여부

개인기업 대 집단(공동)기업

(2) 출자자 성격

사기업, 공기업, 공·사 혼합

(3) 출자와 경영과 지배 관계

(4) 공기업

국영기업

지방공영기업

공사, 공사합동기업

정부회사

(5) 사기업

표 1. 사기업의 종류

개인기업	· 개인상인
회사	· 합명회사 · 합자회사 · 주식회사 · 유한회사 · 특수회사(공사합동기업 포함)
조합	· 민법상의 조합 · 상법상의 조합
기업집중형태에 따라	· 기업연합(Kartel) · 기업합동(Trust) · 기업집단(Konzern)

(6) 협동체기업

(7) 협동조합·생산조합

소비조합

신용조합

표 2. 기업 형태별 특징

구분 \ 회사		주식회사	유한회사	합자회사	합명회사
성격	적정규모	대·중규모 기업	중·소기업	가족기업	가족기업
	법적근거	상법	상법	상법	상법
	성격	물적회사	준물적회사	준인적회사	인적회사
	사원책임	유한책임	유한책임	유한 또는 무한	무한책임
설립	발기인수	7 이상	2 이상 50 이하	2 이상	2 이상
	출자종류	금전 또는 현물(주식)	금전 또는 현물(지분)	유한책임사원: 금전·현물(지분) 무한책임사원: 금전·현물·노무·신용(지분)	금전·현물·노무·신용(지분)
	출자단위	1주 5천원이상, 자본금 5천만원 이상	1구좌 5천원이상 자본금 1천만원이상	한도 없음 등기시 명시	한도 없음 등기시 명시
	출자방법	발행예정주식 1/4 이상	일시전액	분할납입시 정관에 명시	분할납입시 정관에 명시
	정관인증	필요	필요	불필요	불필요
	창립총회	발기설립-불필요 모집설립-필요	정관명시 취체역 (관리자)선임	불필요	불필요
	관선검사인 선임	발기설립-필요 모집설립-불필요 변태설립-필요	불필요	불필요	불필요
기관	의결기관	주총 (1주1의결권)	사원총회(1구좌 1권), 제한가능	무한책임사원의 동의	무한책임사원의 동의
	대표기관	대표이사	대표이사와 각자대표권	업무집행사원	업무집행사원
	업무집행기관	이사회(3명이상)	이사(1명이상, 임기제한)	무한책임사원	각사원 대표기관
	감사기관	감사역	감사역과 임의기관		
기타	주주와 사원 이동	원칙상 자유 정관에 양도제한 가능	사원외 양도시 사원총회 특별결의 필요	무한책임사원 동의 필요	전사원동의 필요
	조직변경	유한회사로 변경가능	주식회사로 변경가능 (법원인가필요)	합명회사로 변경가능 (사원동의 필요)	합자회사로 변경가능 (전사원 동의 필요)
	합병	자유	유한회사 상호간, 주식회사와 가능	전사원의 동의 필요	전사원의 동의 필요

참고

[경제수필] 중소기업이 없다?

중소기업은 일본이 강하고 한국은 약하다는 말을 많이 듣는다. 일본의 유명한 경영 컨설턴트인 후나이 유키오(船井幸雄)씨는 최근에 낸 그의 책에서 한국에는 중소기업이 약하다기보다 거의 없다는 코멘트를 했다.

일본경제를 떠받치고 있는 것은 중소기업이라고 해도 과언이 아니다. 중소기업의 역할에 대해서는 반면교사(反面教師)로써 한국을 보면 잘 알 수 있다. 한국에는 대기업과 영세기업뿐이다. 중소기업이 없다고 말해도 된다.

그 때문에 제조업에 있어서도 하청이라고 하는 포지션이 없다. 한국의 대기업은 하청없이 거의 모든 것을 자사(自社)에서 해낸다. 따라서 지난 98년처럼 원화(貨)가 급락하는 불경기를 만나면 당장 꼼짝하지 못하게 된다.

중소기업, 즉 하청기업이 없다고 하는 문제점은 각 업계의 기술평준화, 각양각색의 규격 통일이 이뤄지지 않는 쪽으로 이어진다. 일본에는 규격이 통일돼 있으므로 무슨 일이 생겼을 때 언제라도 다른 회사에 하청일을 발주할 수 있다.

그러나 한국에서는 제작공정 전부를 자사 내에서 하고 있으므로 업계의 규격통일이 어렵고 자연히 긴장이 풀린다. 그래서 일본에서는 도저히 생각조차 할 수 없는 고장이 생길 때가 있다. 그런 일에 현장 사람들은 「어차피 자기들은 알지 못하는 것이라서」 하며 모른척 지나 버린다. 월급쟁이들 의식이다.

만일 그와 같은 일이 하청업체에서 일어난다면 발주원(發注元)으로부터 당장 클레임이 제기되고 대금지불이 되지 않는다. 당연히 열심히 할 수밖에 없다. 실제 한국에서 경영 어드바이스를 하며 가장 곤란한 것은 일본과 같은 중소기업이 없다고 하는 사회경제구조가 가져오는 문제들이다.

잘못돼 있다는 지적을 하기 위해 한국을 반면교사로 삼겠다는 말에 몹시 기분이 나쁘지만 우리의 허약한 부분을 빤히 들여다보며 하는 말이니 할말이 없다. 근래 우리는 대기업과 벤처기업들의 문제만을 소란하게 거론하며 세월을 보내는 듯싶기도 하다.

일본의 경제평론가이자 경제기획청 장관인 사카이야 다이치(堺屋太一)씨는 한국에 왔을 때 다음과 같이 말했다. 『한국경제의 가장 큰 결함은 중간재(부품) 생산이 없다는 점이다. 한국의 자동차 수출이 늘어도 부품은 일본에서 수입해야 한다. 한국에는 100만의 중소기업이 있다. 이중 제조업 관련은 20만에 불과하고 그나마 재벌산하에 편입돼 있다.』

추석이 됐다고 선심쓰듯 은행이 중소기업들을 찾아다니며 자금을 푼다는 소문이다. 그것이 문제의 본질적인 해결일 수 있을까.

연 습 문 제

1. 벤처기업의 사례를 조사하여 토론하고 보고하시오. 성공사례 뿐 아니라 실패사례, 좌절과 극복 사례도 매우 유익할 것이다.

2. 창업투자회사의 실적, 즉 그 동안 투자한 기업, 투자자금, 현재 투자 잔액을 조사해 보라

3. 코스닥의 업체수를 조사해 보고, 벤처캐피탈이 투자한 업체수를 조사해 보라

4. 벤처기업에 대한 정부시책의 문제점과 개선방향을 조사하라

5. 중소기업지원법 등 관련 법령의 정확한 명칭, 최근개정년도를 조사하시오.

6. 중소기업 관련 참고 기사로 최근 상황 확인하고, 그리고 최근 기사, 정보 수집 요약하시오.

7. 벤처기업에 해당하지 않는 것은?

① 벤처캐피탈의 투자 총액이 해당 중소기업 자본금의 20% 이상
② 벤처캐피탈의 주식인수 총액이 해당 중소기업 자본금의 10% 이상
③ 특허권, 실용신안권, 상표권을 사업화하여 연간매출액의 50% 이상 차지
④ 특허권·실용신안권의 출원중인 기술로서 특허청장이 인정하는 기술을 사업화하여 연간매출액의 50% 이상을 차지
⑤ 총매출액 중 연구개발비의 비율이 5% 이상

답 3. 상표권은 해당없음

8. 연구개발비를 기초로 벤처기업임을 확인받고자 하는 경우 누구에게 증명서를 발급받는가?

① 창업투자회사　② 특허청　③ 세무서
④ 공인회계사　⑤ 변리사　⑥ 신용보증기관

답 4

9. 중소기업을 정하는 기준에 대해 맞지 않는 것은?

① 업종의 특성과 상시근로자수, 자산규모, 매출액을 참작한다.
② 시행령에 따라 소기업과 중기업으로 나눈다.
③ 규모가 확대되어 중소기업에 해당하지 아니한 경우라도 다음 연도부터 5년간은 중소기업으로 본다.
④ 중소기업시책에 따라 특히 필요할 경우 법률에 따라 중소기업협동조합, 기타 법인·단체 등을 중소기업자로 할 수 있다.

답 3. 3년임

10. 소기업의 기준으로 상시근로자의 수에 관한 것 중 맞지 않은 것은?

① 광업·제조업 : 50인 이하
② 건설업 : 30인 이하
③ 운송업 : 30인 이하
④ 전기 · 가스 및 수도사업 : 10인 이하
⑤ 도소매업 기타 서비스업 : 10인 이하

답 3

11. 다음은 상시근로자에서 제외되는 자를 말한다. 이중 틀린 것은?

① 주주로서 임원
② 1 년 미만으로 고용된 근로자
③ 일용근로자
④ 법령에 의거한 기업부설연구소의 연구전담요원

답 2

12. 중소기업의 규모와 독립성에 관해 맞으면 O 틀리면 ×표 하라

① 상시근로자 수가 규정된 수 이내이거나, 자산규모가 규정된 자산총액 이내의 둘 중 한가지 요건을 충족하면 된다.
② 독점규제및공정거래에관한법률의 규정에 의하여 대규모기업집단에 속하는 회사로 통지받은 회사가 아닐 것

13. 창업일 등에 관한 것 중 틀린 것은?

① 창업일이란 법인 기업의 경우에는 법인설립주주총회를 한 날이다.
② 창업일이란 개인 기업의 경우에는 사업자등록을 한 날이다.
③ 합병일이란 합병 후 신규 법인의 설립등기일 또는 합병 후 존속 법인의 변경등기일이다.
④ 공동사업장설립일이란 공동사업장등록을 한 날이다.

답 1

14. 다음 공란에 알맞는 것을 보기에서 골라 그 "번호"를 써라.

	주식회사	합자회사	보 기
적정규모			1) 가족적 2) 중소기업 3) 대 · 중기업
성 격			1) 인적 2) 물적 3) 준인적 4) 준물적
사원책임			1) 유한 2) 무한 3) 유한 및 무한
발기인 수			1) 2 이상 2) 7 이상 3) 10 이상 4) 2~50 5) 5~50
출자단위			1) 1주1000원이상, 자본금 1천만원 이상 2) 1주5000원이상, 자본금 1천만원 이상 3) 1주5000원이상, 자본금 5천만원 이상 4) 1주10000원이상, 자본금 제한없음 5) 한도 없음
관선감사			1) 필요 2) 불필요

15. 벤처기업의 법적 공식적 정의는?

16. 벤처빌딩 건축자에 대한 혜택을 써라.

17. 벤처캐피탈과 일반 금융기관과의 차이를 아래 표를 사용하여 비교하라.

구분	지원형태	담보	투자금회수방법	성과보수	리스크
벤처캐피탈					
일반금융기관					

18. 벤처캐피탈 관련한 세제지원에 대해 써라.

19. 중소기업에 관련된 최근의 기사를 조사하여 발표하라.

부록

1. 실패학

2. 특허, 실용신안의 분쟁조정 사례

3. 지식재산권의 허와 실

4. 변리사제도

부록 1 실패학

(1) 실패학이란

'실패학'의 골자는 실패의 원인을 분석해 실패 자체를 성공의 토양으로 삼자는 것이다.

일본에서 실패학 바람을 일으킨 도쿄대 하타무라 요타로(畑村洋太郎) 교수는 "성공하는 사람과 그렇지 못한 사람의 가장 큰 차이점은 실패를 다루는 태도에 있다"고 주장한다.('실패학을 권함', 고단샤[講談社] 출판, 정택상 옮김: '실패를 감추는 사람, 실패를 살리는 사람', 세종서적)

하타무라는 1941년생으로 동경대학 대학원 공학부 교수다. 전공은 나노 마이크로 가공학, 지능 화학 공학이며 저서로는 '설계의 방법론'이 있다.

저자는 실패에 관심을 가져야 하는 이유를 네 가지로 요약한다.

① 창조와 변화에는 실패가 따르기 마련인데 그것을 무시하면 성공이나 도전 의지가 꺾인다.
② 실패를 은폐하면 할수록 더 큰 실패가 따른다.
③ 실패의 경험에서 교훈을 못 찾으면 그만큼 손해다.
④ 그리고 실패 과정에 숨겨진 여러 가지 신지식이 묻히고 만다.

이 중에서 가장 중요한 것은 ④항 즉, 모든 실패에는 귀중한 지식이 숨어 있다는 것이다. '수업료'를 낸 만큼 확실히 배워야 한다는 것이다.

미국에선 1986년 11월 28일 오전 11시 38분 우주왕복선 챌린저호가 폭발한 사고를 계기로 실패를 교훈으로 삼자는 운동이 시작됐고, 이 운동에 힘입어 사법거래제도가 탄생했다. 중대한 실책으로 실패했을 때 그 과정과 문제점을 낱낱이 밝히는 조건으로 형을 감면해 주는 것이다. 실패 과정을 자료화함으로써 실패를 학습 대상으로 삼기 위해서다. 그 뒤 미국의 우주왕복선은 무사고 운항하고 있다.

우리나라에서 2009년과 2010년 나로호 발사 실패는 대표적인 실패 사례이다.

이를 교훈삼아 2011년 다시 발사를 시도한다. 한국의 미사일 개발의 아버지인 이경서 박사는 개발은 실패를 할수록 기술축적이 된다며 실패없는 개발은 제대로 된 개발이 아니라고 하였다.

수많은 실패와 시련을 극복하여야 성공에 이르게 된다. 사회적 사건 사고도 발생하였을 때 이를 감추기에 급급하면 개선 발전할 수 없다.

파생금융 상품을 잘못 다뤄서 베어링 은행을 파산시킨 전직 은행원 닉 리슨의 사례가 있다. 이 사람의 강연회가 열렸을 때 한 장에 1억 원이 넘는 입장권이 불티나게 팔렸고, 이 죄인을 아예 직원으로 고용하려는 회사도 있었다. 파생금융 상품의 특성과 위험성을 이보다 더 생생하게 아는 인물은 없다는 얘기다. 남의 회사가 수백조 원을 잃어가며 배운 쓰라린 교훈을 몇 억 원에 배우면 훨씬 이익이라는 것이다.

하타무라가 권하는 실패학은 과학적이면서 구체적이다. 이 책의 주요 내용은 실패에서 배운다, 실패는 무엇인가, 실패의 종류와 특징, 실패 정보가 전달되는 방법, 실패야말로 창조를 낳는다, 치명적인 실패를 없앤다, 실패를 살리는 시스템 만들기, 실패를 긍정하자 등으로 구성되어있다.

실패와 성장의 관계는 생물학에서 이야기하는 개체발생과 계통발생의 구조와 비슷하다고 한다. 생물은 차츰 고등 생물로 발전되는데 이때 실패가 중요한 역할을 한다고 한다. 하타무라는 회사의 조직을 예로 들기도 한다. 회사 사장이 처음부터 리더십을 갖는 것이 아니라고. 평사원에서 계장, 과장 등을 거치면서 수많은 실패를 경험하고 극복하면서 리더십을 갖춰가는 것이다. 이러한 과정에서도 실패와 성장의 원리가 있다. 실패를 단순히 정신적인 차원의 문제로 보지 않고 과학적으로 분석한 것이 하타무라의 실패학이다.

(2) 실패의 10가지 지혜

① 성공은 99%의 실패 교훈과 1%의 영감으로 만들어 진다.

② 실패는 어떻게 해서든 스스로를 감추려는 속성이 있다.

③ 방치해 놓는 실패는 성장한다.

④ 큰 실패 1건은 29건의 작은 실패와 3백건의 실수 끝에 발생한다.

⑤ 실패 정보는 전달을 꺼리며 전달되는 가운데 항상 축소된다.
⑥ 실패는 비난하고 추궁할수록 더 큰 실패를 낳는다.
⑦ 실패 정보는 모으는 것보다 고르는 것이 중요하다.
⑧ 실패 중에는 필요한 실패와 일어나서는 안 될 실패가 있다.
⑨ 실패는 숨길수록 병이 되고 들어낼수록 성공이 된다.
⑩ 좁게 볼 때는 성공인 것이 전체로 보면 실패일 수 있다.

미국의 사회심리학자 마틴 셀리그만의 1976년 '무력감 이론'에 의하면 낙관적인 사람과 비관적인 사람은 실패에 대해 변명하는 태도가 상반되며, 실패친화도가 높을수록 역경을 긍정적으로 해석해 인생에서 성공할 확률이 높다고 한다.

연 습 문 제

1. 과학자와 발명가들은 가설을 증명하려고 실험을 거듭하며, 연속된 실패에도 좌절하지 않고 노력해 인류 발전에 이바지했다. 실패가 전화위복으로 이어진 사례 세 가지와 그 배경을 정리하여 발표하라.

답 예) 포스트잇, 물에 뜨는 아이보리 비누, 천막천으로 만든 청바지, 테프론 섬유 등.

2. 5년 연속 고객만족 경영대상(능률협회 주최)을 받은 삼성에버랜드는 고객의 불만이 접수되거나 문제가 발생하면 '실패 파티'를 연다. 실패한 사람이 사례를 발표하면 이를 데이터베이스화해 직원 모두가 공유하는 것이다. 실패를 되풀이하지 않으려는 시도다. 각 조별로 잊혀지지 않는 실패 경험을 리스트로 만들어 돌아가며 발표하고, 이 실패들에서 공통 원인을 찾아보라.

3. 지난해 고난을 극복하고 가장 성공했다고 생각하는 사람을 신문에서 찾아 그 사람이 성공하기까지 실패를 어떻게 다뤘는지 알아보자.
기사 검색은 한국언론재단이 서비스하는 종합뉴스 DB(www.kinds.or.kr)를 활용한다.

4. 한때 KBS2 TV의 '실패열전! 장밋빛 인생'은 인생의 정점에서 추락한 사람들의 사연을 통해 '실패란 무엇인가'를 보여주는 실패학 프로이다. 방송물을 시청 후 실패를 딛고 일어설 방법을 제시해 보자. 주인공의 사례를 보고 나는 어떠할까 생각해 보자. 주인공에게 보내는 격려의 편지를 쓴다면 뭐라고 쓸 것인가.

5. 지난해 세웠던 목표 가운데 이루지 못한 것이 있다면 원인(생활 습관이나 공부 방법 등의 문제점)을 분석한 뒤 다시 계획을 세워 실천한다. 그리고 실패를 극복하기 위해 적합한 내용의 사자성어나 격언 중에서 마음에 드는 것을 골라 교훈으로 삼고 나와 같은 입장의 친구들에게도 이메일을 통해 새해 인사말로 보내 보자.

6. 실패를 재도약의 호재로 생각하는 등 실패 친화도가 높은 서양 사람에게 대학입시에 떨어지거나 기업이 부도나서 자살한 우리나라의 사례를 이해시키려면 힘이 든다. 동서양의 실패 인식에서 드러나는 행동 양식의 차이에 대해 1천 자 내외로 논술하라.

7. 실패에 대해 낙관적인 태도를 가질수록 역경을 긍정적으로 해석해 인생에서 성공할 확률이 높다고 한다. 내가 최근 겪은 실패에 대해 낙관적 성향의 설명을 해보자.

부록 2 특허, 실용신안의 분쟁조정 사례

(1) 무선통신기기 부착용 손전등에 관한 실용신안권 침해금지 및 손해배상

신청요지

신청인(강○○, 실용신안권자)은 무선통신기기 부착용 손전등(무선통신기기를 통신용으로 뿐만 아니라 조명용으로도 사용할 수 있도록 고안)에 대한 고안을 199×년 2월 실용신안 출원하여 200×년 12월 등록번호 제0호로 실용신안권을 획득, 현재까지 보유하고 있는 사람으로 피신청인(주식회사○○)이 신청인의 실용신안권을 침해하여 ○○램프라는 유사물품을 제조, 판매하고 있음을 일간신문의 광고를 통해 인지하게 되었다. 이에 신청인 자신이 실용신안등록권자 및 사용권자임을 피신청인에게 서면으로 통보하면서 침해의 중지를 요청하였다. 그러나 피신청인은 회신을 통해 피신청인의 제품은 소형전구를 사용하지 않고 발광소자를 사용하고 있으니 신청인의 실용신안권과는 관련이 없다는 회신을 보내와 법적 해결방법에 앞서 산업재산권분쟁조정위원회에 실용신안권 침해행위 방지, 피신청인이 취한 부당이득금 반환 및 손해배상에 대한 조정의 취지로 조정신청서를 제출하게 되었다

답변요지

피신청인이 생산·판매하고 있는 ○○램프는 소비전력이 매우 낮은 고휘도 LED를 사용한 것인데 신청인은 출원 당시 이미 공지된 많은 다른 광원이 존재함에도 불구하고 상세한 설명 및 청구범위에서 오직 소형전구만을 기재하고 있으므로 그 밖의 다른 광원에 대한 권리는 출원당시부터 포기한 것으로 간주되어야 할 것으로 판단한다. 만일 신청인의 등록고안이 LED등 다른 점등수단을 포함한다면 명세서의 상세한 설명과 청구범위에서 단순하게 소형전구만을 기재할 것이 아니라 소형전구 대신에 "발광부" 또는 "광원"으로 기재하면서 전구, LED 및 균등한 점등수단을 사용할 수 있다는 설명을 포함하여야 했을 것이다. 'LED가 소형전구와 균등관계에 있으므로 LED도 신청인의 권리범위에 포함된다'는 신청인의 주장은 매우 부당하다고 판단한다. 또한 피신청인이 생산·판매하고 있는 ○○램프는 소비전력이 매우 낮은 고휘도 LED를 사용한 것으로 소형

전구를 구성요소로 하는 신청인의 등록고안과 같은 구성으로는 제품화가 곤란한 것일 뿐만 아니라 신청인의 등록고안과는 구성이 상이하여 신청인의 권리를 침해한 바가 없다고 생각한다. 이런 판단에서 조정에 응하지 않으려 했으나 관련 전문가와 특허청 관계자들의 의견을 들어보고 싶고 또한 합법적인 판단에 의해 신청인의 요구가 부당함을 이해시키는데 도움을 주겠다는 생각에서 조정신청에 응하기로 결정하였다.

조정경과

신청인의 산업재산권분쟁조정신청이 있은 후 즉시 피신청인에게 조정권유서를 송부하여 조정에 응할 것을 권유 → 피신청인의 조정에 응하겠다는 내용의 답변서 접수 → 담당조정부 구성 → 담당조정부에 의한 1차 분쟁조정회의에서 조정안 작성 → 7일후 당사자와 조정위원이 모두 참석하여 2차 분쟁조정회의를 개최하여 조정 성립에 이르게 됨.

조정결과

- 1차 조정회의
  - 신청인 고안의 소형전구를 LED로 치환한 피신청인의 ○○램프가 이러한 치환에 의해 신청인의 고안이 달성할 수 없는 효과를 가지지 않는다면 신청인의 고안과 동일하다고 볼 수 있어 신청인의 권리범위에 속한다는데 위원들 의견일치
  - 피신청인의 사업화 노력도 감안하여 조정하기로 함
  - ○○램프의 기존 판매분은 계약금 형식으로, 앞으로는 실시권 계약형식으로 하도록 조정하기로 함
- 2차 조정회의
  - 양 당사자의 의견을 각각 수렴하고 1차 조정회의에서 검토된 조정안을 제시하여 화해를 유도한 결과, 법적 분쟁에 이르기 전에 아래와 같이 조정이 성립됨

《조정성립내용》

실용신안등록 제0호(무선통신기기 부착용 손전 등)에 대해서 피신청인은 신청인에게 계약금 형식으로 일금 000만원을 ××년 ×월 ×일까지 지급

하고 기생산 및 향후 생산될 부분은 등록실용신안권 존속기간 동안 전용 실시권 계약(단, 권리자도 실시할 수 있음)을 체결 하되 실시료는 공장생산시점에서 1개당 000원 수준으로 한다

(2) 과다한 디자인 및 특허권 사용료 지불 요구에 대한 조정신청

신청요지

신청인(김○○ 외 4인)이 혼자 영위하는 왕겨 납품업은 그 대상이 주로 요즘 어려움을 격고 있는 축산농가들 이어서 수요가 거의 없는 현실이다. 이런 상황에서는 특허료가 비록 소액일지라도 신청인에게는 부담이 되고 있다. 그런데 피신청인심○○(특허 및 디자인등록권자)의 특허사용료 청구금액은 적재함 제작·장착비에 비해 너무 과다한 금액이어서 피신청인과 특허료 조정합의를 하려하나 피신청인은 특허권리 행사 의지만을 보이며 민·형사상의 처벌을 앞세우고 있어 신청인으로써는 더 이상 대화로 해결할 수 없음을 확인하고, 적정수준의 특허사용료 지불을 위한 분쟁조정신청을 하는 것이다. 또한 피신청인의 디자인 등록과 특허등록에 대한 다른 권리주장자 CCC에 의한 무효심판청구가 진행 중인 바 심판결과에 따라 특허사용료 청구 자체가 원인무효될 수 있다고 사료되어, 만약 그렇게 된다면 조정 후 지불할 금액에 상응하는 원금과 이자를 반환받기를 바란다.

답변요지

특허권자의 지식재산권은 철저하게 보호되어야 한다. 엄청난 자금과 기술, 시간을 투자하여 어렵게 획득한 특허권이 일부 몰지각한 사람들에게 의해 훼손되는 것은 당연히 방지되어야 할 것이다.

또한, 현재 특허무효심판이 계류 중임을 거론하고 있으나, 심판제기자 CCC가 증거로 제출한 곡물 적재 및 하역장치 탑재 차량은 피신청인이 제작한 것이지 무효심판 제기자가 제작한 것이 아님을 분명히 말한다. 무효심판 제기자(CCC)로 인해 오히려 선의의 피해자가 생기고 있으며 피신청인의 사업에도 막대한 피해가 초래되고 있어 이를 신청인에게 분명히 하기 위해 조정신청에 응하는 것이다

● 조정경과

신청인의 산업재산권분쟁조정신청이 있은 후 즉시 피신청인에 게 조정권유서를 송부하여 조정에 응할 것을 권유 → 피신청인의 조정에 응하겠다는 내용의 답변서 접수 → 담당조정위원 선정 및 조정회의 개최 통보 → 조정부의 관련 자료 조사 → 무효 심판 제기자 CCC를 참고인으로 참석시킨 자리에서 조정회의 개 최

● 조정결과

담당조정부에서는 피신청인에게 동 권리가 특허출원전 공지사유가 존재한다는 점과 관행에 비해 사용료 요구액이 과다함을 지적하였고 신청인들에게는 무효심판청구 등에 따른 시간과 비용의 부담, 특허권 획득과정에 기울인 특허권자의 노력 등을 고려해 주어야 할 것임을 강조하고 납품가 일정액을 기준으로 00%의 사용료 지급에 양당사자가 합의하도록 권고하였다.

《조정성립내용》

① 신청인들은 피신청인에게 특허권 및 디자인권 사용료로 000만원을 동년 00월 00까지 지급한다.

② 피신청인 심○○은 신청인으로부터 기 수령한 통상 사용료 000만원 중 000만원을 같은 날까지 반환한다.

③ 차후로 참고인 CCC는 동 분쟁조정과 관련된 제품의 제작을 일절 금지하고 만일 추가로 제작시 한 대당 000만원의 실시료를 피신청인에게 지급한다.

④ 피신청인은 향후 신청인들에게 동 권리 존속기간 만료일까지 분쟁조정대상 물건 및 그 물건의 양수인에게 권리주장을 하지 않으며, 위 신청인들은 피신청인의 상 기 권리에 대한 유효성에 대해 문제 제기를 하지 않는다.

⑤ 피신청인과 참고인과의 형사상 계류 중인 고소는 취하한다.

(3) 선박 침몰 방지를 내용하는 실용신안권 침해

● 신청요지

신청인 L씨(실용신안권자)는 보트나 소형 운송선박 등이 구멍이 뚫리거나 그 일부가 파손되면 물이 들어와 쉽게 침몰하는 문제점을 개선한 불침 부대선을 개발하여 실용신안등록을 받았다. 이후 몇 년간 사업화를 도모하던 중 피신청인 주식회사 S사(○○○도 피신청인이었으나 조정에 불응)에서 제작 운항중

인 선박이 자신의 실용신안권의 일부를 침해하고 있는 것으로 판단하였다. 이에 L씨는 S사에 대하여 자신의 실용신안권 침해를 이유로 하여 실시계약 내지 실시료 지급을 요구하는 통고장을 송부하였다. 이에 대해 S사에서는 자신의 선박기술은 L씨의 기술과 다르다는 회신을 보내왔다. 그러나 L씨는 S사의 회신내용을 납득할 수 없었고, 그렇다고 정식 소송을 통해 해결하자니 소송 진행 중 지불해야 할 노력과 시간, 비용 등을 생각하니 막막하였다.

이에 L씨는 ××년 3월 S사에 대하여 실시료 지급 및 실시 계약 등 보상을 요구하며 특허청 산업재산권분쟁조정위원회에 분쟁 조정을 신청하였다.

특허청 산업재산권분쟁조정위원회는 동 신청을 접수한 후 피신청인 S사에 대하여 분쟁조정에 응할 것을 권고하고 신청인의 신청취지와 이유에 대한 답변서 제출을 요구하였다.

답변요지

이에 피신청인 S사에서는 이 분쟁조정에 응하기로 결정하고, 문제가 되고 있는 신청인의 실용신안권 기술과 자기의 기술을 비 교 분석한 답변서를 제출하고, 신청인이 납득할 수 있도록 실물을 보여주며 직접 설명하여 이해를 구하겠다고 하였다.

조정경과

해당 분야의 전문가들로 이루어진 동 분쟁조정위원회의 담당조정부에서는 신청인의 주장과 피신청인 S사의 답변서를 기초로 사건의 내용을 파악한 후 선박의 도면과 구조도 등 분쟁사건의 실체 파악을 위한 보완자료를 요구 검토하였다.

같은 해 ××년 5월 분쟁조정 신청 2개월 후 양 당사자는 담당 조정부의 입회 아래 무릎을 맞대고 허심탄회하게 논의를 거듭하였다. 담당조정부에서는 동 분쟁사안에 대한 사실관계와 법률관계 등을 설명하고 이해를 도왔다.

이에 신청인 L씨는 권리침해를 받았다고 생각한 실용신안권의 선박고안 내용과 피신청인 S사의 선박기술은 비록 외형상 유사 하기는 하지만 그 목적, 구성, 효과 등이 다름을 확인하고 더 이상의 분쟁제기를 하지 않기로 하였다.

한편, 피신청인 S사는 이후 신청인의 실용신안권을 실시하고자 할 경우 신청인으로부터 실시권을 획득하여 실시할 것을 약속하고, 또한 본 분쟁사건으로 인해 발생한 경비 등 손해배상을 신청인에게 청구하지 않기로 하는 등 양 당사자는 그 동안 쌓인 앙금을 풀고 화해하였다.

이와 같이 양 당사자는 분쟁조정제도를 통해 불과 2개월이라는 짧은 기간 만에 분쟁을 해결하게 되었다. 또한 양당사자들이 조정을 거치느라 지불한 비용은 약간의 교통비를 제외하고는 거의 들지 않았다.

이와 함께 상호존중과 양보의 분위기 속에서 분쟁이 해결됨으로서 향후 양 당사자간에 기술을 매매할 수 있는 길도 터놓게 되었다는 점에서 커다란 의미를 갖는다.

《조정성립내용》

① 금후 신청인은 본조정건과 관련한 분쟁에 대해 피신청인에게는 권리의 침해를 주장하는 심판이나 민·형사상 소를 제기하지 않기로 한다.

② 피신청인은 금후 신청인의 본 권리를 실시할 경우에는 신청인으로부터 실시권을 획득하여 실시하기로 한다.

③ 피신청인은 본 사건으로 인하여 발생한 경비등에 대한 손해배상을 신청인에게 청구하지 아니하기로 한다.

(4) 액체 수납용기의 권리침해와 관련한 영업방해 중지

● 사건개요

신청인 안○○(○○○○대표)는 ××년 11월 지방에 있는 플라스틱 액체수납용기 제조업체를 인수했다. 회사는 경영상태가 매우 나쁜 상황이었다. 신청인은 위기에 처한 회사를 정상화시키고자 새로운 거래처를 확보하기 위하여 동분서주하며 심혈을 기울이던 중 뜻밖에도 검찰로부터 실용신안권 침해를 이유로 한 고소사건을 조사해야 하니 출두하라는 요구서를 받게 되었다. 뿐만 아니라 어렵게 개척한 거래처에서도 참고인 등으로 검찰에 불려 다니기 싫다며 제품인수를 거부하기 시작했다.

평소 특허권이나 실용신안권, 디자인권, 상표권 등 산업재산권에 관하여 특별한 관심을 기울이지 않았던 신청인은 직원들을 통하여 사건의 내용을 파악하여 보니, 회사인수 몇 달 전인 ××년 6 월에 회사가 액체수납용기의 실용신안권자인 피신청인 정○○으로부터 실용신안권침해중지 경고서한을 받고 이에 대한 답변서를 보내 는 한편, 현재 회사가 실시하고 있는 액체수납용기는 피신청인의 실용신안권과는 다르다고 주장하며 특허청에 권리범위확인심판 을 청구한 사실을 확인하였다.

신청인은 불경기가 계속되는데다 엎친데 덮친 격으로 특허침해 소송에 휘말리게 되어 앞으로 소요될 막대한 소송비용 뿐 만 아니라 분쟁해결을 위해 법원이니 심판원이니 쫓아다니면 사업은 누가 해야 할 것인지, 생각할수록 막막하였다.

신청인은 사건해결을 위해 반년 가까이 고심하던 중 특허청에 절차가 간편하고 3개월 이내로 산업재산권에 관한 분쟁을 신속히 해결해줄 뿐만 아니라 비용도 무료인 조정제도가 있다는 사실을 알고 곧바로 특허청 산업재산권분쟁조정위원회에 조정신청을 하였다.

조정경과

동 조정위원회에서는 조정신청을 접수한 즉시 해당분야의 전문 지식은 물론 분쟁해결에 많은 경험을 가진 3명의 위원으로 담당조정부를 구성하여 사건내용을 파악한 후, 분쟁의 양 당사자를 한자리에 모이게 하였다.

양 당사자는 모두 지금까지 상대방에 대하여 쌓여온 불신으로 감정이 극도로 악화되고 서로에 대한 불만이 매우 큰 상태였다. 이에 조정위원들은 양 당사자가 처한 현재의 법적 상태와 예견할 수 있는 미래의 가능성 등 사실관계와 법률관계를 설명하며 현명한 판단을 할 수 있도록 도와주는 한편, 서로간의 작은 양보 로 큰 손해를 막고 이익을 얻을 수 있는 해법을 제시하였다.

조금씩 마음이 누그러진 양 당사자는 서로에 대한 경계심을 풀고 그 동안의 사실경위를 터놓고 이야기하게 되었다. 이를 통해 신청인은 자신이 제조하고 있는 액체수납용기의 최초 고안자가 피신청인이라는 사실을 확인할 수 있었고, 한편 피신청인은 신청인의 행위에 자기의 실용신안권을 침해하려는 고의나 사업상의 악의가 있었던 것이 아니었음을 알게 되었다.

조정결과

신청인은 피신청인의 실용신안권을 침해할 우려가 있는 부분을 변경하여 제조하며, 피신청인이 본 사건의 소송에 지출한 소정의 실비만 지급하기로 하고 양 당사자는 계류 중인 모든 소송 심판 사건을 취하하여 더 이상 다투지 않기로 흔쾌히 합의하였다.

이 조정을 통하여 양 당사자가 합의에 이르는데 불과 3개월 여 가량이 걸렸으며 비용은 들지 않았다.

결국 두 사람은 본 분쟁사건을 심판과 소송절차를 통해 해결할 경우에 예견되는 막대한 비용과 언제 끝날지 모르는 시간, 수많은 인력의 손실을 막을 수 있었다. 두 사람은 처음 분쟁이 발생 할 당시 분쟁조정신청을 하였었더라면 조정 신청 전 그 동안 지출 한 비용과 시간, 노력을 아낄 수 있었을 것이라며 아쉬워 하였다.

(5) 철근 부식 방지막의 도포방법 관련 침해중지 및 손해배상

● 사건개요

신청인(이○○, 특허권자)은 철근의 부식을 방지하는 방법을 고안하여 특허등록을 받았는데 피신청인 (주)AA금속, (주)BB금속이 ××년. 8월부터 자신의 특허제품을 생산 판매하여, 신청인은 이들에 대해 특허권침해 금지를 요청하는 경고장을 2차에 걸쳐 내용증명으로 보내게 되었다.

그러나 피신청인들은 회신문에서 자신들이 사용하는 기술은 특허내용의 일부인 전처리 공정 과정의 표면세척 방법이 중성세제를 이용한 수압에 의한 방법과 상이하여 특허 청구범위를 침해 하지 않았다고 주장하며 특허침해를 부인했다. 이에 신청인은 더 이상의 대화로서는 분쟁해결이 불가능하다고 보고 산업재산권분 쟁조정위원회에 분쟁조정을 신청했다.

● 조정결과

동조정위원회에서는 피신청인들에게 조정에 응할 것을 권고하고 신청인의 주장에 대한 답변서를 요청했다. AA금속은 신청인의 주장에 대한 답변서를 통해 피신청인의 기술이 신청인의 특허권과 상이하다는 근거로서 각종자료에 대한 상세히 설명하는 한편, 일본의 문헌을 그 근거자료로 제출했다. 이 과정에서 양 당사자는 보다 폭넓은 의견교환과 사실에 대한 객관적인 접근이 가능했고 이를 통해 신청인은 피신청인의 기술이 신청인의 특허권 침해가 아님을 인정하여 피신청인으로 하여금 실시하여온 기술을 계속 실시하도록 하는 화해가 이루어짐으로써 조정이 종료되었다.

(6) 직무발명에 대한 보상요구

● 사건개요

신청인 황○○(직무발명자)은 197×. 6월 피신청인 (주)○○○에 입사하여 근무하여 오던 중 장력 자동 조정장치를 발명하는 등 2건의 직무발명을 하여 회사의 발전에 기여하였다. 그 공로로 인해 발명진흥법에 근거한 자체보상규정에 의해 특허의 경우 연 1회씩 3회, 실용신안의 경우 연 1 회씩 2회의 보상을 받도록 되어 있었다. 그러던 중 ××년 4월 신청인은 명예퇴직을 당하게 되었는데 회사 측에서는 퇴직을 이유로 보상금 지급을 거부했다. 신청인은 자신의 발명으로 회사 측에서는 큰 수익을 얻었으며 자신의 퇴직은 자의가 아닌 타의에 의한 퇴직이므로 보상금을 지급하여 줄 것을 재차 요청하였으나 사측에서는 사규의 규정에 의하여 더 이상의 보상금 지급은 불가능하다는 입장을 견지했다. 이에 신청인은 특허청 산업재산권 분쟁조정위원회에 분쟁조정신청을 하고 동위원회는 신청인 주장 및 피신청인의 답변 자료를 근거로 조정에 들어갔다.

● 조정결과

담당조정부 1차회의에서 신청인과 피신청인의 대리인이 마주앉아 서로간의 허심탄회한 토론을 통해 서로의 입장을 수긍하고 상호 양보한 결과 신청인은 회사 측의 경영상태가 좋지 않음을 감안하여 000만원까지로 양보안을 제시하고 사측에서는 회사의 직무발명 보상규정상, 퇴직 후 보상청구권 상실 규정에 따라 보상금을 지급할 수 없는 현실적 어려움을 토로하고 000만원의 추가 지불안을 제시했다. 이에 담당조정부는 회사규정에 따른 사측 의 입장은 이해하지만, 특허법에서 발명자는 “정당한 보상을 받을 수 있는 권리”를 부여하고 있으므로 정년퇴직이 아닌 퇴직으로 보상권을 상실시키는 회사의 규정은 특허법 정신에 부합하지 않는 측면을 강조하여 000만원의 조정안을 제시하였다. 이에 사측의 대리인은 조정안의 논리나 합리성에 긍정하고 회사측에 돌아가 내부협의를 거쳐 조정안의 수락여부에 대해 통보하기로 하였으며, 2차 조정회의에서 당초의 안대로 조정에 합의하였다.

(7) 혁대 관련 실용신안권 침해에 대한 부당이익금 및 손해배상

사건개요

신청인 김○○(실용신안권자)은 8×년 혁대를 생산하는 회사를 경영하여 오면서 실용신안등록 제000000호의 제품과 종신계약을 체결하여 사용료를 지불하고 사용하여 왔다. 신청인은 일찍부터 산업재산권의 중요성을 인식하여 새로운 기술개발부서를 두면서 지속적인 노력을 기울인 끝에 실용신안등록 제000000호의 단점을 혁신적으로 개 선한 제품을 개발하여 9×. 9월 실용신안000001호의 등록을 받게 되었다. 신청인이 본 산업재산권의 등록과정을 거치면서 피신청인 (주)AAAA의 전신인 (주)BBBB에게 약000천만원정도의 부도를 맞았고, 그 이후에도 피신청인의 조속한 회생을 위해 거래를 중단하지 않고 계속해서 본제품을 생산 공급하여 왔다.

원래의 거래조건은 신청인의 제품을 완제품업체인 (주)CC상사, (주)DD에 납품하여 이를 피신청인에게 공급하는 형식을 취하는 것이었다. 그러나 완제품업체들이 대금결재를 소홀히 해와 9×. 12월에는 약 000천만원의 대금이 회수가 안돼는 지경에 이르게 돼 신청인은 피신청인에게 거래중지를 통보하여 정식거래는 중단되었다. 그러다가 신청인은 우연히 백화점매장 및 (주)AAAA 의 매장에서 엄청난 양의 실용신안등록 제000001호의 모조제품을 발견하고 피신청인의 완제품 생산업체와 장식 생산업체에게 생산을 중지해줄 것을 요청했지만 받아들여지지 않았다

한편 김××가 신청인의 제품과 거의 흡사한 제품을 생산해 9 ×년. 4월부터 (주)AAAA에 공급하고 있음을 알게 되어 피신청인 김××에게 생산중단을 요청하였으나 김××은 실용신안 미등록 을 이유로 자신의 생산이 적법함을 주장하며 계속적으로 생산하였다. 그 후 신청인의 권리가 등록되자 다시 피신청인에게 보유하고 있는 금형 및 부품 등을 폐기할 것을 통보하여 피신청인의 동의를 받았다. 그러나 피신청인은 전날의 약속을 이행하지 못하겠다고 신청인에게 통보하였다. 이에 신청인은 피신청인들에게 실용신안침해금지를 요청하는 내용증명을 보내게 되었다.

내용증명의 회신으로 피신청인 (주)AAAA는 모조제품임을 모르고 생산 및 판매를 하였으며 이후로는 신청인을 통해서만 본 제품을 생산할 것이니 현재의

재고는 아무런 조건 없이 판매를 하게 해달라고 해왔고 이에 신청인은 재고의 량이 너무 많고 그 동안의 계속된 생산중지요청의 이행을 묵살한 결과임을 이유로 판매는 불가하다는 입장을 밝혔다.

(주)AAAA은 실용신안권 침해를 인정하면서 매장에 있는 모조 제품을 회수는 하였으나 생산중단 합의각서는 작성하지 못하겠다고 하는 한편 신청인의 실용신안권에 대해서는 무효소송을 청구하고 무효심결이 확정되면 피신청인이 모조제품을 판매하지 못한 책임이 신청인에게 있다며 이에 대한 손해배상청구소송을 제기할 것임을 통보하였다. 이에 더 이상 대화로서는 문제해결이 불가능하다고 느낀 신청인은 (주)AAAA과 김××에 대해 각각 분쟁조정을 신청하게 되었다.

조정결과

신청인의 분쟁조정 신청 후 피신청인들에 대한 분쟁조정위원회 의 조정참여권고 및 화해권유 과정에서 양 당사자간의 의견교류를 통하여 원만한 화해가 이루어짐에 따라 권리 침해중단 합의각서를 상호 작성 교환하고, 신청인은 동 사건의 조정신청 종료를 요청하게 되었다.

(8) 특허권 침해에 관한 부당이득금 반환과 제조방법 실시권 허용에 의한 연구비 및 로열티 청구

신청요지

신청인(김○○, 특허권자)은 198×년부터 누룽지 상품화 연구를 시작하여 국내 최초로 199×년 제조 판매에 성공하였으며 국내 누룽지의 세계 상품화를 위해 농수산물유통공사를 통해 세계 10여 개국의 식품박람회에 출품하여 판촉 및 수출을 하였다. 이후 수요가 늘게 됨에 따라 대량생산을 할 수 있는 제조방법을 연구하여 199×년 1월 특허출원 하기에 이르렀다.

그런데, 특허출원 전년도인 199×년 8월 당시 ○○협동조합 조합장으로서 평소 친분이 있던 피신청인(강○○, ○○협동조합 조합장)으로부터 누룽지 제조공장 견학을 부탁받고 안성에 있는 공장을 함께 견학하고 샘플 제조의 자문을 응해 주었으며 동년 10월에는 누룽지 제조 방법 및 장치에 관한 설계도를 건네주며 보안유지를 당부하였다.

이후 199×년 특허를 획득하고 생산을 계속하던 중 피신청인의 누룽지 제조 방법과 절차가 신청인의 특허와 동일함을 인지하고 경고장 발송, 사법기관에 고소하기에 이르렀다. 현재 00경찰서에서 수사 중에 있으며 민사소송을 제기하기 전에 특허청에서 운영하고 있는 산업재산권분쟁조정제도가 있음을 알게 되어 신속하고 공정한 조정을 기대하며 신청을 한 것이다.

답변요지

피신청인은 신청인이 특허출원을 하기전인 199×년 12월 이미 누룽지 생산을 위한 기계제작에 필요한 도면이나 사양 등이 결정되어 있었던 것으로 신청인의 청구는 이유 없는 것으로 생각 한다.

또한 강원도 산간 농촌형 면단위 농협으로 규모도 영세하며 특허에 관한 자문도 받기가 용이하지 않은데다가 소규모 단위농협의 경영이 어려운 시점에서 사법기관에 고소당하여 조사받아 야 하는 등 인력소모 및 정신적 고충이 공장 경영에 막대한 지장이 초래되어 전문가들로 구성된 산업재산권분쟁조정위원회가 공정한 판단을 해주리라 기대하며 조정에 응하는 바이다.

조정경과

신청인의 산업재산권분쟁조정신청이 있은 후 즉시 피신청인에 게 조정권유서를 송부하여 조정에 응할 것을 권유 → 피신청인으로부터 조정에 응하겠다는 내용의 답변서 접수 → 담당조정부 구성 → 신청인과 피신청인에게 조정기일 통지 → 피신청인의 조정기일 연기 신청 → 사전 작성된 조정안에 의거 당사자 및 조정위원들이 참여한 분쟁조정회의를 개최하여 조정 성립에 이름

조정결과

누룽지 제조장치가 밥의 공급단계, 성형단계, 가열단계, 건조단계, 포장단계로 이루어져 있으며 특허권리의 해석은 청구범위로 한다는 것을 청구인에게 설명하고 아울러 발명의 구성요소 등 특허에서 주장하는 특징을 모두 갖추어야 특허권 침해가 성립한다는 전 요소주의에 비추어 볼 때 필수구성요소 5단계 중 신청인과 피신청인이 다른 공정이 있어 침해라고 보기에는 무리가 있으며, 심판이나 소송에서도 조정부의 의견과 크게 다르지 않을 것임을 설명하였다.

아울러 조정부에서는 법 해석상, 신청인의 주장대로 부당이득 금, 연구비, 로열티 등을 청구하기 위해서는 법적 권원이 있어야 하나 예전 조합장과의 친분관계로 특허출원 전에 이미 설계도를 주고받은 사실에 비추어 볼 때 특허침해라고 보기는 어렵고, 영업비밀보호 측면에서도 신청인이 동 기술을 비밀로 유지하기 위 한 노력을 기울이지 않은 점에 비추어 권리주장이 어려울 것임 을 설명하였고 이에 신청인도 담당조정부의 의견을 수용하게 되었다.

≪조정성립내용≫

① 신청인은 특허등록 제0000000호(누룽지 제조방법 및 그 장치)와 관련하여 피신청인에게 요구한 부당이익금 반 환, 연구비 및 로열티 지급 요구를 철회한다.

② 현재 피신청인이 실시하고 있는 공급수단이 결여된 피 신청인의 누룽지 제조장치에 대하여 신청인은 권리주장을 하지 아니하며, 앞으로도 권리주장을 하지 아니한다.

③ 신청인은 본 사건과 관련한 형사 사건의 항소를 포기한다.

④ 피신청인은 본 조정사건 처리 과정에서 논의된 사항이나 결과를 신청인의 동의 없이 제3자 등 타인에게 누설하지 아니한다

(9) 실용신안(화장분 용기) 침해에 따른 부당이득금 반환 및 계속 사용 시의 기술로열티 지급 청구

● 신청요지

신청인(김○○, 실용신안권자)은 화장분 용기의 한 종류로서 화장분말이 용기 밖으로 쏟아지는 것을 방지하는 것을 특징으로 하는 화장분 용기를 고안하여 96년 10월 ×일자로 실용신안 등록출원하고 피신청인의 회사에 실용신안 등록출원서 사본1부와 제품화 할 화장분 용기 샘플을 제시한 적이 있었으나 피신청인(○○주식회사)에서는 본 실용신안의 기술권에 대한 어떠한 협의사항이나 답변이 없었다. 그 후 98 년 10월 초순경, 화장품 판매 코너에서 신청인의 실용신안의 기술권을 그대로 도용한 제품을 피신청인 회사에서 제작하여 판매 하고 있음을 발견하여 동년 10월 ×일자로 대리인(변리사000)을 통하여 "실용신안 공

개에 따른 침해중지 요청"건에 대한 통지문을 내용 증명서로 발송한 바 있으나 아무 답변 없이 현재까지 기술권 침해를 계속하고 있다.

이에 본 실용신안의 산업재산권이 99년 1월 ××일자로 특허청에 등록공고되었고 99년 9월 ××일자로 이의신청 기간이 만료 되어 본 실용신안의 산업재산권에 대해서 동년 9월 ××일자로 "실용신안 등록에 따른 침해중지 요청"건에 대한 1차 경고문을 내용증명서로 발송하였으나 피신청인은 현재까지도 아무런 답변이나 협의 사항도 없이 본 실용신안의 기술권을 도용한 제품을 제조, 판매하는 행위를 지속적으로 하면서 판매수익을 올리고 있는 바, 신청인은 피신청인이 98년 10월 ×일자 통지문을 받은 이후부터 본 실용신안의 기술권 침해에 따른 불법판매에 대한 부당이익금 반환 및 계속적으로 사용 시의 기술로열티 지급을 내용으로 하는 분쟁조정을 신청한다.

피신청인의 억지 주장으로 인해 신청인으로서는 더 이상 대화로서 해결을 찾을 수가 없음을 확인하고 법적인 조치에 앞서 분쟁조정 신청을 하는 것으로 조정위원회의 현명한 조정을 기대하는 바이다.

답변요지

신청인의 실용신안등록 제0000000호의 권리내용은 경사면과 상 단면을 갖는 환테형상의 지지환을 수납홈에 초음파 접합시켜 그 내측공간이 단면상 하광상협의 사다리꼴 형상으로 이루어진 것 을 특징으로 하는 용기인 반면, 피신청인의 제품은 지지환과 수납홈의 접합장식이 언더컷 방식의 끼워서 조립하는 방법을 사용하고 있으므로 실용신안등록 제0000000호의 권리내용인 "초음파 접합" 방식과는 서로 다른 것이다. 따라서 피신청인의 제품은 신청인의 실용실안권을 침해하지 않는 것이다. 또한 이와 관련한 내용의 회신문을 99년 10월 ××일자로 발송한 바 있다. 위의 내용처럼 신청인의 실용신안권을 침해한 바 없는 바 조정위원들의 객관적인 판단을 바라며 산업재산권 분쟁조정신청에 응하는 것이다.

조정경과

신청인의 산업재산권분쟁조정신청이 있은 후 즉시 피신청인에게 조정권유서를 송부하여 조정에 응할 것을 권유 → 피신청인의 조정에 응하겠다는 내용의 답변서 접수 → 담당조정위원 선 정 및 조정회의 개최 통보 → 조정부의 관련 자료 조사 → 신청인의 감정서 제출 → 피신청인의 답변보충서 제출(피신청인의 화장분 용기의 수납품 형태는 디자인등록 제 0000000호에 나타난 바와 같이 신청인의 살용신안등록 제 0000000호의 출원일 이전 에 이미 공지된 상태이다. 따라서 출원 전에 이미 공지된 형태인 피신청인의 제품은 신청인의 실용신안권을 침해한 것이 아니다) → 조정회의 개최

조정결과

조정부에서는 조정대상 권리는 청구항과 종속항으로 구성되어 있고 신청인은 청구항 보다 범위가 넓게 기재된 종속항에 대하여 피신청인이 권리를 침해하고 있다고 주장하고 있음으로 신청인에게 청구항 범위를 넘어선 종속항이 존재할 수 없음을 납득시켰다. 또한 권리범위에 속하는지 여부를 따지기 전에 이미 출원전에 공지된 타인의 디자인권이 존재하고 있고 그 제품이 출시 된 증거를 확인할 수 있으므로 이러한 것은 공지 기술의 답습으로 보아 권리범위에 속하지 않는다고 판단하는 것이 판례이고 특허청의 실무에도 적용되고 있음을 설명하였고 이에 신청인도 조정부의 의견에 동의하고 추후 동일내용에 대해 피청구인을 상대로 권리주장 등을 제기하지 않겠다고 하였다.

≪조정성립내용≫

① 신청인은 담당조정부의 판단에 동의하고, 피신청인이 제출한 증거자료가 허위 등임을 입증하는 반대 자료를 확보하지 않는 한, 금후 피신청인이 자신의 권리를 침해 하였다고 주장하는 일체의 사항에 대하여 민·형사상의 소를 제기하지 아니하기로 하며, 현재 계류 중인 고소사 건은 취하하기로 한다.

② 신청인과 피신청인은 본 사건으로 인하여 발생한 경비 등을 각각 상대방에게 청구하지 아니하기로 한다.

(10) 실용신안권(엘리베이터 홀 안전망) 침해에 관한 재발 방지 대책 청구

신청요지

신청인(함○○, 실용신안권자)이 피신청회사(주○○○○)를 상대로 분쟁조정 신청을 하게 된 이유는 피신청회사가 공사중인 현장에서 업으로 사용하고 있는 엘리베이터 홀 안전망 지지대가 신청인의 산업재산권을 침해하였기에 산업재산

권 분쟁조정을 신청하는 것이다.

등록실용신안공보에 의하면 엘리베이터 홀 크기에 맞게 안전망을 지지하는 사각틀을 짜고 그 위에 안전망을 설치하여 엘리베이터 홀 내부에 약간 경사지게 설치하는 것이며 안전망 청소 시 청소용 로우프를 당기면 지지대가 일어남으로 손쉽게 청소할 수 있는 구조 및 기능을 갖춘 것이다.

피신청회사가 업으로 사용하고 있는 안전망 지지대는 증빙사진에서 보는 바와 같이 신청인 실용신안등록의 구조를 일부 변경하였을 뿐 사용목적과 사용방법, 구조 및 기능이 동일한 것이다.

따라서 피신청회사가 협력업체에 제작, 의뢰하고 그것을 납품받아 업으로 사용하고 있는 것은 신청인의 산업재산권을 침해하는 것이라 할 것이어서 이의 시정을 위해 수차례에 걸쳐 협조전 및 진정서를 발송하였으나 피신청회사는 실용신안권 침해가 아니라는 답변으로 일관하고 있어 더 이상 대화로서 해결할 수 없어 분쟁조정신청을 하는 것이니 조정위원들의 현명한 조정을 바라는 바이다.

답변요지

신청인이 제시한 증거 사진에서 사용된 안전망은 통상의 엘리베이터 홀 안전망으로 신청인의 실용신안 출원일 이전부터 공사현장에서 널리 사용되어 왔던 것들 중의 하나이다.

본회사 공사현장의 안전망은 벽체고정형으로 신청인의 실용신안의 권리범위에서 언급한 홀턱걸이 몸체, 홀턱걸이, 홀턱 하부집게, 홀턱집게 몸체 및 폭조절대를 가지고 있지 않으며 그와 유사한 기능을 하는 수단 역시 가지고 있지 않다. 더욱이 신청인의 실용신안에서 언급하고 있는 기타 다른 구성요소, 예를 들면 폭조절대, 고정핀의 구성을 가지고 있지 않기 때문에 피신청인의 현장 안정망이 상기 실용신안의 권리범위에 속하지 않음은 명료하다고 생각된다.

결론적으로 신청인의 실용신안의 안전망과 본 회사의 안전망은 전혀 다른 기술로서 신청인의 권리침해 주장은 현재 등록된 권리범위를 지나치게 확대해석하고 있는 것이다.

조정경과

신청인의 산업재산권분쟁조정신청이 있은 후 즉시 피신청인에 게 조정권유서를 송부하여 조정에 응할 것을 권유 → 피신청인의 조정에 응하겠다는 내용의 답변서 접수 → 담당조정위원 선정 및 조정회의 개최 통보 → 조정회의 개최

조정결과

조정부는 신청인과 피신청인의 주장을 토대로 조사에 착수하여 이 건 고안의 권리범위를 그 청구범위에 기재된 범위를 확장하여 조절부와 고정부를 가진 것이면 모두 권리에 포함한다고 하기에는 무리가 많고 조절부와 고정부에 대한 이 건 고안의 구체적인 구성과 침해제품의 구체적인 구성이 서로 상이함으로 신청인의 권리를 침해하였다고 할 수가 없다는 결론에 의견이 일치하였다.

즉 신청인의 실용신안 고안은 길이조절, 폭조절이 가능한 것으로서 권리를 획득한 것이고 피신청인 제품의 세로폭은 조절이 불가한 것이다.

청구범위에는 여러 가지가 있는데 만약 A, B, C 요소가 들어가 있다면 A + B + C가 권리내용이지 A단독만, 또는 A + B의 구성만으로는 권리범위에 해당되는 것이 아니라는 결론을 내렸다. 권리 범위의 내용이 많으면 많을수록 오히려 권리범위를 한정한다는 것이다.

신청인과 피신청인의 의견을 직접 듣고 조정부의 논의 내용을 토대로, 본 실용신안등록 제0150256호에 관한 산업재산권 분쟁조정신청 건은 「신청의 이유가 없는 것으로 한다」로 결정하고, 아울러 경제적 비용이나 신속한 분쟁해결을 위해 조정제도를 두고 있으나 조정이 성립되질 않았을 경우 심판이나 소송으로 진행할 수 있음을 신청인에게 고지하면서 본 분쟁조정사건을 종료하였다.

부록 3 지식재산권의 허와 실

지식재산권의 허와 실에 대해 스티글리츠의 글을 소개한다. 지식재산권 문제, 카피레프트 운동 등은 흔히 논란되고 있다. 저자는 과거의 지식재산권 보호제도를 인터넷 시대에 같은 방식으로 적용하는 것은 바람직하지 않은 면이 있다고 생각한다. 많은 사람들이 말하기를 인터넷시대에는 정보와 지식이 누구에게나 쉽게 전달되고 공유되어서 빈부문제가 적어지고 행복한 사회가 될 것이라고 하였지만, 현실적으로는 정보의 제한된 점유와 지식재산권의 확대로 지식의 부익부 빈익빈, 나아가 경제의 부익부 빈익빈이 더욱 두드러지게 되었다고 보인다. 다른 자료를 구해 토론해 보기 바란다.

이 글은 파이낸셜뉴스, 2005.08.21, '세계 석학에 듣는다'에 게재된 것이다. 원문은 세계의 유명한 비평, 분석의 글을 게재하는 Project Syndicate 사이트에 있다(www.project-syndicate.org/commentary/stiglitz61/English).

지적재산권의 허와 실

세계지식재산권기구(WIPO)는 지난해(2004) 10월 총회를 열고 개발 지향적인 지식재산권제도에 어떤 문제가 있는지 논의해보기로 결정했다. 이 같은 결정은 거의 세상의 주목을 받지 못했다. 그러나 어떤 면에서 세계무역기구(WTO)가 개발 지향적인 현재 무역협상에 대해 내리는 결정만큼 중요한 의미를 지니는 것이었다. 두 가지 결정 모두 현재 국제 경제제도가 개발도상국보다는 선진국, 특히 선진국 대기업들의 이익을 반영하고 있다는 것을 인정하고 있다.

지식재산권이 보호받지 못한다면 창의적 노력을 부추기는 유인도 약해질 것이다. 하지만 지식재산권을 보호하는 데는 엄청난 비용이 든다. 연구를 진행하는데 있어 아이디어를 적용하는 것은 매우 중요하다. 그리고 지식재산권이 다른 사람들의 아이디어를 사용하는 것을 더디게 한다면 과학적, 기술적 진보에 진통이 뒤따를 것이다.

실제로 대부분의 중요한 아이디어들, 즉 원자력 에너지나 레이저 기술, 현대 컴퓨터 산업의 기반이 되는 수학이론 같은 중요한 아이디어들은 지식재산권 보호를 받지 않는다. 학자들은 그들이 연구를 통해서 발견한 것들을 자유롭게 퍼뜨리는데 엄청난 에너지를 쏟아 부었다. 나는 사람들이 '비대칭 정보시장'에 대한 내 아이디어를 사용할 때 기분이 좋다. 그 사람들이 내 아이디어를 어느 정도 신뢰하는 것에 대해 더욱 고맙게 생각하지만 말이다. 인터넷상에서 확산되고 있는 '오픈소스' 운동은 단지 아주 기본적인 아이디어뿐 아니라 즉각 막대한 상업적 가치를 거둬들일 수 있는 산출물도 지식재산권 보호 없이 만들어낼 수 있다는 것을 보여준다.

그러나 이와 대조적으로 지식재산권 보호제도는 아이디어를 낸 사람에게 단기간 독점권을 부여함으로써 보상해준다. 같은 아이디어로 경쟁할 때 매길 수 있는 가격보다 훨씬 높은 가격을 매기도록 허락하는 것이다. 그렇게 하고 나면 아이디어들은 독점권을 부여하지 않는 경우보다 덜 퍼지고 덜 사용된다.

지식재산권에 대해 경제 이론에서는 더 빠른 혁신으로 그 같은 비효율적인 막대한 지출을 상쇄할 수 있다고 설명한다. 그러나 지식재산권을 지나치게 과대포장하거나 악용하면 연구비용이 늘어날 뿐만 아니라 혁신을 지연시킬 수도 있다는 사실이 점점 더 명백해지고 있다.

독점적 지위를 가진 사람이나 단체는 남들과 경쟁해야 할 때에 비해서 혁신유인이 훨씬 약해질 것이다. 현대의 연구결과에서는 혁신을 통한 경쟁이 기업을 성공으로 이끈다는 위대한 경제학자 조지프 슘페터의 생각이 잘못된 것이라는 점이 입증되고 있다. 독점기업은 한번 만들어지기만 하면 좀처럼 무너뜨리기 힘들다. 마이크로소프트가 그 점을 충분히 증명해왔다.

사실 기업은 독점권을 쥐고 나면 경쟁업체들을 누르는데 시장 지배력을 이용한다. 넷스케이프 웹브라우저를 도태시킨 마이크로소프트가 그 점을 여실히 증명했다. 이처럼 시장지배력을 남용하는 것은 혁신을 방해한다.

더욱이 발전적인 아이디어를 냈는데 자신도 모르는 기존 특허를 침해할 수 있다고 우려하는 소위 '특허 덤불(patient thickets)' 역시 혁신을 지연할 수 있다. 라이트 형제와 커티스 형제가 선구적인 작업을 해낸 후 특허권이 겹친다는 이유로 비행기 제조업이 제대로 발전할 수 없었다. 이 문제는 1차 대전이 발발하면서 미국이 강제적으로 특허공동사용을 강행함으로써 해결됐다.

어떤 제품을 만들든지 많은 아이디어가 필요하다. 그리고 진정 새로운 것이냐 아니냐를 떠나서 그 아이디어가 얼마나 부수적인 가치를 창출하는데 기여하는가를 가려내는 것은 거의 불가능하다.

전통적인 지식에 기반을 두어서 약을 만들었다고 가정해보자. 예를 들어 약효가 잘 알려진 약초를 이용했다고 말이다. 이 효과적인 성분에 대해 독점권을 갖고 있는 미국 업체가 얼마나 큰 기여를 했을까. 그런 식으로 약을 만든 제약업체들은 개발도상국들로부터 전통적인 지식을 얻었으면서도 아무것도 보답하지 않고, 그러면서도 자신만이 특허권을 가져야 한다고 논쟁을 벌인다. 그 개발도상국들의 생물다양성 보존이 없었다면 그 약이 아예 시장에 나올 수도 없었을 텐데 말이다. 당연하게도 개발도상국들은 선진국과는 다른 관점을 가지고 있다.

인간 사회는 다른 가치들이 지식재산권보다 우위에 설 수 있다고 항상 인식해왔다. 과도한 독점적 영향력을 막아야 할 필요성으로 인해 반독점 당국이 지식재산권 사용에 대해 강제력을 행사토록 한 것이다(미국 정부가 통신업체 AT&T에 대해서 했던 것과 마찬가지로 말이다). 미국이 지난 2001년 9·11테러 이후 탄저균 위협에 직면하자 치료제로 가장 많이 알려진 '시프로' 사용 권리에 대해 정부가 강제력을 행사하기도 했다.

불행하게도 지난 90년대 초 우루과이라운드 무역협상(TRIP'S)에서 지식재산권 조약을 만든 무역협상가들은 이 모든 것에 대해 알지 못했다. 아니 무관심한 쪽에 더 가까웠다고 볼 수 있다. 나는 클린턴 행정부시절 경제자문위원으로 일했다. 당시에는 개도국은 말할 것도 없고 과학을 이롭게 하는 지식재산권 보호제도를 확립하는 것보다 제약업체나 연예·오락산업을 이롭게 하는 점에 더욱 관심이 있었다는 것이 명백한 사실이다.

나는 우루과이라운드 협상에 서명한 사람들이 자신들이 무슨 행동을 하는지 완벽히 이해했는지 의구심이 든다. 그들이 그걸 이해했다면 더 이상 복제약을 가질 수 없어서 에이즈에 걸려 죽어가는 수천 명의 환자들을 대놓고 비난할 수 있었을까. 이런 방법으로 전 세계 정부에 문제가 제기됐다면 나는 우루과이라운드 협상이 확실하게 거부당했을 것이라고 믿는다.

지식재산권은 중요하다. 그러나 개발도상국을 위한 합당한 지식재산권 제도는 선진국들을 위한 제도와는 다르다. 우루과이라운드 협상은 이 점을 간과했다. 사실 지식재산권은 무역협상 최우선 과제에 포함돼서는 안 되는 것이었다. 이는 최소한 부분적으로 무역협상가들의 역량을 넘어서는 일이기 때문이다.

게다가 지식재산권을 보호하기 위한 국제기구는 이미 존재하고 있다. WIPO가 지식재산권 체제 개혁을 재논의하는 과정에서 WTO 협상에서 보다 개도국들의 목소리가 더 명확하게 반영될 수 있게 되기를 기대한다. WIPO가 개발 지향적인 지식재산권 보호 체제에 어떤 것들이 포함돼야 하는지 밑그림을 그릴 수 있게 되기를 기대한다. 또 WTO가 이런 목소리를 들을 수 있게 되기를 바란다. 교역 자유화의 목표는 발전에 있는 것이지 이를 지연시키는데 있는 게 아니다.

부록 4 변리사제도

1. 변리사 개요

우리나라 산업재산권 제도의 창설과 함께 제정·유지되어 온 제도로서, 새로이 개발되는 신기술에 대해서 발명자와 출원인의 권리 보호를 위한 업무가 늘어나고 있고 사회의 다양화에 따른 권리분쟁이 확대되고 있어 이를 전문적으로 담당할 전문인력이 필요함

변리사는 산업재산권에 관한 상담 및 권리 취득이나 분쟁해결에 관련된 제반 업무를 수행하는 산업재산권 전문자격사로서 산업재산권의 출원에서 등록까지의 모든 절차를 대리할 수 있다.

① 산업재산권 분쟁사건 대리(무효심판·취소심판·권리범위확인심판·정정심판·통상실시권허여심판·거절(취소) 결정불복심판 등)

② 심판의 심결에 대해 특허법원 및 대법원에 소제기하는 경우 그 대리

③ 권리의 이전·명의변경·실시권·사용권 설정 대리

④ 기업 등에 대한 산업재산권 자문 또는 관리업무 등 담당

변리사 자격 취득은 ① 변리사시험에 합격한 자 ② 변호사로서 변리사등록을 한 자이다.

변리사 제도의 소관부처는 특허청 산업재산인력과이며, 변리사시험의 시행처는 한국산업인력공단이다.

변리사 자격의 홈페이지는 www.Q-net.or.kr/site/patent이다.

2. 변리사 시험

(1) 응시자격

제한없음

(2) 시험과목

<table>
<tr><th colspan="2">구분</th><th>시험내용</th><th>형태</th></tr>
<tr><td colspan="2">제1차시험</td><td>1. 산업재산권법(특허법,실용신안법,상표법,디자인보호법 및 조약포함)
2. 민법개론(친족편 및 상속편 제외)
3. 자연과학개론(물리, 화학, 생물, 지구과학 포함)
4. 영어(영어능력검정시험으로 대체)</td><td>객관식
5지
택일형</td></tr>
<tr><td rowspan="2">제2차
시험
(4)</td><td>필수
과목
(3)</td><td>1. 특허법(조약포함)
2. 상표법(조약포함)
3. 민사소송법</td><td rowspan="2">주관식
논술형</td></tr>
<tr><td>선택
과목
(1)</td><td>1. 디자인보호법(조약포함) 2. 저작권법
3. 산업디자인 4. 기계설계
5. 열역학 6. 금속재료
7. 유기화학 8. 화학반응공학
9. 전기자기학 10. 회로이론
11. 반도체공학 12. 제어공학
13. 데이터구조론 14. 발효공학
15. 분자생물학 16. 약제학
17. 약품제조화학 18. 섬유재료학
19. 콘크리트 및 철근콘크리트공학</td></tr>
</table>

※ 제1차 시험에 합격한 자는 다음 회의 시험에 한하여 제1차시험을 면제

(3) 시험 시행 내용(2010년 기준)

① 선발인원

<table>
<tr><td rowspan="2">일반응시자</td><td>제1차 시험</td><td>최소합격인원의 3배수</td><td rowspan="3">동점자는
합격처리</td></tr>
<tr><td>제2차 시험</td><td>최소합격인원 200명</td></tr>
<tr><td>특허청경력자</td><td colspan="2">일반응시자의 합격선 이상</td></tr>
</table>

② 시행일정

공고 : 2009.11.18 (원서 접수 2개월 전. 보통 전년도 연말)

원서접수 : 온라인만 가능 www.Q-net.or.kr/site/patent「변리사 홈페이지」

<table>
<tr><th>구 분</th><th>원서접수</th><th>시험장소</th><th>시험지역</th><th>시험일자</th><th>시험과목/시간</th></tr>
<tr><td>제1차
시험</td><td rowspan="3">1.11 ~ 1.20
(1, 2차시험
동시접수)</td><td>접수시
수험자
직접선택</td><td>서울
대전</td><td>2. 28(일)</td><td>산업재산권법/70분
민법개론/70분
자연과학개론/60분</td></tr>
<tr><td rowspan="2">제2차
시험</td><td rowspan="2">7. 2 공고</td><td rowspan="2">서울</td><td>7. 24(토)</td><td>특허법/120분
상표법/120분</td></tr>
<tr><td>7. 25(일)</td><td>민사소송법/120분
선택과목/120분</td></tr>
</table>

③ 합격 결정

- 제1차시험
  - 영어 : '정기시험'만 인정. 청각장애인 사항, 세부 사항은 생략함.

<table>
<tr><th rowspan="2">시 험 명</th><th colspan="3">TOEFL</th><th rowspan="2">TOEIC</th><th rowspan="2">TEPS</th><th rowspan="2">G-TELP</th><th rowspan="2">FLEX</th></tr>
<tr><th>PBT</th><th>CBT</th><th>IBT</th></tr>
<tr><td>기준점수</td><td>560</td><td>220</td><td>83</td><td>775</td><td>700</td><td>77(level-2)</td><td>700</td></tr>
</table>

  - 나머지 : 매과목 40점 이상, 전과목 평균 60점 이상, 총득점의 고득점자 순

- 제2차시험
  - 일반 응시자

    매과목 40점 이상, 평균 60점 이상

    최소합격인원에 미달하는 경우, 매과목 40점 이상 중 평균 고득점 순
  - 특허청 경력자

    매과목 40점 이상, 평균이 일반응시자 합격점수 이상 득점한 자

저자약력

김 국
(金 局)

■ 학력 및 경력

- 서울대학교 졸업
- 카이스트 산업공학 박사
- 국방과학연구소 선임연구원
- 한국경영공학회 이사
- 한국물류학회 이사
- 한국품질경영학회 북한품질연구회장
- 한국어정보학회 편집위원장
- 지식경제부 기술표준원 산업표준심의회 위원
- 대한상공회의소 우수상
- 한국설비보전공학회 우수논문상
- 몽골 울란바타르 대학교 방문교수
- 현) 서경대학교 교수

■ 저서

- 비즈니스인텔리전스(교우사)
- 설비관리용어사전(한국능률협회컨설팅)
- 흉노 그 잊혀진 이야기(교우사)

기술과 특허

2011년 2월 10일 초판1쇄 발행
2013년 2월 10일 초판2쇄 발행

저 자 김 국
펴낸이 임순재
펴낸곳 **한올출판사**
등록 제11-403호
121-849
주 소 서울시 마포구 성산동 133-3 한올빌딩 3층
전 화 (02)376-4298(대표)
팩 스 (02)302-8073
홈페이지 www.hanol.co.kr
e-메 일 hanol@hanol.co.kr
정 가 17,000원

■ ISBN 978-89-965785-7-4